시골 농부의 깨달음 수업

시골 농부의 깨달음 수업

2020년 8월 30일 초판 1쇄 발행
2023년 12월 20일 초판 5쇄 발행

지은이 김영식
발행인 김미숙
편집인 김성동
펴낸곳 도서출판 어의운하
주소 경기도 고양시 일산서구 덕이로 250(1층) 102호
전화 070-4410-8050
팩시밀리 0303-3444-8050

페이스북 https://www.facebook.com/you-think
블러그 https://blog.naver.com/you-think
이메일 you-think@naver.com
출판등록 제406-2018-000137

ISBN 979-11-965609-7-3 03150

시골 농부의

김영식

깨달음 수업

어의운하

망상을   망상하다

모든 세상사가 망상妄想임을 망상하는 것.

그 망상을 펼쳐서 봐야 할 일이 있을까 하여 글쓰기를 시작합니다.

모든 망상은 말(언어)로 되어 있으므로

타인의 망상과 소통함을 전제로 합니다.

그리고 망상이라고 가볍게 볼 수는 없는 것이,

그 안에 생로병사와 희노애락이 정교하게 담겨 있습니다.

그러므로 아무리 망상이라도,

말 한 마디 던지기가 결코 쉽지 않습니다.

이미 말이 넘쳐서 문제이므로

쓰레기나 보태기 십상입니다.

말이 없으면 그냥 없는 일을

괜히 말을 하려니 참으로 껄끄럽습니다.

입을 여는 핑곗거리도 찾지 못하겠습니다.

차례

첫째 장   깨달음과 깨달은 사람

나의 은둔에 대하여   15

나의 깨달음   19

깨달음은 과연 멀리 있는가?   31

2초 동안 생각 멈추기   34

깨달음과 깨달은 사람   40

깨달음과 깨달은 사람 2   50

깨달은 사람과 과대망상 환자   52

깨달음이란 무엇인가?   56

깨달음은 어떻게 가능한가?   63

오직 모를 뿐   71

왜 무념無念인가?   78

유사무아類似無我의 오류   87

자기가 깨달은 것을 모르는 사람들   90

무아無我 무지無知 유념唯念   93

깨달음과 깨달은 사람 3   97

진리의 자손들은 오직 탁란托卵할 뿐   101

둘째 장 　　　　　　　　　　　　　　 깨달음 수업

수행의 핵심은 의업意業을 잘 다스리는 것　　　105

의업意業, 껌을 되새김질하는 인간의 좀비적 정신 활동　　　108

생각의 개입 없이 어떻게 무아無我를 알 수 있을까?　　　111

무엇이 깨닫는가?　　　114

무념無念, 그리고 무아無我와 연기緣起에 대하여　　　117

깨달음도 잊고 산다　　　121

망상인가 방편인가?　　　123

고작 그런 것이 깨달음이라면　　　128

그런 나는 없다　　　130

거기에는 아무것도 없다면서?　　　134

깨달은 사람의 모습　　　139

알음알이 타령　　　145

침대도 과학이라는데　　　150

동정일여動靜一如에 대하여　　　155

부모미생전父母未生前 본래면목本來面目　　　161

영성(靈性, Spirituality)에 대하여　　　171

개껌 던지기　　　182

'나'는 깨달을 수 없다　　　192

개껌 물기　　　195

안심^{安心}이 깨달음의 내용이며 결과이다   199

지금 바로 깨달음 얻기   205

깨달음은 사회의 것   207

수행의 방법   217

깨달은 사람은 정보를 하나 더 갖고 있을 뿐이다   234

줄탁동시^{啐啄同時}   243

'나'와 무아^{無我}의 공존   247

'나'와 무아^{無我}의 공존 2   258

자등명^{自燈明}에 대한 설명   264

깨달음 또는 깨달은 사람에 대한 판단 기준   281

사자^{獅子}가 되어야 한다   285

무아^{無我}는 어떻게 알 수가 있는가?   288

깨달음은 '득템'이 아니다   297

노력 없는 노력   299

생각 걷어차기   302

생각 걷어차기 2   308

생각 걷어차기 3   315

생각 걷어차기 4   320

셋째 장   일 없는 삶

감^感을 잡았다가 놓치는 이유   323

이미 충만한 삶   327

앉아있음^(坐禪)에 대하여   330

노력과 경지   332

닦을 것이 없다   337

이해자량과 경험자량   343

내려놓음을 소유하려는 사람들   347

욕망에 시달리는 것   350

특별한 의식   352

깨달음은 어디다 써먹는 것인가?   355

깨달은 사람이라는 자칭과 참칭   359

진리를 밝히는 글이 과학적 태도를

      갖추어야 하는 이유   367

깨달은 자는 사회문제에 어떻게 답변하는가?   373

학습모드와 실천모드   376

어떤 스승을 찾아야 하나요   382

비폭력 무소유의 가치가 스승이 되고

      문화로 전개되는 것   385

분수에 맞게 산다는 것   389

필생즉사^{必生卽死} 사필즉생^{死必卽生}　　　　394

분노 자체가 되어라　　　　395

어떻게 멈출 것인가?　　　　399

고통스러워도 괜찮다　　　　406

일 없는 삶　　　　409

수승한 경지에 대하여　　　　411

신구의^{身口意} 삼업^{三業}을 삼가하고 삼가할 일이다　　　　419

자전거 타는 방법은 누가 알고 있는가?　　　　421

바늘 꽂을 땅 한 뙈기 없다　　　　425

깨달음과 깨달은 사람

나의 은둔에 대하여

결론적으로 말하면, 나의 은둔은 치열한 정치적 표현이며 성실한 현실참여의 한 형태입니다. 그리고 저는 깨달은 사람입니다.

나의 은둔은,
형식적이고 사교적인 인간관계에 대한
사절謝絶입니다.
돈 '버는' 일에 대한 사절입니다.
진리 '논쟁'에 대한 사절입니다.

사람과의 소통을 거부하는 것은 아닙니다. 먹고 살기 위해 경제활동을 하는 것은 반드시 필요합니다. 진리에 대해 연구하고 토론하는 것도 필요합니다. 정치적 활동의 필요성에 대해 절감합니다. 그 결론적인 실천이 시골에서의 은둔이 되었는지에 대해서는 짧게 설명을 할 수가 없습니다. 제가 앞으로 쓸 글에서 천천히 설명될 것입니다.

저는 쉰 살에 서울 생활을 청산하고 은둔을 선택하여 시골로 내려왔습니다. 그전에는 자영업 수준의 사업을 아주 열심히 하면서 살았습니다. 마음속에서는 '진리'에 대한 모색을 멈추었던 적이 없었습니다.

현재는 65세대 정도가 모여 사는 시골 마을의 구석자리에 25평짜리 집을 짓고 처와 단둘이 살고 있습니다. 마을 주민의 평균 연령이 대략 65세 정도가 되고, 우리 부부는 마을에서 연령 기준으로 하위 20% 정도에 속합니다. 저는 이사하자마자 3반 반장을 자원해서 맡았고, 장기집권을 꿈꾸며 열심히 마을 심부름을 하고 있습니다. 기본적으로 이장의 전달 사항, 군 소식지, 배급 물품 등을 마을 구석구석에 전하는 일을 하고 있습니다. 핸드폰에 발생한 문제를 해결하는 일, TV에 CD 플레이어를 연결하는 일, 인터넷으로 물건 주문하는 일, 잔치를 알리기 위한 봉투의 주소 라벨 인쇄하는 일, 연말에 모임 결산 작업해주고 프린트하는 일 등은 전문가가 되어버렸습니다.

집의 위치가 마을의 제일 구석인 데다 작은 야산의 중턱에 있어서 마을 사람들이 특별한 볼 일 없이 찾아오지는 않습니다. 하루 종일 사람을 한 명도 보지 않고 지내는 날이 많습니다.

시골 내려오면서 먹고 살 일을 몇 가지 구상하고 내려왔는데, 막상 내려와서 보니 할 수도 없고, 할 필요도 없게 되었습니다. 내가 먹고, 서울에 있는 가족들에게 보내고 지인들과 물물교환하는 작은 규모의 농사를 짓고 있습니다. 그래도 생계는 어찌어찌 할 수 있어 큰 문제가 되지 않습니다. 무엇보다 생활비가 매우 적게 듭니다.

저는 호모사피엔스 종에 대해서 절망하고 있습니다. 과거에서 현재까지의 과정을 요약하여 급변하는 미래에 적용해보면 희망이 없습니다. 그렇다고 포기하지는 않지만, 인류의 행복을 위해 시행되었던 대부분의 방법들에 대해서는 동의할 수가 없습니다. 인류가 하지 않았던 전혀 새로운 시도가 필요한 시점입니다. 존재에서 소유로 온 길을 되짚어 다시 존재로 되돌아가야 할 때가 된 것입니다.

역지사지에 의한 공감, 모든 미신이 사라진 지성, 존재에 대한 겸손함이 새로운 길의 안내자가 될 것입니다.

저는 소통을 노력하고 있고, 소통하려고 글을 쓰고 있습니다. 그러나 제 방법대로 하는 것입니다. 이런 방법이 계속 유지될지는 모르겠습니다. 계획이나 목표가 없기 때문입니다.

저는 대중을 상대로 글을 쓰고 있지는 않습니다. 인연이 되는 단 몇 사람을 찾는 심정으로 쓰고 있을

1. 깨달음과 깨달은 사람

뿐입니다. 마음 맞는 소수하고만 소통하겠다는 것은
아닙니다. 대중이 읽고 이해할 수 있다면 가장 좋겠지요.
단지 선택하고 집중하겠다는 것입니다. 무인도에서
혼자 소리를 지르고 있으면, 어떻게 인연자가 알아볼 수
있겠냐고요? 그래서 인연이라고 하는 것입니다.

나의 깨달음

깨달음의 고백

나 자신에게는 깨달음을 선언해야 할 이유가
전혀 없다. 그런 행위를 한다고 해서 뭔가 달라지는
것도 아니고 오히려 불필요한 부담만 있을 뿐이다.
깨달음이라는 단어를 사용하는 것도 썩 마음에 내키지는
않는다. 그런데 내가 SNS에 깨달음에 관하여 단정적인
태도로 글을 쓰다 보니, 내가 깨달았는지 여부를 밝히는
것은 의무인 것 같다.

**내가 정의하는 깨달은 사람이란, 불교적으로
표현하면 세상의 본질이 무아無我와 연기緣起임을
명백하게 이해하고, 자기 삶에 적용하여 생로병사에
걸림이 없게 되며, 이에 관련한 더 이상의 공부가 필요
없게 된 사람이다. 나는 지금 그렇다.**

깨달음을 얻기 위해 뼈를 깎는 노력을 했거나,
영적이거나 천재적인 능력이 발휘된 것은 없다. 보통의
사람들처럼 평범했다. 다만 진리에 대한 간절함
하나만을 붙들고 살아왔고 깨달음은 스스로 달성되었다.
그 결과로 새롭게 어떤 능력이 생긴 것은 없으며 전과

1. 깨달음과 깨달은 사람

후가 동일하다. 그러므로 나를 자랑하거나 인정받으려는
의도가 전혀 없어 '고백'이라는 단어를 사용했다.

소통의 관점에서 보았을 때 깨달은 사람이란,
자신이 '깨달았다고 말하는 사람'일 뿐이다. 깨달음은
대단히 주관적인 일이어서 남에게 직접적으로 증명할
수가 없으며, 타인이 객관적으로 검증할 방법도 없다.
깨달았다고 말하는 사람은 주관적인 표현을 한 것이고,
듣는 사람 역시 주관적인 이유로 그것을 받아들이거나
거부할 뿐이다. 깨달음의 선언 자체는 말하는 사람과
듣는 사람 모두에게 난센스를 일으키는 행위이다.

깨달았다고 선언하는 것은 차별적 권위를 만들어서
일반 사람들이 주목하도록 하는 장치일 뿐이다. 나는
그런 권위를 구하지 않는다. **그럼에도 깨달았다고
고백까지 하며 이 글을 쓰는 이유는 깨달음에 대한
진입 문턱을 낮추고 싶어서다. 깨달음이라는 것이 쉽게
얻을 수 없는 것이 사실이지만, 심하게 어려워서 공부를
많이 해야 하며, 직업을 버릴 정도로 전념하는 수행을
통해서만 얻을 수 있는 것이 아니라는 것을 설명해주고
싶다.** 많은 사람들이 관심을 갖기를 바란다. 온전한
깨달음을 이루지 못할지라도 알음알이나 믿음의 형태로,
부분적으로라도 일상의 고뇌에 써먹을 수 있기를 바라는
것이다.

나는 인류라는 나무가 장대한 여정을 살아오며
피워내는 꽃 중 하나가 되었다. 위대한 무엇이 되었다고

자랑하는 표현은 아니다. 꽃은 잎새, 가지, 뿌리처럼 나무의 여러 기관 중 하나일 뿐이다. 꽃은 종자를 퍼트리는 역할을 담당하는 연약하고 일시적인 조직이다. 나 자신의 능력이 아니라, 인류 전체의 연기적인 결과로 내게 핀 꽃을 그냥 잘라 버릴 수는 없었다. 그 의무감에 대한 대응이 SNS의 글쓰기이다. 내용은 '나라는 실체가 없음'이므로, 결과적으로는 '반사 행위'를 하고 있을 뿐이다. 태양빛이 떨어지는 거울처럼 어떤 조작이나 목적 없이 그대로 반사한다.

깨달음의 인가

어려 보이는 사람이 마트에서 술을 사려면 주민등록증을 제시하여 성인임을 증명해야 한다. 성인 인가를 받아야만 술을 살 수 있다는 것이다. 여기에서 성인 인가란, 미성년자의 탈선을 막는 장치인 것이지, 성인이 자기의 성인 여부가 파악이 안 되어 마트 직원에게 주민등록증을 제시하고 "당신이 성인입니다"하고 성인 인증을 받는다는 것이 아니다. 깨달음에 대한 인가도 그렇다. 인가는 섣부른 수행자들의 탈선을 막기 위한 것이다. 깨달음은 자기 스스로 혼돈의 여지가 없이 분명하게 아는 것이므로 타인의 검증이나 인가가 필요하지 않다.

깨달은 사람이 자기가 깨달은 사실에 대하여 검증의

필요를 느낀다면 근처도 못 간 것이다. 긴가민가하는 것이 조금이라도 남아 있다면 인가받으러 갈 필요도 없는 것이고, 명백해져 있으면 인가를 받을 필요가 사라진다. 명백함이 부족한 사람에게 스승이 인가한다고 해서 채워지지는 않는다.

그럼에도 불구하고 인가를 받는 일이 있다면 그것은 예의를 갖추는 잔치일 뿐이다. 깨달은 사람이 다른 사람들에게 도움을 많이 베풀 수 있도록 권위를 만들어 주는 과정이기도 하다. 그러나 스승이나 도반 등의 조직 없이 살아왔던 나는, 내 공부에 직접적으로 빚을 진 적이 없다. 같이 수행한 도반도 없다. 그러므로 내게는 인가의 형식조차도 갖출 이유가 없다.

깨달음을 얻은 과정

내 나이 마흔여덟 살이 되던 지난 2009년 봄에 나는 갖고 있는 모든 주식과 경영권을 포기하고 회사 문을 나섰다. 구멍가게 같은 사업체지만, 일중독으로 건강 악화를 얻을 정도로 열심히 만든 회사였다. 손에 남은 것은 작은 아파트, 2003년식 소나타, 노트북이 전부였지만 자유를 얻었다. 쉰 살이 되던 해에 자본주의 사회에서 완전히 은퇴하기로 결심했고, 남은 생을 수행에 쓰겠다는 생각으로 이곳 충북 단양으로 낙향했다.

나는 언제 깨달았는지를 모른다. 시골에 내려온 뒤에, 전혀 의도하지 않았던 상황들이 벌어져서 몇 년간을 산과 밭에서 뒹굴며 살았다. 층간 소음으로 시끄러웠던 서울의 아파트에서 하루 3~4시간씩 좌선을 했었지만, 좌선하기 위해 만들어 놓은 시골집의 조용한 골방에는 며칠도 들어가 있지 못했다. 자발적인 고된 육체노동의 일상에 처하면서 간절함 하나만 붙들고 모든 것들을 철저하게 의심하고 잘라내었다. 수행과 공부의 필요성도 잘려 서서히 사라지기 시작했다. 질문들이 사라졌고 해답은 명백해졌다. 질문과 간절함이 사라진 곳에는 명백함이 남았다. 내가 나무처럼 바위처럼 묵묵하게 살아지게 되었고 정말 편해졌는데, 그걸 '깨달음'이라고 표현을 해야 하는지를 몰랐으며, 그렇게 알아야 할 필요조차도 없었다. 명백해진 이해의 단편들을 잠자리에서 소곤소곤 들려주면, 그 말들을 자장가 삼아 잠이 들던 아내는 나의 설명들에 감탄하며 재미있어했지만, 내가 공부를 마친 사실은 몰랐다. 변화의 느낌이나 색다른 경험 같은 것도 없었다. 초선정初禪定에 조차 들어가 본 적이 없다. 망상과 무의식적인 습관들이 많이 남아서, 이런 것들이 다 떨어져 나가야만 깨달음을 얻게 된다는, 이미 '화석이 된' 어리석은 생각도 여전히 발에 채여 굴러다녔지만, 깨달음에 대한 의지는 이미 밭고랑에 처박혀 색이 바래있었다. 생로병사가 의문스럽거나 걱정되지 않았고,

1. 깨달음과 깨달은 사람

더 뭔가를 갈고닦아야 한다거나 조작하고 대처할 필요가
없었다. 지금 이대로 모든 것들이 완벽했다. 수행 방에
거미줄이 쳐졌고 책에는 먼지가 내려앉았다.

그러던 어느 날 지인이 방문했고 그와 수행이나
마음과 같은 주제로 대화를 하게 되었는데 낙향 후
처음으로 아내 외의 사람과 그런 이야기를 나눈 것이다.
대화 중에 나는 명백한 것을 단호하게 설명하고 있었다.
마음만 앞서고 말은 두서가 없어 잘 설명은 못했지만
뭘 설명해야 할지는 분명했다. 지인이 떠난 후 내가
왜 그렇게 단호하게 말을 했는지 의아함이 들었다.
오래간만에 책의 먼지를 털고 펼쳤는데, 예전과 달리
책의 내용들이 확실하게 들어왔다. 불교 경전, 화두 공안,
명상 서적, 경전 해설서 등의 내용이 환해졌다. 말을 남긴
주인공들과 정확히 같은 시각에서 책을 읽고 있었다.
번역이 잘못된 것, 저자가 자기 말이 아닌 베낀 글을 쓴
것도 구분이 되었다.

깨달음을 전과 후로 나누는 기준은 명백함이다.
무아와 연기, 무자성無自性, 오직 모를 뿐, 마음밖에
한 법도 없음 등등 이런 내용들을 진작에 이해하여
수긍하고 있었지만, 생로병사를 해결하지는 못했다.
그런데 가랑비에 옷이 젖듯 하다가 어느 순간부터인가
명백해진 것이다. 문제들이 저절로 사라졌고 온 세상이
해답으로 남아 있을 뿐이었다. 명백함이 어떻게
생겼는지를 설명할 방법은 없다. 거기에는 간격이 있다.

내가 건너간 것이 아니고 그것이 건너온 것이다. 완전한 명백함은 나와 무아 사이에서 일어나는 일이어서 '나'의 노력이 무용지물이고 장애물인 순간이 온다. 그러나 그 경계까지 내가 노력해서 가지 않으면 아무것도 일어나지 않는다. 그리고 마침내는, 내가 '나'의 노력을 완전히 거둘 수 있을 때, 그것이 일어난다.

이런 이해들을 추슬러 생각으로 정리를 해야 할지, 그냥 다른 생각들과 함께 버리고 살지를 결정하고 싶었던 즈음에 지인들 몇 명이 삶의 어려움을 하소연해오는 전에 없던 일이 생겼다. 그들과 대화하면서 생각들이 많이 정리가 되었지만, 그들에게 내가 별 도움이 되지는 못했다. 어려움을 겪고 있는 본질적인 이유가 선명하게 보였고, 빠져나오는 방법도 간단한데, 그걸 이해시키는 것은 쉽지 않았다. 깨닫는 것과 설명하는 일은 별개의 일이었다. 사용하는 단어의 개념들이 혼돈되지 않게 정리될 필요가 있었고 설명하는 요령도 필요했다. 짠맛을 남에게 설명하는 것처럼 난해한 일이었다. 짧은 단문으로 비유처럼 설명할 수는 있지만, 준비가 없다면 체계적인 설명을 할 수가 없다.

머리 쓰는 일을 다시 하는 것은 힘들고 거부감이 들었다. **세상은 모든 일어나야 할 일들이 인과를 따라 자연스럽게 생멸하고 있다. 거기에 잘못된 것이나 궁휼히 여길 것은 없으며, 지금 그대로 완벽하다.** 특별한 인과가 없었기에 깨달음이니 뭐니 하며 내가 나설 일은

1. 깨달음과 깨달은 사람

없어 보였다. 침묵하고 조용히 살기로 결정했지만,
결국은 그렇게 되지 않았다.

깨달음과 경지

깨달음에는 경지라는 단어가 반드시 따라붙는다.
그러나 깨달음과 경지는 서로 모순이 되므로 공존할
수 없다. 깨달음이 있으면 경지가 없고 경지가 있으면
깨달음이 없다. 선정과 해탈을 얻은 경지가 있다면,
그것을 얻는 사람이 아직 남아 있는 것이다. 사람이
남아 있지 않다면 '너'의 해탈인지 '나'의 해탈인지
구분할 수가 없어 무의미하다. 여전히 생각 위에서 노는
것이다. 깨달음에는 경지가 없다. 그러나 깨달은 사람의
능력에는 경지가 있을 수 있다. 깨달은 사람이 갖고 있는
세상에 대한 이해의 깊이와 대응하는 능력에는 차이가
있다. 선정과 해탈이 깨달음의 경지는 아니지만 깨달은
사람의 경지일 수는 있다.
나는 명백해진 이후에도 망상에 뒹굴고
무의식적으로 행동한다. 필요함이 느껴져서 고삐를
당겨보면 상당히 개선되기는 하지만, 긴장이 필요하므로
일상에서 그렇게 하지 않는다. 망상이 없이 깨어 있는,
의식적인 삶을 살아야 할 필요를 못 느낀다. 명백함은
모든 사건들의 바닥에서 항상 단단하게 느껴진다. 소위
주시가 된다거나 늘 의식이 된다는 것과는 다르다.

생각은 잘 끊게 되었다. 어떤 상황에서든 '그만!'하면
생각은 바로 정지한다. 무념에 든다는 것이 아니라,
불필요한 생각이 멈춰진다는 것이다. 생각 없이 살지는
못한다. 사람의 뇌가 그렇게 만들어져 있다. 밭에서
땀을 뻘뻘 흘리며 시간도 잊은 채 무념으로 일한 것
같은 순간들도, 되새겨 보면 잡생각이 없었을 뿐이다.
일하는 과정에 대한 생각들은 필요에 의해 계속
진행되고 있었다. 궁금한 마음에 결가부좌를 하고
앉아보면, 예전과 달리 집중도가 매우 높다. 어떤 인연에
의해서 '활동 능력의 경지'를 획득한 사람들의 상태가
이해되었다. 그러나 나는 그런 것에 관심이 없다. 그런
경지를 얻는다고 나의 명백함이 더 증가하거나 '오직
모를 뿐'인 무지를 벗어날 수 있는 것도 아니다. 다른
사람들의 깨어남에도 도움이 되지 않는다. 나에게는
밭에서 풀을 뽑거나 TV에서 복면가왕을 보는 것이 더
재미있다.

촌부로 돌아가는 길

  사람들은 삶의 저항을 피하는 방법을 원하지만,
본질적인 해결책을 가르쳐주면 모두 황망히 자리를 뜨게
되어 있다. 무아를 받아들일 수가 없기 때문이다. 남아서
눈동자를 반짝이는 사람들의 대부분도 동상이몽이다.
진리나 깨달음에 관한 책들은 차고도 넘친다. 진리에

대하여 진지한 관심을 가진 사람이 드문 세상에서, 별다른 능력도 없는 내가 세상에 말을 보태는 것이 의미 없다는 생각이 들어 침묵하고 살려고 했다. 그러나 의무감이 기다리고 있었다. 할 일이 남아 있지 않은 사람이 산속에 파묻혀 자족하며 살다가 사라져가는 일에 허물은 없겠지만, 내가 받은 것은 돌려주고 가야 한다는 생각이 남아 있었다.

생로병사가 허상이기는 하지만 나무 가시에 찔리면 명백하게 아프듯이, 세상에는 고통이 많이 있고 우연히 공감될 때마다 통증을 느낀다. 나의 이런 글이 사람들에게 널리 읽히고, 읽은 사람에게 공감을 주어 그들이 깨어나는 데 도움이 되겠는가 하는 질문에 대한 대답은 내가 감당할 몫이 아니다. 깨달음에 대한 대단한 설명보다는 이런 사람도 깨달았다고 말을 할 수 있다는 것을 보여주는 것이 더 현실적일 수도 있다. 내 머리에서 글에 대한 아이디어가 나올 때까지 쓰다가 멈춰지면 나는 깨달음을 잊어버린 촌부로 돌아갈 생각이다. 내가 반사한 빛이 언젠가는 꼭 필요한 사람의 품에 안길 것이라고 생각한다.

사회 변화가 기하급수적인 그래프를 그리고 있다. DNA 변형을 통한 인간 유기체의 변화, 뇌과학의 발달과 뇌와 컴퓨터의 연결, 가상현실을 통한 시공간의 왜곡, 인공지능과 로봇에게 사람이 소외되는 사회

등 전대미문의 변화가 밀려오고 있다. 과학의 결실과 자본을 움켜쥔 소수 권력자들은 이종화異種化된 인간으로 진화할 것이다. 소유를 기반으로 형성된 자아와 사회의 개념은 급변 상황을 수용하지 못해 혼돈에 빠질 것이다. 깨달음은 뇌 시술과 가상현실 속에서의 훈련 및 세뇌로 유사하게 얻을 수 있게 되겠지만, 교묘한 조작을 가미하여 새로운 카스트제도의 고착화로 이어질 수도 있다. 고치 속에서 정신 에너지를 생산하는, 행복한 노예들이 사는 유토피아가 될지도 모른다. 그때의 금칙어는 '반체제 무정부주의'가 아니라 '인간의 깨달음'이 되어 인터넷에서는 찾을 수도 없고, 필서로만 유통될지도 모른다. 조금 지나친 상상일지도 모르겠지만, 미래학자들이 그리는 '특이점'의 시작 시점은 30년 이내이다.

현시대의 수행과 깨달음에 대한 이미지는 거대한 쓰나미가 밀어닥치는 해변가의 토굴에 들어가 앉아 호흡을 멈추고 있는 수행자의 그림으로 연상되어 걱정된다. 미래의 충격이 본격적으로 밀려오기 전에 인류의 깨어남이 시작되어야 한다. **부디 이 세대의 많은 사람들이 하늘의 별들처럼 깨어나길 바란다. 그리하여 엄청난 높이의 쓰나미로 밀려오는 미래의 충격으로부터 인류가 보호되고 질적인 비약을 할 수 있기를 바란다.** 어두운 동굴에서 걸어 나온 인류의 지성과 지혜가

만개하길 바란다.

　　이 글을 읽어준 당신. 나처럼 평범한 사람이 건너왔듯이, 당신도 강을 건너 깨어나길 진심으로 기원한다. 지금 그대로 아무것도 부족함이 없음을 알게 될 것이다. 당신의 깨어남을 스스로 간절히 원하는 것이 필요할 뿐이다. **무아無我에 대하여 본능적으로 방어하며 붙드는 것들이 발견될 때마다 하나씩 내려놓는 만큼 당신은 깨어나게 된다.**

깨달음은 과연 멀리 있는가?

　　무아無我와 연기緣起는 이해하는 것이지, 몸과
마음을 갈고닦아 만들어 얻는 것이 아니다. 모든 것이
무아와 연기이므로 온 천지가 이미 깨달음 그 자체이다.
단, 이 사실을 외면함으로써 존립이 가능한, 생각의
세계만이 깨달음에 대하여 닫혀있다. 사람의 생각도
연기의 한 과정과 내용이므로 본질적으로 깨달음을
벗어난 것은 아니다. 사람도 깨달음의 세계에 풍덩 빠져
있다. 단지, 깨달음을 누리지 못할 뿐이다.

　　잠을 잘 때, 아무 생각이 나지 않을 때, 한 가지
사건에 몰두하여 다른 생각이 떠오르지 못할 때에는
'나'에 대한 생각이 옅어진다. 그럴 때는 삶의 저항이
줄어든다. 걱정과 불안이 잦아들고 눈앞의 환경만을
직시할 뿐이다. 조금 더 나아가 무아와 연기를 이해한
경우에는 간단한 사건들에 대해서 존재계에 맡기는
여유가 생기기도 한다. 이런 것들이 바로 깨달음을
부분적으로 누리는 모습이다. 사람이 생각으로만 구성된
존재는 아니므로 깨달음을 이미 누리고 있는 것은
너무나도 당연한 일이다.

　　그러나 재정적인 파산, 가족의 중병, 죽음의 공포,

1. 깨달음과 깨달은 사람

버려짐의 상실감과 같이 '나'에 대한 생각이 짙어지는 상황에 처하면, 불안에 떠는 '나'만 극대화되어 깨달음의 효능을 누릴 수가 없게 된다. '나'의 크기가 커질수록 깨달음을 누리지 못하게 된다는 것이다. 무아와 연기에 대한 이해조차도 빛을 잃게 되는 순간이다.

그런데 그 '나'가 생각의 다발에 불과한 허구라는 사실을 정확히 이해하고, 그 이해가 쪼그라들지 않을 수만 있다면, 생각의 세계가 만들어낸 생로병사의 공포감으로부터 온전히 벗어날 수 있게 된다. 그것은 어떤 능력을 얻는 것이 아니라, 삶을 대하는 태도에 변형이 생겨, 어차피 받아야 할 생로병사를 저항 없이 온전히 수용할 수 있게 되는 것이다. 그런 변형이, 불사신을 만들어 주는 철갑옷을 선물하지는 않는다. 오히려 무장해제가 되고 맨살이 드러나 더 예민하고, 더 아프고, 더 깜짝 놀라게 된다. 그러나 그 뒤가 달라진다. 인과의 힘으로 인하여 일어난 사건을 조작하고 대처하기 위해 생각에 매달릴 필요가 없다는 것을 이해하기에 망상으로 인한 고통들은 사라진다.

이런 누림이 자리잡히면 온전한 깨달음을 얻은 것이다. 온전한 깨달음은 열반이나 해탈을 구할 이유가 없다. 삽을 든 모습 그대로, 국자를 든 모습 그대로, 비겁하고 찌질하고 수다스럽고 산만한 그대로 깨달음이다. 이제까지 살아온 인과(습)로부터 비약하지 않기 때문이다. 그러나 더이상 생로병사가 삶에 대하여

'저항'이 되지 않는데, 그것으로 전부이다.

　　불행하게도 깨달음을 소개하는 대부분의
안내서들은 그 여정을 멀고 복잡하고 험난하게
묘사하고 있다. 그래서 보통의 사람들은 엄두도 못낼
일로 치부하도록 만든다. 생존의 권리만큼이나 당연한
깨달음의 누림을 외면하게 만들고 있다. 그러나 **그것은
도로 한복판에 떨어져 반짝이는 햇볕, 떡볶이 좌대의
어묵냄새, 고함치는 상인들의 목소리로 구석구석 뒹굴고
있다. 이미 누군가의 손안에 들어가 있고, 손만 내밀면
닿을 곳에서 기다리고 있다. 선방이나 눈 밝은 스승의
은덕 또는 경전의 은밀한 구절에 숨어 있지 않다.**

　　깨달음은 먼 곳에 있지 않다. 그렇다고 쉽다는
것은 아니다. 부조리함을 떨어내려는 간절함과 희망이
'나'라는 관념의 벽을 넘어서야 하기 때문이다.

　　　　　　　　　　　　　　　　　　　　1. 깨달음과 깨달은 사람

2초 동안 생각을 멈추기

　　고타마 싯다르타가 가르친 진리의 핵심은
무아無我와 연기緣起이다. 연기라는 것은 자성自性을
가진 영원한 실체가 없다는 것이다. 다른 것들에
의존해서 존재하는 사물이란 자성이 없이 외부의 영향에
의하여 끊임없이 변화하는 과정일 뿐이다. 마찬가지로
'나'도 연기의 한 과정이므로 실체로서의 '나'는 없다는
것이다. 이것이 무아다.

　　과거의 사람들에게 무아와 연기를 설명하는 것은
너무나도 힘든 일이었을 것이다. 그러나 과학의 발달로
세상을 세밀하게 볼 수 있게 된 현대인에게는 이미
상식적인 지식이다. 딱딱한 고체들을 최소 단위로 잘라
들어가 보면 입자보다는 공간이 훨씬 많고, 그나마 입자
조차도 어쩌면 파동일 수도 있다는 지식을 고등학교
때 교과서로 모두 배웠다. 무아와 연기에 대한 자세한
설명은 인터넷에서 검색하면 많은 자료가 있고, 좋은
책들도 있으므로 더 이상의 설명은 생략한다.

　　그런데 지구의 전체 사람 중에 '나'가 허구라고
생각하는 사람은 몇 명이나 될까? 거의 없다고 판단하는
것이 맞을 것이다. 지구가 둥근 것은 상식이다. 그러나

일상의 생활을 하면서 땅바닥이 둥글다고 생각하는 사람은 없다. 집을 지으면서 시멘트 콘크리트로 집의 기초 바닥을 만든다. 이때 지구의 곡률을 고려해서 가운데보다 가장자리를 두껍게 쌓는 사람은 없다. 다리를 만들 때 곡률을 고려하여 가운데 기둥보다는 양쪽 끝의 기둥을 더 길게 세워야 한다는 이야기를 들어본 적도 없다. 지구가 둥근 것은 사실이지만, 사람들이 사는 현실계에서는 평평한 바닥만 보일 뿐이다. 마찬가지로 사람의 현실계에서 무아라는 상식과 달리, '나'라는 실체는 너무나도 명백하여 허구라고 받아들일 수가 없다.

건축하면서 지구의 곡률을 고려하지 않는 것은 아무런 문제가 되지 않지만, '나'가 실체라고 받아들이는 것은 문제가 되는 정도가 아니다. 실제로는 없는 세계를 가상현실로 만들어 살게 되는 천지창조 수준의 현격한 차이가 있다. 그럼에도 불구하고 결과가 좋으면 괜찮을 텐데 있지도 않은 고통까지 만들어 내어 시달리게 되니 그대로 견디고 살 수는 없는 것이다.

나와 세상이 실체성을 갖고 완벽한 세계로 등장할 수 있게 된 기반은 인간 전두엽의 능력, 즉 생각의 마술이다. 그러나 전두엽이 멈춘다고 무아와 연기의 세계로 돌아갈 수 있는 것은 아니다. 여기 심각한 문제가 있기 때문이다. 무아와 연기가 진리 또는 상식이라고 이해하는 것도

전두엽의 기능이다. 그리고 전두엽이 멈추면 아무것도
인식이 안 되어 지구가 둥근지 평평한지를 알 수도
없고, 의미도 없게 된다. 다행스러운 것은 전두엽의 활동
여부와 상관없이 세상은 본질적으로 무아와 연기에 놓여
있다는 것이다.

그러므로 생각은 살아있되, 생각이 멈춘 세상을
이해하고 그 이해가 현실적으로 명백해지면, 있지도
않는 고통에 인간이 시달리는 함정을 벗어날 수 있다.
전두엽이 주는 생각이라는 도구로, 전두엽이 작동되지
않는 무념의 세상을 이해해야 한다. 머리에 쥐가 나는가?
너무 걱정 말라. 여기에서 탐구와 분석 등의 지능적인
노력이 동원될 필요는 없다. 생각의 방식을 따라가는
방법으로는 절대 불가능하다. 간단한 방법이 있다.
생각을 끊어서, 생각할 때와 생각이 없을 때를 비교하는
것이다.

예를 들어서 설명한다. 경영하던 사업체를 확장하기
위하여 새 투자자를 합류시키게 되었다. 그런데 그
사람에 대한 신뢰가 높지 않다. 돈은 필요하고 사람은
경계해야 하는 일이다. 그에게 투자를 받아야 할지 여러
날을 고민하다 보면 결론은 나지도 않으면서 생각은
계속 제자리 맴돌기만 하게 된다. 이 생각의 시간이
길어진다고 좋은 결과가 나오는 것도 아니지만, 이렇게
생각의 쳇바퀴에 빠지게 되면 답도 얻지 못하면서

맴돌게 된다.

바로 이럴 때 생각을 끊어 보자는 것이다. 이런
불필요한 고민들로부터 벗어나 보자는 것이다. 뇌의
구조상 생각을 끊으려고 하면 저항이 일어난다. 생각을
멈추려고 하면, 에너지가 투입되어 더욱 극성해질
뿐이므로 환기를 시키는 것이 적절하다. 그래서
**다음과 같이 뇌를 설득한다. '지금의 생각아, 내가
너를 끊어버리겠다는 것은 아니고 딱 2초만 멈췄다가
다시 계속 생각할게.' 이렇게 하면서 잠깐 끊는
것이다. 그러고 나서 다시 그 생각이 계속되면 그냥
허용한다. 일정 시간이 지나면 다시 또 끊어본다.** 자꾸
그 생각으로만 되돌아가게 될 경우에는, 다른 생각을
일부러 끌어들인다. 그리고 어떤 생각을 하고 있든 일정
시간 뒤에 다시 또 끊어본다. 그런 과정에서 생각이 끊길
때 마음이 얼마나 편해지는가를 확인한다. 효용성이
확인된다면, 불편하고 회피하고 싶은 생각에만 적용하지
말고 즐거운 생각과 보통의 생각 등에도 점차로 적용을
확장한다. 싫은 생각을 회피하는 요령보다는, 생각을
끊어내는 습관을 얻는 것이 더 실속이 있기 때문이다. 꼭
이 방법만 가능한 것은 아니다. 생각을 끊거나 환기시킬
수만 있다면 자기에게 맞는 좋은 방법을 개발해도 된다.

이렇게 생각에서 벗어나는 방법이 익숙해지면

무념無念의 효과를 이해하게 된다. 마라톤에서 러너스 하이(Runner's high)라는 용어가 있다. 육체의 한계에 도달한 상황에서 갑자기 무아지경에 들게 되어 땅이 발에 닿는 느낌조차도 사라진 경쾌한 느낌이 드는 것을 말한다. 이 현상에 대해 관련 학자들은 뇌에서 엔도르핀과 또 다른 신경화학물질인 도파민, 세로토닌 등이 복합적으로 관여하는 것으로 추정하지만 정확한 이유를 밝히지는 못하고 있다. 확실한 것은 육체적으로 탈진에 도달하여, 머리에서는 뛰겠다는 의지 외의 어떠한 생각도 못할 상황에 처해야 일어난다는 것이다. 그래서 초보나 중급 마라토너들에게는 간헐적으로 발생하지만, 페이스 조절이 가능한 프로선수들에게는 잘 일어나지 않는다고 한다.

생명의 위협을 느낄만한 높고 험한 산을 등반하거나 잠을 제대로 못 자고 긴 거리를 행군하는 경우에도 비슷한 경험들이 일어난다.

생각이 멈췄을 때, 뇌가 변화한다. 몇 시간을 고민하던 문제가 툭 떨어져 나갔을 때 큰 상쾌감을 느끼는 것도 유사한 원리로 판단된다.

생각이 완전히 끊어지는 것은 불가능하지만, 생각이 길게 멎어 있게 되거나, 한 생각이 끝나고 다른 생각이 시작될 때의 간격이 길어지거나, 멈추고 싶은 생각을 그칠 수 있게 된다면, 사람의 뇌는 늘 평안해지거나, 언제든지 평안한 상태로 옮겨갈 수 있게 된다.

한 가지 실험을 해보자. 인터넷에서 사진을 찾아보자. 애완동물 사진, 자연의 멋진 풍광, 재해를 당한 사진, 헐벗은 이성의 야한 사진 등이다. 그리고 그 사진을 볼 때 사진과 관련한 어떤 생각도 일어나지 않도록 노력한다. 기억과 상상 그리고 연상이 작동되지 않는다면, 그 사진들은 그냥 알록달록한 이미지에 불과할 뿐이다. 아무리 야한 사진일지라도 결코 성 충동을 불러일으키지 않는다. 그냥 담담할 뿐이다.

살아가면서 그 어떤 생로병사의 과정들과 충돌할지라도 거기서 일어나는 갈등, 아름다움, 충동 등은 모두 생각에 불과할 뿐이다. 생각이 작동해주지 않으면 그냥 알록달록한 사건들일 뿐이어서, 심리적인 혼동이 난장판을 벌이지 못한다.

이런 습관의 실천이 거듭되면, 자기 경험과 이해가 쌓이면서 생각의 허구를 저절로 명백하게 알게 된다. 무아와 연기가 명백해져서, 생로병사를 살지만 생로병사에 걸리지 않게 된다.

1. 깨달음과 깨달은 사람

깨달음과 깨달은 사람

깨달음은 체득되어야 하는 것이지 논하는 것이
아니라는 사람들이 있다. 인정한다. 그러한 경우에는
깨달음을 설명할 때 꽃을 들거나 마른 똥 막대기를
휘두르면 된다. 시를 쓰거나 비유를 드는 것도 가능하다.
그러나 그런 형태의 설명들이 논리나 주장으로
비약해서는 안 된다. 깨달음을 말로 설명할 수 없다는
사람이 깨달음에 대해서 이런저런 설명을 한다면,
깨달음을 말로 표현할 수 없다는 주장과 그의 깨달음에
대한 설명 둘 중에 하나는 거짓이다. 깨달음에 대해서
설명을 하겠다면 논리를 벗어나면 안 된다.

논설의 오류를 무시한 많은 설명들로 인하여
깨달음은 이미 충분히 난장판이 되어있다. '마음'이라는
단어가 얼마나 다양하게 적당히 사용되고 있는지를
찾아보는 작업은 어렵지 않다. 그런 결과들로
인하여, 깨달음은 너무나도 복잡한 이야기가
되어 버렸다. 거기에다가 팔만대장경과 삼(三)
아승지겁(阿僧祇劫)이라는 수행 기간이 은산철벽처럼
가로막고 있으니 대중들에게 깨달음은 이제 현실

도피적인 이야기다. 주변의 사람들에게 깨달음에 관련된 이야기를 꺼내려면 컴퓨터에 숨겨둔 야동을 꺼내는 것처럼 쑥스러워지고 본인이 몽상가임이 자동으로 커밍아웃됨을 각오해야 한다.

깨달음에 관한 많은 책들은 혼돈으로 뒤죽박죽 되어 있다. 여러 내용을 복잡하게 설명하는 과정에서 지엽적으로 나타나는 혼돈은 얼마든지 이해할 수 있다. 그런데 저자 자신이 혼돈된 상태에서 음주 운전하듯 써낸 글을 읽다 보면, 옳고 훌륭한 말은 하는데 무슨 주장을 하는지 알 수가 없다. 계속 읽으려 해도 늘어진 녹음테이프의 음악을 듣는 것 같아 포기할 수밖에 없다.

깨달음은 현생을 포기하고서야 얻을 수 있는 그 무엇이 아니다. 대학에 진학해서 전공을 선택할 때, 마음 바뀐 여자 친구를 다시 찾아가야 할지 결정할 때, 말기암을 선고받은 가족에 대한 혼란한 마음을 추스를 때 갖다 쓸 수 있는 철저하게 현생을 위한 지혜이다. 그러나 요즈음의 깨달음은, '도를 아십니까' 하면 누구나 웃게 되는 개그의 소재가 되어 버렸다. 그렇게 만든 여러 원인 중 하나가 깨달음에 대한 비지성적인 설명들이다.

지성이 부족한 사람도 깨달을 수 있지만, 깨달은 사람이 입을 열어 설명하는 일에는 지성이 필수적이다.

여기에서 지성이란 고도의 암기력, 추리력, 상상력, 학습된 정보 등을 말하는 것이 아니라 내용의 객관성과 일관성이다. 지성에 특별한 능력이 필요하지는 않으며 솔직함과 성실함만 있으면 된다. 깨달음에 대한 설명을 하기 위해 논리학이나 글쓰기를 배울 필요는 없지만, 자기 말의 앞뒤가 모순되지 않게 주의를 기울이는 것은 듣는 사람에 대한 기본적인 예의이다. "A=B이고 B=C인데, 그러므로 A=D이다"라는 식으로 말하며 "말로 전달되지 않는 것이 있기 때문에 이렇게 설명할 수밖에 없다"고 대충 회피하는 것은 올바른 태도가 아님에도 말로 전할 수 없는 것을 억지로 표현해서 그렇다는 핑계로 얼버무린다. 말할 수 있는 것까지만 설명하면 되고, 그 과정까지는 설명을 듣는 사람이 혼돈되지 않게 해야 한다. 말로 전달이 안 되는 부분은 어차피 상대방의 몫이며 여기에서의 월권은 오히려 혼란을 줄 뿐이다.

최대한 논리적으로 깨달음을 설명해 보겠다.
먼저 깨달음과 깨달은 사람을 구분해야 한다. 그 두 가지는 각각 다른 차원의 현상임에도 같은 차원의 일처럼 연결하므로 혼돈이 일어나기 때문이다. 깨달음은 비언어적 차원의 현상이고 깨달은 사람은 언어적 차원의 현상이다.

먼저 깨달음에 대해 살펴보자.

깨달음은 언어가 휘발된 현상이며 미지와의 조우이다. 조우라고 표현했지만 조우하는 주체와 대상이 없다. 깨달음은 빛조차도 빠져나올 수 없는 블랙홀과 같다. 우주 탐험선이 블랙홀에 다가갈 때, 블랙홀에 대한 어떤 정보를 송신하고 있다면 아직 블랙홀에 이르지 못한 것이다. 블랙홀에 도달한 뒤에는 아무런 정보가 나오지 않는다.

깨달음에 도달했다면 아무런 정보가 나오지 않는다. 그 상태에 관해서는 오직 모를 뿐이다. 그것은 나라는 유기체가 갑자기 증발하는 것이 아니라, 뇌의 전두엽 활동이 중단되어서 생각이 완전히 끊긴 상태이다. 생각이 끊겼음을 아는 '나'가 있다면 여전히 활동하는 언어적 착각에 빠진 것이다.

이 상태는 잠이나 기절 또는 전신 마취 상태와 비슷하지만 잠과 기절이 서로 다르듯이 깨달음은 그런 사건들과 전혀 다른 현상이고, 그 다름은 생각이 다시 활성화된 뒤에야 확인된다. 깨달음의 결과는 안도감이다. 그것은 인과적 노력으로 얻어지는 것이 아니라, 그러한 노력들이 사라졌을 때 나타나는 본질적인 상태이며 '나'의 바탕이자 일체의 사건과 사물의 바탕이다. 깨달음 자체에 대해서는 알 수 없지만 그 결과가 안도감으로 드러난다.

깨달음은 시공간에 제한되지 않는다. 시공간이라는 개념이 사라지므로 시공간이 적용되지 않기 때문이다. 그러므로 영원하고 무한하다. 영원한 것은 시종始終이 없으며 모든 시간들은 영원에 포함되어 있다. 깨달음이 없는 시간이 있고, 깨달음이 얻어지는 시간이 있다면 깨달음이 영원하지 않다는 것이다. 그러므로 깨달음은 미래에 새롭게 일어나는 것이 아니다. 지금 이대로의 모든 것이며, 모든 사건과 사물에 깨달음이 깃들어 있다. 깨달음은 얻어지는 것이 아니고 이미 모두에게 있는 것이다.

다만 '나'를 등장시켜주는 생각이 그 깨달음을 인지하지 못할 뿐이다. 깨달음은 생각이 없어져야 일어나는 현상이기 때문이다. 생각에 기반하여 구축된 세계에서는 생각을 통하지 않고서는 아무것도 알 수가 없다. 생각은 인간의 뇌가 세상을 해석하고 이용하는 제한적인 시스템이며 생각이 인식하는 세계는 인간이 우주를 받아들여 활동하는 유일한 시공간이기 때문이다.

깨달음은 사람의 인식 능력으로 직접 경험할 수 있는 대상이 아니다. 그러므로 특정할 수 있는 특수한 현상도 아니다. 그것은 깨달음 사건 전후의 인과에 의하여 간접적으로 경험하게 되고 그 결과로 세계관이 바뀌게 되는 것이다.

다음으로 깨달은 사람에 대해 살펴보자. 당장 모순이 보인다. 첫째는 깨달음에 도달할 수 없는데 깨달은 사람이 있다는 것이고, 둘째는 모두가 이미 깨달음이라는 본질 위에 있는데 깨달은 사람과 그렇지 않은 사람으로 구분하는 것이다. 그러므로 깨달은 사람은 깨달음 자체가 아닌 것이다.

깨달은 사람이란 생로병사에서 초월한 사람이 아니라 생로병사의 문제에서 자유로워진 사람이다. 그는 무아를 달성한 것이 아니라 훌륭한 자아를 갖추게 된 것이다. 깨달은 사람이 현실을 벗어났다는 것은 논리적으로 모순되며, 설령 그런 존재가 된다 한들 현실 세계에서 무엇을 할 수 있을지 의문스럽다. 현실 세계에서 '나'라는 기능적 주체가 작동되지 않으면 감각되는 환경에 제대로 대응하지 못하며 말도 할 수가 없다. 깨달은 사람은 현실에 무기력한 이러한 상태가 되어서 생로병사에서 벗어나는 것이 아니라, '나'가 활발하게 작동되면서도 생로병사가 삶의 장애가 되지 않는 것이다.

이런 변화는 무아와 연기에 대한 명백한 체득으로 가능해진다. 그것은 무엇인가 새로운 능력을 갖추었다거나 갑자기 인과를 모두 뛰어넘는 것이 아니다. 마당에 뱀(생로병사)이 있는 줄 알고 해우소를

1. 깨달음과 깨달은 사람

가지 못하다가 랜턴으로 비춰고 보니 새끼줄이었음을
알게 된 것과 같다. 뱀을 잡아 없앤 결과가 아니라
그것이 뱀이 아니라는 사실을 이해한 결과로 불필요한
두려움에서 벗어나게 되는 것이다.

그러면 무아와 연기에 대한 이해를 바탕으로 저술된
대부분 책들의 저자는 모두 깨달은 사람들인가? 마당에
뱀처럼 놓여 있었던 것이 새끼줄이었음을 알게 된
뒤에도 여전히 불안해서 해우소를 가지 못하는 사람도
있다. 그것은 이해의 명백함이라는 문제가 남은 것이다.

평생을 큰 사건 없이 가족들과 살아온 사람이 그의
아버지에 대한 이해는 그냥 명백하다. 달리 설명할
필요가 없으며 의심할 여지가 없다. 그런데 어릴 때부터
고아로 자란 사람에게 아버지라는 사람이 나타나서
유전자 분석 결과지를 내밀었다면 거기에는 당연한
명백함이 생기지 않는다. 명백함이란, 그렇게 밖에
달리 설명할 방법이 없으며 의심할 여지가 전혀 없어서
심리적인 요동이 없다는 것이다. 경험의 문제이고
주관적인 상태이다.

깨달은 사람이란 무아와 연기를 이해하고
경험적으로 체득되어 그 이해가 스스로 명백해진
사람이다. 그러나 그는 깨달음이 아니다. 깨달음은

그에게만 부여된 속성이 아니다. 깨달음에 대한 논리적인 이해는 깨달음과 깨달은 사람을 구분하는 일부터 시작된다. 깨달음은 무아의 비연기적인 사건이고 깨달은 사람은 연기적인 결과물이다.

깨달은 사람이란, 자신이 깨달았다고 말할 수 있는 사람일 뿐이다. '나'라는 물방울이 대양으로 사라지기는커녕, 더 효용이 높아진 채로 활동하는 사람이다. 치매에 걸리면 퇴전하고, 오매일여는커녕 하루 종일 생각에 뒹군다. 병 때문에 아프고, 아내의 잔소리에 벌컥 화가 난다. 그러나 퇴전될까 두렵지 않고, 생각에 뒹군다고 우려하지 않으며, 화를 냈다고 죄책감에 시달리지 않는다. 그런 찌질함을 뒤집어쓰고 있음에도, 요동하지 않는 무아와 연기에 대한 명백한 이해와 심리적 안도감이 있기 때문이다. 그것이 힘이 되어 타인의 고통에 공감하고 자신의 행동과 활동을 개선하려는 노력이 일어나고 그 결과를 얻어 내는 사람이다.

그에게 깨달음은 여전히 생각의 일이다. 그는 안다. '나'라는 사고 기능이 중심이 되어 삶을 살아가지만, 그 '나'는 기억과 생각의 다발에 불과할 뿐이고 그 '나'에게 일어나는 삶의 과정들은 연기에 의한 자동 생멸이다. 그러므로 생로병사를 받는 '나'의 실체가 없어서 인위적으로 무엇인가를 조작하고 대처하지 않으며 모든 사건들에 대한 전적인 수용이 가능해진다. 그 수용의 수준은 '나'에게 이미 고착되어 있는 저항의 습기가 소거된 수준에 비례한다. 깨달음을 얻고 나서도 여전히 생로병사를 당하지만 그것에 시달리지는 않는다.

그러면 어떻게 그렇게 명백해질 수가 있을까? 사람은 지식과 정보를 모두 명백하게 믿지 않는다. 그랬다면 과학은 절대로 발전하지 않았을 것이다. 대부분의 사람들이 천동설을 이해하거나 믿더라도 일부 사람은 이를 의심하고 새로운 주장을 편다. 그리고 새로운 기존의 지식을 밀어내고 명백한 지식으로 올라서기도 한다. 이러한 지식의 대체는 새로운 지식의 더 높은 효용성을 가능하게 한다. 지식이 명백해지는 과정은 효용성이다.

무아와 연기에 대한 이해는 과학적 지식과 조금 다르다. 그것은 천동설이 지동설로 바뀌는 과학의 지식처럼 상대적인 것이 아니라, 세계에 대응하는 인식과 수용의 프레임이어서 절대적인 것이다. 그것이 명백해지는 원리는 믿음이 아니라 과학의 지식들과 마찬가지로 효용의 경험에 있다. **무아와 연기에 대한 이해를 얻고**(법등명) **정말 그러한지를 스스로 검증하여 그 효용을 반복 확인하는 훈련**(자등명)**을 통하여**

이해와 경험의 깊이를 늘려가다가 어느 순간 깨달음을
조우(견성)한 뒤에 세상을 보는 눈이 바뀌면 깨달은
사람이 되는 것이다.

깨달음과 깨달은 사람 2

'깨닫다'의 사전적 의미는 '이해하여 참뜻을 환하게 알게 되다'이다. 명사형인 '깨달음'의 사전적 의미는 '제대로 모르고 있던 사물의 본질이나 진리 따위의 숨은 참뜻을 비로소 제대로 이해할 수 있게 됨'이다. 고타마가 말한 깨달음의 의미는 '세상의 본성이 무아無我와 연기緣起'이다.

깨달았다는 것은 깨달음의 내용에 대한 이해를 얻었다는 것인데, 그 이해가 단순한 지식의 추가가 아니라, 지식들과 이해 행위의 본질까지도 포함하는 것이어서 논리적인 이해만으로는 올바른 깨달음을 얻을 수 없다는 것이 문제이다. 이성적인 이해만으로는 명백해지지 않는다. 그것은 방바닥에 엉덩이를 대고 앉아서 두 손으로 자기 엉덩이를 들어 올리려는 것과 같다. 생각을 부인해서 생각이 사라진 것을, 생각으로 설명하는 것과 같은 일이다. 그런 이유로 '이해를 얻음'이라는 정의가 오해를 불러일으키므로, 말로 설명하면 이미 그르친다고도 한다. 알음알이에 그친 지식을 얻은 것으로 깨달았다고 해서는 안 된다는 것이다.

이런 어려움을 타개하기 위하여 깨달음을 설명하는
다른 노력들이 시도되는데, 그중 하나가 바로 깨달음의
상태에 관한 설명이다. 깨달음은 단순한 이해가 아니라,
깨달은 상태에 직접 들어야 한다거나 깨달음의 능력을
얻어야 한다는 것이다. 그러나 그런 설명들은 '알게
됨'이라는 깨달음에 대한 사전적 의미에 맞지 않으며,
경전에 묘사되어 있는 깨달은 고타마의 모습과도
다르다. 고타마는 깨닫고 난 후 다섯 명의 수행자들을
찾아가 깨달음을 이해시키기 위해서 5일 밤낮으로
설명을 해야 했다. 보여주거나 발휘할 초 지성적인
뭔가를 사용한 것이 아니라, 언어를 이용한 것이다.
그 '이해'에는 언어적인 과정 외의 뭔가가 필요하기는
하지만 그것이 다시 설명될 때에는 결국 언어만을
사용할 수밖에 없는 것이다.

　　나는 깨달음에 차별적인 경지가 있다는 주장을
부정한다. 깨달음에 증득함이 없다는 것은 현실 말고
달리 어떤 새로운 세계나 경지가 없다는 것이다.
깨달음에 대한 '이해를 얻었다'는 것은 현실에서
이해하여 얻은 바가 있다는 것이다. 깨달음의 내용과
상태와 결과가 어떠하든 그것은 결국 생각 안에서만
일어나는 일이다. 생각 밖에서는 이미 아무 일도 없다.

깨달은 사람과 과대망상 환자

내가 깨달음이라는 단어 쓰기를 꺼려하면서도 깨달은 사람이라고 커밍아웃(선포하는 것이 아니라)할 수밖에 없었던 것은 깨달음에 관련된 여러 미신들 때문이다.

먼저, 나의 글 '나의 깨달음'에서 사용한 문장을 보충 설명한다.

"내가 건너간 것이 아니고 그것이 건너온 것이다. 완전한 명백함은 나와 무아 사이에서 일어나는 일이어서 '나'의 노력이 무용지물이고 장애물인 순간이 온다."

무아無我에 도달하고 싶어 나를 모두 내려놓겠다는 노력을 불태울 때, 그런 의지는 내가 상승하겠다는 욕망이며, 불완전을 벗어나 완전해지겠다는 계획이어서, 빼도 박도 못하는 상황에 처하게 되었다. 앞으로 나아갈 수도 없고 뒤로 되돌아가기에는 늦어버린 것이다. 그런 시간들에 꽤 오래 고착되어 있었다가 모든 노력들이 시큰둥해졌고, 그렇게 또 얼마간의 날들이 지난 뒤에 무아라는 것을 명백하게 이해하게 되었는데 어떤 계기가 없어서 그런 줄도 모르고 살았다.

무아의 뜻은 이미 충분히 알고 있었지만, 말에

담기지 못한 뜻을 '이해'하게 되었다. 그런데 어떻게 명백해졌는지는 설명할 수가 없었다. 노력으로? 포기해서? 그렇지 않다. 나의 선택과 노력으로 가능했다면 진작 끝났을 것이다. 내가 노력했고 그 노력에 지쳐버렸을 때 일어난 일이다. 그러나 노력이 지치도록 내가 노력해서 얻었다고 말할 수는 없다. 그래서 "내가 건너간 것이 아니고 그것이 건너온 것"이라는 표현을 했다. 신비로운 현상이 일어났다거나 위대한 선택을 받았다는 것이 아니다. 나의 한계를 설명한 것이다. 심리적이고 미스터리한 것일 뿐이라고 말하는 것이다.

깨달음이라는 것을 일반적인 이해로 받아들이지 못하는 것은 바로 이 간격 때문이다. 내 노력의 결과로 명백함을 얻은 것이 아니므로 내가 과대망상에 빠진 것은 아닌가를 의심해야 했다. (명백함을 얻었다고 해서 의심의 기능이 사라진 것은 아니다. 오히려 의심은 명백함의 한 특징이다) 정신병의 특성 중 하나가 자기 의지와 상관없이 덮쳐오고 자기 노력으로 벗어나기 힘들다는 것이므로 과대망상과 그 양상이 동일함을 부인할 수가 없었다.

깨달음이나 정신병을 얻은 사람은 공통으로 특정 주제에 대하여 일반 사람들과 다른 주장을 강한 확신으로 말한다. 그 주장은 타인이 현실적으로 바로 공감할 수가 없어 대단히 주관적이다. 정신병 환자도

심리적으로 명백하다. 명백함이 없으면 병이라고
진단되지도 않는다.

결론적으로 내가 깨달았다고 객관적으로 말할 수가
없는 현실을 이해하게 된 것이다. 내가 과대망상에 빠진
것이 아님을 객관적으로 설명할 방법이 없었다.

미친 사람이거나 깨달은 사람이거나 무인도에서
혼자 산다면, 그의 상태는 이 우주에 아무런 의미가 없다.
미치거나 미치지 않거나 동일하다. 신과 하나인 경지를
얼마든지 만끽해도 된다. 생각이 끊긴 뒤 저절로 차오른
희열을 영원히 즐겨도 된다. 완전히 개인적인 일이다.
남에게 피해를 주지 않으면서 행복하게 살 수 있다.

그러나 내가 깨달았다고 주장을 하거나, 그런 주관적
이해들을 입 밖으로 꺼내는 순간에는 과대망상이 아님을
증명할 수 있어야 한다. 흔히 일컬어지는 '경지'라는
것도 여기서는 무용지물이다. 경지라는 것이 객관성을
확보해 준다면 그것은 이미 과학의 결과물인 것이지,
경지라고 표현될 일이 없기 때문이다.

사람들과 깨달음에 관한 소통을 할 의지가 있다면,
화자話者는 일반 사람들의 상식과 심리를 역지사지하여,
공감을 갖고 함께 이야기할 수 있는 환경을 만들어야
하는 의무가 있다. 발달된 현대의 심리학이나
뇌과학으로 설명할 수 있는지 등 끊임없이 찾아봐야
한다. 정치인처럼 믿어 달라고 읍소하거나, 사이비

종교인처럼 신비로 포장하여 믿음을 강요하거나, 경전을 들먹이고 조사들의 말을 인용하면서 고압적인 권위로 밀어붙인다면, 자신이 과대망상에 빠져 있음을 드러내는 것과 다를 바가 없음을 인정해야 한다. 깨달음병이나 구루병이라는 단어가 괜히 굴러다니는 것이 아니다.

　'내가 건너간 것이 아니고 그것이 건너온 것'을 어떻게 설명할 수 있을까를 목숨을 걸고 고민해야 한다. 말로 할 수 없으니 찰떡같이 알아먹으라고 해서는 안 된다. 말할 수 있는 부분을 최대한 찾아내어 자기의 말로 표현해야 한다. 경지나 경전 뒤로 숨지 말아야 한다. 그렇게 해보겠다고 시작했는데, 길을 나서자마자 해가 지는 느낌이 든다. 어렵고 어떻게 가야 할지 참 멀지만, 내가 하는 일이 아닌 만큼 그냥 천천히 따라가 보려고 한다.

1. 깨달음과 깨달은 사람

깨달음이란 무엇인가?

깨달음은 세상의 본질에 대한 이해이다. 깨달음을 얻었다는 것은 그런 이해대로 살게 되었다는 것이다. 달리 표현하면 진리를 터득함이다. 진리에 대한 가르침은 많다. 기독교의 창조와 구원의 원리가 있고, 힌두교의 아트만이 브라만과 합일되는 윤회론, 사성제와 팔정도로 반야 및 열반에 이르는 불교 등 여러 가지 주장이 있다. 각 종교 안에서도 분파되어 가르침의 내용은 매우 다양하다. 종교에 의존하지 않고 과학으로 세상을 탐구하는 사람들도 있지만, 진리라고 표현하지는 않는다.

어떤 것이 진리인지를 판단하기는 어렵다. 그러나 그런 진리에 대한 요구가 생긴 원인은 동일하다. 생로병사에서 벗어나고 싶다는 것이다. 신선 되거나, 천국에서 영원히 살거나, 우주와 합일이 되겠다는 의지를 말하는 사람도 있지만, 그것은 '블라 블라 블라(어쩌구 어쩌구)'가 되겠다는 것과 동일한 주장이다. 신선, 천국, 브라만이 무엇인지 알 수 없으며, 알 수 없는 것을 구하는 것은 아무리 말이 그럴듯해도 무의미하다. 결국 진리가 필요한 것은 생로병사의 해결이다.

바위가 자기 형태를 유지하려는 힘을 발휘하지만 파도와 바람에 충격을 받아서 조각나고 사라지는데, 이 과정을 의인화하거나, 사람의 통증을 화학 물질의 전달 과정으로 물질적 관점에서 본다면, **모든 존재들은 생로병사라는 자연의 현상을 동일하게 겪고 있다. 그런데 인간만이 생로병사로 괴로워한다.**

지구는 어느 날 갑자기 '짠~'하고 나타난 것이 아니다. 다른 별들의 조각, 우주 먼지들이 뭉쳐진 것이다. 지구에 살고 있는 모든 동식물들 역시 '짠~'하고 나타난 것은 하나도 없다. 지구에서 산소 농도나 물의 온도와 양에 문제가 생기면 동식물들은 급변을 겪게 된다. 지구 중력이 사라지면 생명체들은 전멸한다. 산소, 물, 중력 등은 모든 생명체의 공통 구성 요소이다. 지구에서 바다가 사라지면 식물은 대폭 멸종하고 먹이사슬로 이어진 동물들도 거의 멸종한다. 바다와 태양 역시 모든 생명체의 일부이다. 사람 신체의 내외에는 1만 종의 미생물이 공존하고 있고, 그것들이 없으면 생명유지에 문제가 생긴다. 이렇게 모든 존재들은 상호 연결되어 있다. 어떤 한 순간이라도 독립적으로 고정될 수 있는 실체는 없으며, 상호 연관된 연쇄 사건들의 진행 과정만 있을 뿐이다. 그러나 인간은 자연의 현상과 달리 '짠~'하고 나타난 독립된 개체로써의 자아감을 갖고 있다. 그리고 인간만이 생로병사가 괴롭다고 생각한다.

선각자들의 가르침에는 '무념無念'이라는 공통점이

있다. 불교처럼 직접 그 개념을 사용하는 경우도 있고, 달리 표현하고 있더라도 결국은 무념을 의미하기도 한다. 완전한 믿음과 수용은 우회적으로 무념을 의미하는 것이다. 그들이 무념을 진리의 단초로 삼은 것은, 유념(생각)의 실체를 알게 된 것이기 때문이다.

다른 동물들과 달리 인간은 감각으로 환경과 세상을 파악하는 것이 아니라, 생각으로 한다. 물론 인간도 감각으로 정보를 수집하고 자극받는다. 그러나 인간은 감각 기관에서 1차로 수용한 정보들을 기억과 대조하고 가공한 뒤 2차로 의식하는 특화된 기관을 갖고 있다. 고도화된 뇌의 전두엽이다.

인류가 성공적으로 진화할 수 있었던 핵심 요인은 언어이다. 무리의 조직을 고도화하고 자연에 효율적으로 적응하는 노하우를 축적하며 전파할 수 있는 탁월한 수단이다. 인간의 뇌는 범주화와 추상화의 능력을 발휘하였고 책이라는 외부의 저장장치를 사용할 수 있게 되었다. 그런 과정을 거쳐 집단의식과 집단지성이라는 생각의 세계가 만들어졌다. 그것은 인류의 집단 뇌가 만든 가상현실 시스템이다. 가상현실이라는 것은 자연에 대하여 추상화되었을 뿐만 아니라 대체되었다는 것이다.

인과적인 사건들의 진행 현상인 인간 유기체에게 자아감을 갖게 하고, 동일성을 유지하라는 이성적이고 심리적인 명령이 생긴 것은 뇌의 언어 기능과 이를 뒷받침하는 방대한 기억량과 감각 연합 기능 때문이다.

그것들은 개별 유기체의 뇌에서 자연적이고 독립적으로 발생된 것이 아니라, 학습과 모방의 과정을 통해 인류의 집단의식으로부터 이식당한 것이다. 목적은 개별 유기체들을 사회조직의 구성원으로 포함시키고 조직과 소통할 수 있도록 만드는 것이다. 세상에서 가장 늦게 등장한 뇌의 전두엽을 중심으로 작동된다.

생각은 인간 유기체의 개별적 도구가 아니라 인류의 집단의식 시스템이다. 그런 관점에서 본다면 전두엽은 개체의 유지보다는 사회 조직의 유지를 위해서 만들어진 기관이라고 볼 수도 있다. 모든 인간이 유전적으로 진화된 뇌의 구조를 갖고 태어나지만, 사회로부터 작동시스템을 이식받아야 제대로 기능할 수 있는 사회적 기관이다. 컴퓨터가 작동자 및 다른 컴퓨터들과 소통할 수 있도록 하드디스크에 설치하는 OS(Operating System)와 같다. 기적적으로 발견된 야생의 늑대소년은 OS의 이식 없이 성장하였기에 뒤늦게 시도된 사회화 훈련에도 불구하고 정상적인 소통을 하지 못했다.

그런 OS로써의 생각을 부여받고 살게 되면서 인간은 가상현실에 갇혔다. 대부분의 사람들은 햇빛과 바람과 흙을 잊고 그 대신 기호와 상징으로 만들어진 일의 세계를 살고 있다. 수십 년을 반복해서 볼트만 만들며 살고, 도로에서 운전하고, 컴컴한 지하갱도에 내려가 광물을 채굴한다. 자기 얼굴보다 2~3배 큰 모니터를 하루 종일 들여다보면서 자판을 토닥거린다.

주식거래시장의 전광판만 읽는다. 군인은 사람 죽이는 훈련을 주로 한다. 대부분의 시간을 잠과 일로만 보낼 뿐, 삶은 없다. 볼트가 삶의 대상은 아니지 않은가? 그럼에도 대부분의 사람들은 삶을 살고 있다고 느낀다. 이 모든 것이 생각이 있음으로 가능해진 것이다. 인간은 자연과 별개로 구성된, 생각 세계라는 가상현실 시스템 속으로 들어가 자연과 유리된 관념적인 삶을 살게 된 것이다. 과학이 발달될 미래의 인간은 고치 속에서 태어나 고치 속에서 죽을지도 모른다. 그때에도 인간은 온갖 영화를 다 누리며 자연적인 삶을 살고 있다고 느낄 것이다.

인간이 소통의 수단으로 사용하는 관념들 중에는 점, 선, 삼각형, 생로병사, 깨달음, 자유, 나, 열반, 귀신 등 고도로 추상화된 관념들도 있다. 그 가운데 '나'라는 관념은 언어 행위의 주어로 등장하여 모든 생각에 사용되므로 가장 강력하고 명백한 힘을 갖고 있다. 생각의 세계 시스템은 그 구성요소인 '나'들이 사회에 집중하도록 동기를 부여하고 보상하는 장치들을 구비하고 있다. 가족, 행복, 책임, 욕망, 의무, 완벽, 노력, 건강, 장수, 성공, 돈, 권력, 사랑, 섹스 등이다. 그런데 이렇게 동원된 개념들은 효과만큼 부작용도 강해서 각 유기체들이 괴로움을 당하는 원인이 된다.

도마뱀은 전두엽 없이 무념으로 산다. 도마뱀에게는 가상현실이 없다. 점, 선, 생로병사가 없다. 도마뱀도 태어나서 자기 활동 영역을 지키며 살고, 새에 쫓기다가 꼬리가 잘리기도 하며, 결국에는 죽는다. 그러나 그런 것 때문에 도마뱀이 번민하거나 불안한 심리로 고통받지 않는다. 진화의 결과로 만들어진 인간의 전두엽은 인류 집단의 가상현실 시스템을 만들었고, 그 구성요소가 된 유기체들에게는 자아감과 시비호오是非好惡를 따지는 분별 의식을 남겨주어 자연 상태에는 없는 새로운 고통이 생겨난 것이다.

가상현실의 토대가 상생과 지성이 되었으면 좋았을 텐데, 불행하게도 시스템이 야만적인 시절에 시작되다 보니 탐욕과 폭력이 바닥 깊게 놓였다. 그 결과로 가상현실 시스템은 대다수의 구성원들이 경쟁과 착취에 스스로를 내모는 세계가 되었다. 사는 것이 힘들고 괴롭게 된 것이다. 가상현실 시스템이 인류의 진화에는 공헌을 했을지 모르겠지만, 구성원들에게는 자연을 빼앗고 그 대신 행복과 생로병사라는 가시달린 조화를 안겨주었다.

선각자들은 아마도 비일상적인 생각들과 비사회적인 환경에서 어떤 노력들을 했을 것이다. OS의 에러가 자주 발생할 수 있는 상황에 처한 것이다. 그들은 생각이 끊기거나 멈추는 경험을 했고, 가상현실의 장막 너머 원래의 세계를 알게 된 것이다. 거기까지는 대부분의 사람들도 간헐적으로 겪는 일이다. 스스로 인식을 못하거나 알아챘더라도 해석하지 못할 뿐이다. **선각자들은 그 현상들을 깊이 이해하고, 생로병사를**

1. 깨달음과 깨달은 사람

벗어날 수 있는 방법을 찾게 된 사람들이다. 그리고 공통적으로 가르친다. 이 세상은 가상현실이며, '나' 역시 환상이라고. 그 환상을 완전히 이해하면 생로병사의 고통이 사라진다고.

생각의 세계가 가상현실이라는 사실과 생각 밖의 본래 세계를 알게 되는 것이 깨달음이다. 생로병사를 받아야 할 독립된 개체로써의 '나'가 없으므로 생로병사로 고통을 받지 않게 된다. 이것이 전부이며 충분하다. 여기에 이르러 보면 육체를 초월하는 신비나 영원한 천국, 우주의 본질로 합일하는 것들은 허구이고 쓸모도 없다.

그럼 지금 이 글을 읽고 이해를 했다면 깨달음을 얻은 것일까? 이 설명도 생각으로 전두엽에서 일어난 일이라는 반전이 기다리고 있다. 또한 이렇게 새롭게 받아들여진 지식은 모든 생각의 주어로 존재하는 강력한 '나'를 밀어낼 수가 없다. 가상현실에서 적용되는 힘의 우선순위는 무의식적 세뇌, 경험으로 확인된 명백함, 결과가 확인되는 효용성이다. 방편으로 어떤 것이 사용되든, 결국 이 세 가지를 통과하지 않으면 세상의 숱한 변두리 지식 중 하나로 치부될 뿐이다.

또 한 가지 반전은 이런 깨달음의 지식이 가져오는 결론적인 역할이 생각의 세계라는 가상현실을 부인하고 폐쇄하는 것이 아니라, 그 시스템의 OS를 더욱 고도화시키는 작업이라는 것이다.

깨달음은 어떻게 가능한가?

깨달음이라는 단어는 오해의 소지가 많아서 사용하기 싫어함에도 불구하고 줄곧 사용할 수밖에 없는 것은, 생로병사 문제의 해결에 관해서는 대표성이 강한 단어이기 때문이다. 직전의 글에서 밝힌 것과 같이, 생각의 세계라는 가상현실은 '나'라는 자아개념을 만든다. 그런데 그 '나'라는 것의 존재 기반이 자기 심신인 듯하지만, 현상적으로는 사회집단이다. 생각 속을 들여다보면, 끊임없이 타인과 비교하고 외부의 평가를 심각하게 받아들이며 타인의 지지를 얻기 위한 노력들로 가득차 있다. 심지어는 죽은 뒤에 남들에게 어떻게 기억될지가 중요한 일이 된다.

그리고 불행하게도 '나'를 스스로 인정하는 방법이 상대평가여서 만인의 행복과 평화는 애당초 불가능하다. 가난한 사람은 부유해지고 싶어서 여유가 없고, 부유한 사람은 더 부유해지기 위해서 바쁘다. 눈치가 빠른 사람은 구조상의 문제가 있음을 알아채고 근본적인 해결 방법을 찾게 된다.

지금 살아가는 세상을 가상현실이라고 표현하는 것은 원래의 현실이 있기 때문이다. 그 원래의 세계로 돌아가는 방법은 의외로 간단하다. 잠들거나 기절하여 생각이 끊기면 된다. 가상현실은 생각으로 운영되는 시스템이므로 생각이라는 스위치를 끄면 원래의 현실만 남는다. 객관적인 관찰은 불가능하지만 느티나무나 도마뱀의 삶을 보면서 유추할 수는 있다. 그런데 생각 스위치를 끄면 '나'도 함께 꺼진다는 문제가 있어 원래의 세계로 성공적으로 돌아갔는지를 확인할 방법이 없다. 인식 기능은 살려놓고 원래의 세계로 돌아가고 싶지만, 원래의 세계는 주체자라는 것이 존재할 수 없으므로 불가능한 일이다. 생각이 없는 세계는 언어도 없으므로 주객 분리가 되지 않는다.

가상현실을 빠져나와 원래의 세계에 들어가는 방법은 불가능하지만 의식을 유지하고 원래의 세계에 들어가는 방법은 가능하다. 이미 그 상태이기 때문이다. 원래의 세계는 생각 세계의 바탕이다. 생각의 세계는 원래 세계의 해석과 전개이며, 원래 세계의 한 부분이어서 두 개의 세계가 전혀 충돌하지 않고 공존하고 있다.

이 두 세계의 양상은 물리학에서의 '이중 슬릿 실험'과 비슷하다. 빛은 파동의 형태로 움직이지만 인간이 관찰하면 입자로 해석된다. 원래의 세계는 자성自性을 가진 실체가 없고, 인과 사건들의 전개 과정들일 뿐이지만, 생각은 세상을 온갖 실체들의 생로병사로 보게 한다.

깨달음이란 이 두 개의 세계를 온전하게 이해하며 생각의 세계를 사는 것이다. '나'라는 입자가 대상으로 드러난 다른 자성체들과 충돌하며 살고 있지만, 동시에 이 모든 것이 '에너지의 춤'이라는 것을 동등하게 알고 있다. '나'에게 생로병사가 있지만, 실상은 하나하나가 완벽한 춤이어서 문제가 될 수가 없음이 명백하다. 명백해진다는 것은 생각의 결과물이다. 현실을 초월하거나 벗어나 문제가 해결되는 것이 아니라, 생각의 세계 안에서 새로운 이해 방식이 작동된다는 것이다.

명백함은 힘이다. 예를 들어 길거리에서 싸움질을 하다가 경찰서로 연행된 학생의 아버지가 연락을 받고 찾아왔다. 이때 학생은 그 사람이 자기 아버지임을 자기에게 설명해서 확인이 되어야 안심하는 것은 아니다. 그를 보는 순간에 바로 자기 아버지임이 명백하여 달리 설명할 필요가 없다. 명백하다는 것은 너무 당연해서 저절로 그러하다는 것이다. 또 예를 들어 건강검진 결과 통보를 받았는데 대장에 암 소견이 있어서 다시 정밀검사를 받아야 한다는 내용이라면 즉각 여러 생각들이 일어난다. 이때 생각 세계의 본질에 관한 지식이 명백하다면 실제로 아무 일도 없음이 확연하여 번민과 두려움이 생기지 않는다. 이 사람에게 생각 세계의 지식이 갖는 힘은 경찰서로 아들을 찾아온 아버지가 주는 힘과 같다. 명백함은 현실에서 작동력이 된다.

그럼 어떻게 명백해질 수 있을까? 첫 단계는 현실에서 무념의 효과를 확인하는 것이다. 나는 최근 지인 몇 명에게 '2초 간 생각 멈추기'를 권유해보고 있다. 생각을 끊는 것은 뇌의 구조상 불가능한 일이므로, 생각을 환기하는 것이다. 어떤 생각을 하고 있든 간에, "생각아, 내가 너를 끊어버리겠다는 것은 아니고 딱 2초만 멈췄다가 다시 계속 생각할 게" 하면서 잠깐 끊는 것이다. 생각이 끊겨서 다른 생각으로 전환될 수도 있고, 하던 생각이 계속 이어질 수도 있는데, 결과는 상관이 없다. 반복하다 보면 생각이 환기되는 것을 어렵지 않게 경험할 수 있다. 왜냐하면 대부분의 생각들이란 필수적이지 않는 것임에도 심리적으로 그냥 붙들려 있는 것이기 때문이다. 생각이 끊긴다는 것은 무념에 든다는 것이 아니라 다른 생각으로 환기가 되는 것이지만, 중단된 생각에 관련해서는 무념에 든 것과 같은 효과를 얻을 수 있다. 일상의 생각 99.9%가 갈등과 번민일 뿐이다. 그런 생각을 다 버려도 결과에서는 별 차이가 없다는 것을 스스로 확인하게 된다. 회피하고 싶은 생각에만 적용하는 것이 아니라 구분 없이 모든 생각에 다 적용해야 효과가 더 좋다.

　　다음 단계는 명백해지는 것이다. 무념의 효과를 경험적으로 확인하고 환기시키는 습관이 들게 된다면 생각 없이 살아도 된다는 확신이 생긴다. 생각 없이 산다는 것은 좀비가 된다는 것이 아니라, 전적으로 수용하는 삶을 산다는 것이다. 모든 현실들이 지금 이대로 완벽하다는 사실에 의심할 여지가 없다는 것이다. 닥쳐진 일을 마칠 뿐 뭔가를 조작하고 대비하지 않고 살게 된다.

이렇게 되려면 '나'와 '나의 노력'의 허구성을 알아야 한다. 자기 노력이나 의지와 상관없이 일어날 일들은 저절로 생멸한다는 사실을 온전히 경험하려면, 나의 발버둥을 모두 내려놔야 한다. 그것은 최종적으로 노력을 하지 않으려고 노력해야 한다는 자기모순의 절벽을 마주하게 된다. 온갖 수행법들과 방편들이 등장하는 대목이다. 그러나 어떤 수행법이든 노력이라는 근본적인 한계를 벗어나기가 쉽지 않다. 내 경우에는 노력과 달성 사이에 인과가 없었다. 최대한(그렇다고 지나치지도 않게) 노력하되 결국 내려놓을 수밖에(그렇다고 포기하는 것은 아니고) 없게 되는 상황에서 명백함이 기척도 없이 스스로 와 있었다.

노력이 동원되는 훈련은 무의식에 설치된 불필요한 습관들을 제거하는 것으로 뇌속의 일 처리 회로들이 재구성되는 결과를 남긴다.

나는 이 단계까지의 결과로 생로병사의 문제가 명쾌하게 종결되었다. 만약 어떤 사람이 이렇게 끝났다고 주장하면서도 깨달음의 완성도라는 관점에서 더 가야 할 길이 있다고 느낀다면 그는 여기 두 번째 단계를 제대로 통과하지 못한 것이다. 그러나 사회

역할(직업), 과학적 연구, 개인적인 순수한 호기심 등의 필요가 있다면 의식의 각성을 고도화시킬 수도 있다. 은둔해서 살고 있는 나로서는 그럴 필요를 전혀 느끼지 않는다.

생각은 인간 개체의 도구라기보다는 인류의 것이다. 그러므로 인류가 깨달아야만 개인의 깨달음도 완성될 수 있다. 자비심이 시작되는 이유이다. 인류가 깨닫는다는 것은 모든 구성원들이 다 깨달음을 얻는 것일 수도 있지만, 생각의 세계를 구성하는 시스템이 상생과 조화를 기반으로 재구성되는 것일 수도 있다. 그런 의미에서 깨달음의 실천은 도사 양성소 개설이 아니라, 올바른 사회 참여이어야 한다.

모든 사람이 다 깨달을 필요는 없다. 개미 사회에서 병정개미가 힘이 세다고 해서 모든 개미들이 병정개미가 될 필요는 없고 힘센 병정개미를 부러워하는 일개미도 없다. 깨달은 것과 그렇지 않은 것은 본질에서 차이가 없다.

지구가 둥근 것을 경험적으로 확인한 사람은 거의 없다. 최근에는 그것을 확인시켜주는 우주여행 상품도 있지만, 그런 확인이 없더라도 다른 사람들이 검증해준 지식을 수용하고 사용하는 데 문제가 없다. 그 지식이 옳든 그르든 간에 활용하면 유용하기 때문이다.

내가 이런 글을 쓰는 이유가 독자들에게 깨달으라고 전도하는 것이 아니다. 깨달아서 명백해지면 더할

나위 없이 좋겠지만, 깨닫는 것도 생각이고 못 깨닫는
것도 생각이다. 깨달아도 여전히 생각 세계에서 살게
되는 것이고, 못 깨달아서 생각 위에서 발버둥을 쳐도
실제로는 아무 일이 없는 것이다. 명백해지지 않더라도,
이런 설명을 이해하는 것만으로도 도움이 된다. 위에서
설명한 '2초 간 생각 멈추기' 같은 것을 사용할 수 있게
된다면 삶이 훨씬 편해질 것이다.

　　영화 『인셉션』을 보면 '토템'이라는 도구가 나온다.
주인공이 꿈속으로 공작하러 떠나면서 자기가 꿈에
의도적으로 들어왔다는 것을 깨닫게 하기 위한 일종의
알람과 같은 표식이다. 이 글은 어떤 원인에 의하여 그런
토템을 갖고 있는 사람들에게는 깨달음을 재촉하는
시그널이 될 것이다. 그렇지 않은 사람들에게는 세상에
대한 하나의 흥미진진한 가설과 조금 더 건강하게 살 수
있는 팁을 소개하는 글이 될 것이다.

　　내 아내는 나의 이런 글들을 제일 먼저 읽어보는
재미를 즐긴다. 내 글들을 다 이해하고 촌평도 하지만,
그녀는 아직 명백하지 못하여 생각의 혼돈에 감정적으로
휩싸이기도 한다. 그러나 나는 아내에게 명백해지기를
강권하거나 재촉하지 않는다. 그냥 그렇게 사는 것도
완벽하다고 생각한다. 그녀가 어려움에 처했다고
느껴진다면 내가 한 몫을 더하면 될 일이다. 자기 인연에
닿는 만큼 챙겨서 살게 되어 있다. 지금 이대로 아무것도

잘못되거나 부족한 것은 없다. 불안하다고 여기는
생각만 있을 뿐이다.

오직 모를 뿐

14무기(十四無記 · Fourteen unanswerable questions)는 고타마 붓다가 대답을 거부하고 침묵한 14가지의 질문을 가리키는 불교 용어이다. 이 14가지의 질문은 열반 또는 깨달음에 이르는 것을 돕는 실천적인 물음이 아니라는 뜻에서 '형이상학적'인 것이라고 말한다. 14무기의 대표적인 질문 내용 4가지이다.

우주는 시간적으로 영원한가?

우주는 공간적으로 유한한가?

자아(命)와 육체(身)는 동일한가?

여래는 육체가 죽은 후에도 존재하는가?

이러한 문제가 왜 궁금한 것일까를 생각해봐야 한다. 생각은 원래 우주에 있던 것이 아니고, 인간의 뇌에서 만들어진 것이다. 이런 생각이 만들어진 동기는 궁금증이 아니라, 불안이다. 사람의 심리에 본성화된 불안이다. 구석기인은 저런 궁금증을 갖지 못했다. 그들은 굴 밖에서 맹수가 여전히 지키고 있는지, 지금 내리는 거센 비가 언제 그칠지가 궁금했다. 그들에게

생각은 그저 현실적인 도구로 사용되었다. 14무기의
질문은 인류의 사회가 본격적인 관념의 세계로 진화된
뒤에 나타난 것이다. 생존의 정보가 아니라 불안을
해소하고 완성을 추구하는 의도로 등장한 것이다.

생로병사의 불안함은 일부 사람들에게 깨달음을
찾게 하고 사람들은 진리를 알기(깨치기) 위해
수행한다고 한다. 그러나 깨달음은 텅 비어있다. 오직
모를 뿐이다. 거기 새로운 지식이나 세계가 열려있지
않다. 깨달음의 핵심은 진리를 '아는 것'이 아니라
불안을 해소하는 것이다.

어떤 어려운 사건이 생겼을 때, 주인공이 그 사건의
배경이나 해결책에 대해 무지해도 심리적으로 흔들림이
없으면 모름이 문제가 되지 않는다. 반대로 지식이
많아도 심리적으로 흔들리면 불안하게 된다. 불안의
핵심이 알거나 모르는 것에 있지 않고 심리에 있다는
것이다.

몰라서 불안한 것이 아니라 불안해서 알고 싶은
것이다. 불안의 이유를 모름에게 뒤집어 씌우는 것이다.
핵심은 마음이 불안한 것이고, 그것을 해결하고 싶은
것이지만 불안은 심리적 본성이다. 그 불안을 있는
그대로 인정하고 전체적으로 수용할 수 있게 되기
전까지는 어떤 지식도 해결의 열쇠가 되지 못한다.
불안은 해결되어야 할 문제 거리가 아니다. 불안은

생멸하는 존재인 '나'의 그림자이기 때문이다.

깨달음은 몰랐던 무엇을 알게 되는 것이 아니라 오직 모르게 되는 것이다. 모름이 하나도 불안하지 않게 되는 것이다. 오직 모를 뿐이라고 자랑스럽고 당당하게 이야기할 수 있게 되는 것이다. 생로병사가 걸림이 되지 않기에, 무지가 두렵지 않다. 우주가 영원한지, 여래가 육체를 버리고도 존재하는지 그런 것을 몰라도 전혀 불안하지 않다. 안다고 해도 달라질 것이 없다. 전생과 미래생을 알게 되고 천안통이 생겨서 별걸 다 알게 되더라도 그런 것을 써먹을 일이 없다. 누군가 생을 거듭하며 수행하여 얻은 희한한 경지가 있다고 주장해도, 내가 모르는 다른 깨달음이 있는가 하는 궁금증이 생기지 않는다.

달마와 2조 혜가의 대화를 살펴보자.

혜가(487~593)는 명문가 자제로 유교의 사서삼경과 노장을 섭렵하여 유가와 도가의 경전을 통달하였지만 마음이 초조하고 불안한 것은 없애지 못했다. 불교 경전을 보고 출가하였지만 여전히 마음을 영원히 편안케 하는 길을 얻지는 못하였다. 그가 달마의 소식을 듣고 찾아가 부처의 도를 구했다. 달마가 "부처님의 묘한 도를 어찌 가벼운 마음으로 구하려고 하느냐?"고 하자, 혜가는 칼을 꺼내어 스스로 왼팔을 잘라 달마 앞에 놓았다. 달마는 그의 진지함을 확인했다.

"제 마음이 편치 않습니다. 부디 제 마음을 편안하게 해 주십시오."

"마음을 가지고 오너라. 너를 위해 편안케 해 주겠다."

"마음을 찾아도 끝내 찾을 수가 없습니다."

"너를 위해 이미 마음을 편안케 하였다."

이때 혜가는 환희심을 얻었다. 이 장면을 해설하는 사람들이, 혜가가 '마음이 없다는 사실'을 알게 되면서 환희심을 얻게 되었다고 하는 경우가 있다. 유교와 노장에 이미 통달한 혜가의 수준을 무시한 발상이다. '마음이 실체가 없다'는 지식을 알고 있는 많은 사람들이 모두 환희심을 얻고 공부를 마치게 되지는 않는다. 마음이 있다거나 없다거나 하는 지식, '실체의 본질은 무아와 연기'라는 지식을 얻게 됨으로써 생로병사에서 자유롭게 되는 것은 아니다. 지식과 경지를 찾고 닦는 한 끝이 없는 지식의 쳇바퀴를 돌 뿐이다. 혜가는 그 순간의 '어떤 계기'에 의하여 불안이 사라진 것이다.

무아와 연기라는 지식을 갖고 있는 사람들이 깨치지 못하는 것은 수행이 부족해서 어떤 경지를 얻지 못했거나, 공부가 부족해 더 세밀하고 궁극적인 지식을 얻지 못해서가 아니라, 알고 있는 것을 스스로에게 적용하지 못하고 있기 때문이다. 지식으로 알고 있어도

명백해지지 않으니 생로병사에 대한 불안이 사라지지
않는 것이다.

**자아의 본질이 무아와 연기라는, 두려운 블랙홀을
회피하려 한다. 그러므로 스스로 불안과 조우하는
무서운 방법을 선택하는 것보다는 자아에게 정보와
능력을 추가하여 이루는 안전한 방법을 추구한다.**
그러나 그런 것들은 갈증난 사람에게 주어진 바닷물
같은 것이어서 끝없이 질문을 일으킬 뿐이고 질문을
그치게 하지는 않는다. 생각이 생각을 낳는 생각의
속성이기에 어쩔 수가 없다. 생각이나 지식으로는
불안이 근본적으로 해결되지 않을 뿐만 아니라 오히려
증폭될 뿐이다.

모든 지식이나 생각은 가상현실의 환경과 도구에
불과하며, 기억과 생각의 총합인 '나'의 실체는 텅
비어있어 아무런 저항을 받을 수 없음을 명백하게
이해하게 된다면 마음은 생각으로 인하여 불안해지지
않는다.

'오직 모를 뿐'이라는 지혜도 엉터리로 유용되는
경우가 많다. 이를 핑계 삼아 미신을 강요하고 합리적
사고를 회피하는 것이다. '오직 모를 뿐'이라는 것이
적용될 영역은 지식이 아니라 지혜이다. 사전적 의미로
지식은 '교육이나 경험, 또는 연구를 통해 얻은 체계화된
인식의 총체'이고 지혜는 '사물의 이치나 상황을 제대로

깨닫고 그것에 현명하게 대처할 방도를 생각해 내는 정신의 능력'이다. 지혜는 지식과 충돌하지 않는다. 정보와 정신 능력의 관계이기 때문이다.

  지식 차원의 필요에 의해서는 14무기도 연구해야 하고, 깨달음의 현실적 의미가 무엇인지, 깨달은 사람은 뭐가 유용한지 연구해야 한다. 지식과 연구 결과물들이 소수의 특권층에게 집약되어 사회적 평등이 왜곡되는 심각한 현실적 문제가 있기는 하지만, 그럼에도 불구하고 지식은 인류의 지성과 세계를 확장하고 있다.

  지식의 개발은 진리와 현실의 본질을 알아가는 과정이라기보다는 환경을 해석하여 '생각의 세계'를 넓혀가는 과정이다. 현실의 본질은 과학이 더 높은 수준으로 발전해도 알 수가 없을 것 같다. 관측자의 관찰 의도가 있는 한 현실은 영원히 객관적으로 파악될 수 없으므로 우리가 살아가는 현실이란 해석된 가상 현실일 뿐이다. 그러나 그럼에도 불구하고 지식은 그 가상 현실을 살아가는 데 유용하며 지혜에 도움이 된다. 색즉시공을 형이상학적으로만 설명하던 것이 이제는 '이중 슬릿 실험'으로 비슷하게나마 확인할 수 있지 않았는가? 깨달음에 대한 이해가 훨씬 쉬워진 것이다.

  중간에 쓰고 싶었지만 글의 맥락을 끊을까 싶어 생략했던 글로 마친다.

  생로병사에서 자유로워진다는 것은 불사신이 되는

것이 아니라, '완전하게' 생로병사하는 존재가 된다는
것이다.

1. 깨달음과 깨달은 사람

왜 무념無念인가?

　　사람은 세상을 눈으로 보는 것이 아니라 생각으로
본다. 시선을 숲으로 돌리면 바위, 소나무, 밤나무,
민들레꽃, 찔레꽃, 까치, 흙, 구름 등 숲의 구성물들을
보게 된다. 인간의 뇌는 망막에 전달된 시각정보에서
패턴을 찾아낸 뒤 기억 속에 저장된 유사 패턴과
비교하여 나무나 바위처럼 이미 저장된 개념들로
해석하는 것이다.

　　책상 위에 사과가 놓여 있으면 그것의 둥근 외형,
불그스름한 색과 노란색의 혼합, 향기, 벌레 먹은 자국
등을 자세히 보지 않고 패턴 분석으로 해석된 '사과'를
본다. 홍옥, 양광, 부사 등의 다른 종류로 바꾸어
놓아도 관찰자는 늘 같은 '사과'만을 본다. 환경을
빨리 파악하고 대응하는 능력은 생명체에게 꼭 필요한
것이므로 잘 진화된 기능이다.

　　일상의 사진에서 특정 부분을 강조하고 뒤집어서
보여주면 사진 속의 내용물을 쉽게 파악하지 못하는데,
이는 뒤집어진 패턴들이 머릿속에 저장된 관련
패턴들과 잘 들어맞지 않기 때문이다. 착시가 일어나는

원인이기도 하다. 생각으로 세상을 보기 때문에
발생하는 일들이다.

　세상은 시각정보의 전달과 동시에 작동하는 해석
기능을 통과한 뒤에 인식되며, 인간의 감각 기관은
한계가 있으므로 원래 세계의 모습을 보는 것이 아니라,
인식범위 내의 제한된 형태로 해석하여 보는 것이다.
패턴을 갖고 해석하는 행위는 물리적인 신체기능을
바탕으로 하지만, 개념과 언어기능 등의 사회
집단의식이라는 후처리 과정을 통과하여 최종 결과물이
나온다. 이것이 인간의 인식이다.

　자연의 생명체들이 갖는 공생관계를 관찰하면
인간의 상상을 초월하는 의식과 생존 지능이 있음을 알
수 있다. 뇌를 사용하는 인간의 지능과는 본질적으로
다른 차원의 의식이다. 생각으로 세상을 보는 인간의
인식 기능은 우주의 유일한 의식이 아니며, 여러 의식
중의 하나일 뿐이다.

　인류도 전두엽으로 세계를 인식하기 이전에는 다른
생명체들처럼 자연의 생존 지능을 사용했을 것이다.
그것이 무념無念의 상태이다.
　무념이란 생각이 없는 것이다. 전두엽에서 자각
기능과 언어 기능 등이 모두 꺼진 상태이므로 생각의

주체와 대상이 함께 사라진다. 무념에 들어가는 상태 중 하나가 잠이다.

잠을 자고 있을 때, 키우는 강아지가 품에 파고들거나, 오렌지 향이 방안에 가득 차도 그런 상황을 알 수가 없다. 꿈을 꾸지만 일상의 의식은 아니다. 꿈도 사라지는 보다 깊은 수면 단계에서는 일체의 의식 활동이 사라진다.

잠을 자는 모습은 마치 좀비와 같고, 그렇게 잠든 상태에서 무엇이 일어나고 있는지 알 수 없다. 수행의 목표로 무념의 입정入定 상태를 삼기도 하지만, 그 입정 상태에서 무엇이 일어나는지 객관적으로 납득할 만한 설명은 없다. 장시간 그 상태에 머무름으로써 번뇌 습기가 소멸되는 일이 진행된다고 하지만 검증될 수 없는 내용이다. 자신을 비워 외부의 힘을 허용하는 것이라고도 주장한다. 우주의식과 채널링된다는 주장까지도 한다. 그러나 거기서 일어나는 일은 오직 모를 뿐이다.

현대 과학은 잠을 자는 상태에서 낮 동안의 기억을 저장 처리한다든가, 신경계를 회복한다는 등의 연구 결과를 내놓고 있지만, 전두엽의 의식 현상 조차도 제대로 설명하지 못하고 있으니, 무념 상태의 의식에 대해서는 알 길이 없다. 무념은 잠 외에도 기절, 수행,

우연한 발생에 의해서도 일어난다.

　무념에 들어 전두엽에서의 주체적 의식 활동이 멈추더라도 간뇌와 소뇌 등의 나머지 기능들은 정상적으로 작동하여 신체를 유지한다. 바람과 햇볕이 몸에 닿는 촉감과 시계소리가 뇌에 전달된다. 육체는 어떤 경험의 상태에 있지만 전두엽이 활동하지 않으므로 경험의 내용을 알 수는 없다. 그러다가 전두엽이 다시 작동되는 순간에 남아 있는 경험의 잔상들이 포착되기도 한다. 일체의 생각이 없었으므로 심리적으로 고요하고 뇌에서 사용되던 에너지들이 절약되어 있는 상태로써 평화롭고 충만하다. 정신의 활동에서 생기는 모든 고통이 중단된 상태이다. 마취 상태에서는 육체의 고통도 느끼지 않는다. 무념에 처한 상태는 혼란이나 두려움이 없고 조화로운 상태라고 판단하기에 무리가 없다.

　무념의 잔상은 꿈에서 즉각 깨어날 때와 비슷하다. 잠을 자면서 많은 꿈을 꾸지만, 아침에 일어나면 대부분의 꿈들은 생각나지 않는다. 그런데 꿈을 꾸고 있는 순간에 무엇엔가 자극을 받아 깨어나면, 꿈의 잔상이 생각에 남는다. 그래서 어떤 꿈을 꾸고 있었는가를 알게 되는 것이다.

　무념의 잔상을 통한 무념에 대한 간접 경험은 비일상적인 체험 기억으로 강하게 남는다. 대부분의 사람들은 그 체험을 무념에 대한 직접적인 경험이라고 오해를 함으로써 커다란 문제를 일으킨다. 관찰하는 주관이 남아 있으면서 생각이 잠잠해진 상태를 무념으로 간주하면, 아직 생각에 빠져 있음을 놓치고 있으니 큰 망상인 것이다. 무념에 도달하여 뭔가 나타나고, 새로운 세계가 펼쳐지고, 놀라운 경지에 들어섰다며 상상의 나래를 맘껏 펼친다. 그러나 그런 것들은 오직 생각일 뿐이다.

　나는 이런 상태를 '유사類似 무념'이라고 표현한다. 생각이 끊긴 것이 아니라, 멈춘 상태이다. 여기에는 주시하는 '나'가 남아 있다. 생각의 활동이 뜸해졌지만 주객이 분리되어 있고, 언어를 사용하는 상태에 머물러 있다. 생각이 고요하므로 일상과는 다른 의식의 상태를 경험한다. 이 상태에서 'OOOO'이 나타나더라도 무엇인지 알 수 없다. 생각이 이해할 수 있는 체험만 나타난다. 이것은 명백하게 생각이 작동되는 것인데, 체험하는 사람은 생각이 아니라고 여김으로써 함정에 빠지게 된다. 시공을 벗어난 사건은 인간이 이해할 수 없다. 빅뱅 이전의 시간부터 우주 전체의 공간을 다 포함한 절대 정보가 있다고 주장하더라도 여전히 시공간 개념 안에서 서술되고 있는 것이다. 인간의 인지 규칙인 시공을 벗어난 현상이 눈앞에서 펼쳐지고 있어도 사람은 감각하지 못하거나 인식하지 못한다.

　초월의 세계에 대한 많은 상상의 개념들이 기억에

저장되어 있다가 이런 상황에 호출되어 사용되는 것이다. 예를 들어 태양보다 수천 배 더 강력한 빛이 나타나거나, 천사 혹은 신장神將들이 호위를 선다. 뇌에서 상상이 작동되고 있으므로 무엇을 발견하고 어떤 경지에 오르든 그것은 여전히 생각에 불과할 뿐이다. 거기서 무엇인가를 성취한 것이 현실계에서 힘을 발휘한다고 주장하는 사람이 있다면 그는 아직 발견된 적이 없는 초인이거나, 과대망상 환자이다. 그런 비현실적인 생각은 오직 생각 안에서만 생존할 수 있을 뿐이며 현실계에서는 아무것도 할 수가 없다. 태양보다 수천 배 강력한 빛이 보일러 물을 데워주지 않고, 신장神將들은 암세포를 제거해 주지 않는다. 지구 밖에 영원히 사는 영체가 있을지라도 지금 내가 사업 실패의 고통에 빠져 허덕이는데 무슨 도움이 될 것인가? 수술을 기다리면서 죽음의 공포와 싸우고 있는데 무슨 도움이 될 것인가? 진리의 힘은 현실계와 같은 저차원에서 사용되는 것이 아니라고 주장한다면, 이 현실을 수단이나 과정으로만 여기는 것이다.

유사무념으로 발생한 체험들에 대한 확신은 주관적인 믿음을 기반으로 한다. 객관적인 이해와 법칙을 필요로 하지 않는다. 유사무념의 경지는 모두 비현실적이다. 현실적이라면 경지라고 할 것도 없기 때문이다. 그러므로 이러한 믿음은 미지의 영역에

1. 깨달음과 깨달은 사람

대한 신뢰가 아니라 신념(信念—어떤 사상이나 생각을 굳게 믿으며 그것을 실현하려는 의지)이다. 진리를 믿는다고 함은 그것이 미지여서 이성으로 이해가 되지 않지만, 신뢰가 된다는 것이다. 진리에 대한 내 판단이 중요하지 않다. 그러나 신념은 이미 알고 있는 것에 대한 수호이다. 참나, 진여, 불성 등 이미 알고 있는 것들을 달성하려는 것은 믿음이 아니라 이데올로기이며 닫혀있는 생각이다. 그런 방식으로는 생각 너머의 세계나 무념을 절대로 이해하지 못한다.

무념을 잘못 이해하여 이런 오류가 생기는 것이다. 무념은 도달하거나 누릴 무엇이 아니라 이해하는 것이다. 무념은 현실계의 바깥이며 동시에 생각 너머를 미루어 짐작할 수 있게 해주는 경계벽이다. 생각의 세계 너머는 오직 무념으로만 도달할 수 있지만, 그 상태에서는 아무것도 알 수 없다. 하지만 무념 상태를 빠져나온 직후의 잔상에 대한 경험과 궁리를 통하여 미루어 짐작할 수는 있어서, 무아와 연기를 이해하고 수용하는 디딤돌이 된다. 그것은 단 한 번의 경험만으로도 가능하다.

그러니까 선각자들이 무념이나 무아를 강조하는 것은 그것을 추구하라는 것이 아니라, 생각의 세계 너머를 힐끗 보라는 것이다. 무념의 세계로 돌아가거나

그 신비의 세계로 초월하여 살라는 것이 아니다. 무아로 살라는 것이 아니다. 생각의 세계가 전부가 아니며, 생각 또는 나의 의식이 멈추면 오히려 완벽하게 조화된 상태에 이른다는 것을 잘 이해하여 현실의 문제를 해결하라는 것이다.

머리에 어떤 개념들이 들어차기 전의 텅빈 상태에 평온과 조화로움이 저절로 있음을 알게 되면, 일상에서 그런 평온을 얻으려는 모든 생각과 노력들이 오히려 갈등과 혼란을 일으키는 원인이었음을 알게 된다. 그러한 이해로 현실을 정확히 보는 능력이 생긴다. 지성의 작업이다. 이제 갈고 닦아야 할 것은 생각을 다루는 방법이다. 그동안 생각에 질질 끌려다녔던 생활에서 이제는 생각의 주인이 되어 생각을 사용하는 삶을 살아가게 되는 것이다.

이러한 변화는 생각을 사용하는 새롭고 명백한 습관이 생김으로써 가능해진다. 새로운 습관은 '나'라는 생각의 다발을 모두 내려놓고 존재 모순적인 간격을 뛰어넘었을 때부터 시작된다. 그런데 그 간격은 어떤 주체적 노력도 허용하지 않는다. 목숨에 연연하지 않는 내맡김이 있어야 도약이 일어난다.

그리고는 다시 생각의 세계, 현실로 돌아와 그 이해로

생로병사의 걸림에서 벗어나게 되는 것이야말로 최고의 신비이다. 이런 설명을 '알음알이'라고 비판하며 오직 체험을 통해서만 초월의 신비를 알 수 있다고 주장하는 사람들은 정말 목숨을 내던지고 수행하는 것이 아니라, 영생을 취득하려는 욕망을 추구하고 있을 뿐이다.

무념의 경험에 대한 지식은 이런 과정을 통하여 생각의 세계 안에 지혜로 자리를 잡는다. 생각은 주인의 자리에서 물러나 기능으로써의 역할을 담당하게 된다. 생각이 불필요한 괴로움을 만드는 일이 다시는 일어나지 않는다. 현실은 지금 이대로 완벽하다. 비교하고 판단하고 개선하며 노력할 필요가 없다.

왜 무념인가 하면, 이 생각의 세계를 가장 효용성 있게 살 수 있는 방법을 안내해주는 열쇠이기 때문이다. 생각 너머를 이해함으로써 생각을 잘 사용하는 방법을 알게 된다. 진리는 오직 지금 여기에서의 일일 뿐이다.

유사무아^{類似無我}의 오류

인간이 생각의 세계를 본질적인 실체로
오해함으로써 고통을 당하며 살게 되므로, 생각 너머의
세계를 잘 이해함으로써 고통에서 벗어날 수 있다. 생각
너머의 세계는 무념인데, 생각의 기능으로는 직접적으로
도달할 수가 없다. 실상을 이해한다는 것은 무념에 대한
간접적인 경험을 바탕 삼아 생각으로 무념을 온전히
이해하는 것이다. 그런데 어떤 주체적인 경험을 무념의
성취로 착각한다면 무념을 완전히 오해하는 것이다.
이런 오류는 무아에 대해서도 동일하게 일어난다.

고타마 싯다르타는 세상의 본성을 무아와 연기로
설명했다. 무아를 제대로 이해할 필요가 있지만,
사람들은 생각의 주체를 없애지 못하는 생각의 습성으로
인하여 유사무아類似無我, 즉 사이비 무아無我에
빠지게 된다. 무아라는 것은 본질적으로 '나'가 완전히
없다는 것이다. 관찰하는 주체로써의 '나'조차도
없으므로 무아에는 아무런 속성이 부여될 수 없다.
동시에 현실에 '나'는 생생하게 존재한다. 그 '나'는
연기緣起의 과정에서 일어나는 현상이지만, 세상에 대한

주체라는 환상으로 존재한다. 그런 환상 역시 연기의
내용물이어서 잘못된 것이 있을 수는 없다. 일어나야
하는 일이 진행되고 있는 것이다.

본질적으로는 '나'가 완전히 없는 것이며, 동시에
현상적으로는 '나'가 완전하게 활동하고 있다. 인간이
생각의 세계에 살고 있지만, 본질적인 세계에도
노출되어 살고 있으므로 모순된 주장이 아니라 세상이
원래 그러한 것이다. 이것을 온전하게 이해하고 그대로
실천하는 것이 깨달음이다. 생로병사를 당하고 살지만,
생로병사에 걸림이 없다.

유사무아에 빠진 사람들은 본질로서의 '나'와
현상으로서의 '나', 두 가지를 모두 부인한다. 현재의
나는 불완전한 존재이므로 갈고닦아 업그레이드시켜야
하며, 초월된 삶을 성취하기 위한 과도적인 존재라고
한다. 아무것도 없는 '나'에 대해서는, 무아를 잘못
이해한 것이라고 주장한다. 그들에게는 무아에서도 인식
주체가 여전히 남아 있어야 한다. 그러므로 현실에서
겪는 일상의 무의식적인 생활, 잡념에 사로잡힌 상태,
깊은 잠에 빠져 인식 주관이 사라진 상태 등은 깨달은
사람에게는 있을 수 없는 일이라며, 주시注視가 늘
깨어있는 오매일여寤寐一如의 상태를 유지해야 한다고
주장한다.

유사무아를 주장하는 것은 본질과 현실을 구분하지 않고, 본질의 세계를 생각의 세계로 포섭하여 통합하겠다는 불가능한 오류를 기반으로 한다. 그런 시도는 당연히 참나(진여)를 추구하게 된다. 실제로는 생각을 벗어나지 못한 것이다. 완성된 이상체로서의 유아有我를 추구하는 것이어서 현실에서는 그렇게 시공을 초월한 참나가 달성된 바가 없다.

그들은 오직 고단한 수행을 통하여 말로 설명이 안 되는 경지를 직접 체득할 것을 주장한다. 무아에 대한 온전한 이해를 설명하면 알음알이나 지적 담론으로 폄하해 버린다. 그런 사람들은 당연히 경험을 못했기 때문에 말뿐인 소리를 한다는 자기 편견을 확신한다.

고타마도 사성제를 제시하며 수행의 필요성을 설명했다. 그것은 무아와 연기를 이해하는 방법이며 동시에 실천하는 방법으로써의 수행이지, 현실을 초월하는 존재가 되는 수행이 아니다. 경험으로 명백해지는 과정을 거치지 않은 말뿐인 알음알이가 현실에서 힘을 쓰는 일은 없다. 현실에서 발휘되는 힘은 신비가 아니라 명백한 지식이며 지혜이다.

만약 유사무아類似無我라는 것이 가능하다면, 연기緣起는 허구이다.

1. 깨달음과 깨달은 사람

자기가 깨달은 것을 모르는 사람들

벽지불僻支佛이란 부처의 가르침에 의존하지
않고 스스로 수행하여 깨달은 사람이다. 이런 사람의
깨달음은 체계화되어 전승된 원론과 규칙으로부터
독립되어 있다. 그러므로 이런 깨달음의 결과는
심리적인 불안이 사라졌음을 스스로 확인한 것으로만
검증된다.

이런 의미로 벽지불에 대해 새롭게 정의를 해보면,
다른 사람의 가르침에 의존하지 않고 스스로 심리의
불안이 종결된 사람이다. 겨우 심리 불안이 해결된
사람을 성자聖者라고 칭하는 것에 대하여 반대하는
사람이 대부분이라고 생각된다. 그런 사람들의 생각을
분석해보면, 결국은 오직 신神만이 성자라고 할 수
있으며, 그들의 수행은 전지전능한 신이 되어야 끝이
날 것이다. 인간의 역사에서 그렇게 신이 된 사람은 단
한 명도 없었다. 애당초 불가능한 것을 수행의 목적으로
삼은 것이다.

심리 불안이 해결되었다는 것은 생로병사에
초연해졌다는 것이다. 아프고, 늙고, 죽는 것이 당연한

현상으로 이해되고 수용되어 그것 때문에 마음이
불안하지 않고 담담하다는 것이다. 그러니 일상에서
마음을 불안하게 하는 것이 없다. 보통의 생활을 할
테니 사람들과 갈등에 처하기도 하고, 칼에 베이면
아프며, 태풍으로 가을걷이에 실패하거나 해고를
당하여 먹고사는 불편을 겪기도 하겠지만, 그런 것들로
불행하게 되지 않는다는 것이다. 주관적인 달성인
데다가 처세에 유연하여 보통의 사람들과 비슷하게
처신하니 특별히 구분되지 않는다.

　　자기를 내세울 일도 없지만, 학식, 재물, 명예의
권위를 갖고 있지 않은 경우 자기 지혜를 설명해도
사람들의 관심을 끌지 못한다. 권위를 갖고 설명을
할지라도 이미 부처가 설한 내용과 다를 바가 없다.
현재의 모든 상황들에 자족하고 타인의 상황에
역지사지하여 대립하지 않으며 삶을 조용히 살아갈
뿐이다. 자기가 성자라거나, 깨달았다고 이해할
필요조차도 없으니 남에게 그렇다고 표현할 일이
생기지 않는다. 주변인들이 현실에 대한 전도망상적인
오해로 어려움을 겪는 것에 안타까움을 느끼지만, 그
사람들이 갖고 있는 세상을 보는 인식의 틀이 자신과
다른 것을 인정한다. 또한 어려움이 본디 망상에만 있을
뿐 실제로는 그런 고통이 없다는 것을 명백하게 알기에,
망상으로 어려움에 처한 주변인들을 애써 이해시키려고

고집부리지도 않는다. 그런 벽지불이 산속에만 있는 것이 아니다. 세속의 일상에서 살고 있지만 알아볼 방법이 없을 뿐이다. 그렇게 사는 사람들 가운데 지식의 혜택에서 소외된 사람은 자기가 깨달은 것도 모르고 살아간다. 자신의 명백함을 깨달음이라는 단어로 설명할 필요조차도 없는 것이다. 깨달음이란 그런 것이다.

무아^{無我} 무지^{無知} 유념^{唯念}

지난 며칠간 인터넷을 뒤져서 깨달았다거나,
공부를 마쳤다고 주장하거나, 그런 표현을 하지 않지만
글의 내용으로 그런 가르침을 담고 있는 사람들을
찾아보았다. 검색하는 일이 그리 어렵지는 않았다.
글을 쓰는 사람들이 대부분 초월적인 실체를 열심히
설명하려고 노력하는 점과 읽는 사람들이 그리 많지
않다는 점이 공통적이었다.

몇 사람에게는 질문을 던져서 추가 설명을
구해보았지만, 대답이 없거나 내 질문의 핵심을
맞추어 답변을 주지 않았다. 무아와 연기를 기반에
두고서 일체가 생각이며 환상이라고 설명을 펼치는데,
마무리에서는 결국 진여나 순수의식으로 귀결 짓는
경향이 있다. 그들이 겪은 경험과 이해, 그리고 글을
쓰는 동기 등에 의심할 여지는 없어 보인다. 내가 그들의
옳고 그름을 따질 이유도 전혀 없다. 그렇지만 깨달음에
관련한 내용을 타인에게 소개하는 방법에 관해서는
아쉬운 점이 많다.

1. 깨달음과 깨달은 사람

배움이 끊어진 할 일 없는 한가한 도인은
망상도 없애지 않고 참됨도 구하지 않는다.

중국 당나라 현각 선사(647~713)가 지은 '증도가'의
내용으로 곱씹어 봐야 할 대목이다. 섣부르게
형용하거나 방편을 동원하며 흔적을 남기는 것은 타인은
물론 자신에게도 예기치 않은 부작용을 남긴다. 생각
너머의 세계에 대한 경험은 무념의 잔상으로, 직접적인
것이 아니지만, 일상의 경험들과는 전혀 다른 상황이고
매우 평화롭고 안심이 된다. 그러나 일상의 의식으로
되돌아오게 되면 문제 생길 여지가 발생한다. 돌아와서
그것이 무엇인지 생각으로 되새기지 않거나, 주변의
다른 사람들에게 설명하지 않으면 문제가 없다. 그러나
생각의 습성은 그런 여유를 허용하지 않는다. 그래서
'없는 것'을 이해하려 하고, 또 타인에게 설명하려 애를
쓰다 보면 생각의 사슬에 사로잡히게 된다. 진여나
순수의식이라는 개념을 동원하여 '무아와 연기'와
모순되는 주장을 하게 되는 이유는 생각의 습성상,
무지無知를 있는 그대로 내버려 둘 수가 없기 때문이다.
죽은 뒤에도 의심을 놓아서는 안 되는 이유이다.
    깨달음을 얻는 것과 깨달음을 이해하고 설명하는
것은 다른 문제라는 사실을 알아야 한다. 왜냐하면
깨달음은 생각 너머에 대한 일이고 깨달음을 이해하는
것은 생각의 일이기 때문이다. 차원이 다르다. 그러니

깨달음을 설명하는 일은 더 말할 나위도 없다. 깨닫고 그것이 무엇인지를 이해까지 했더라도 그것을 다른 사람에게 설명하는 것은 자동으로 주어지는 것이 아니라 고차원의 사고력을 사용할 수 있어야 가능한 것이다.

나는 그리 총명한 편이 못되어서 잘 설명할 능력을 갖추지는 못했다. 명백한 이해까지는 흔들림이 없는데 가장 신비스러운 대목은, 무아無我여서 뭔가를 이해할 '나'가 없고, 무지無知여서 오직 모를 뿐임에도 불구하고 아무런 두려움이나 혼란이 없고 안심이 된다는 것이다. 이것이 어떻게 가능할 수 있는지를, 다른 사람들에게 설명하는 것은 결코 쉬운 일이 아니어서 함부로 쓰레기를 덧붙일까 심히 조심스러울 뿐이다.

애초에 내 글쓰기는 내 자신의 한풀이었다. 공부를 마치고 보니, 너무나도 간단한 것이고 이미 오래전에 '이해'가 되었던 것이었다. 그런데 뭔가 있어야 하지 않을까 하는 생각에 이끌려 허송세월을 했다. 지금도 나의 지난 시절을 겪는 사람들이 분명히 있을 것이므로, 나의 이해를 정리해서 보이는 곳에 발표하는 것이 이 공부와 관련하여 내가 받은 도움을 되갚는 길이라는 생각을 했었는데, 그동안 쓴 글들을 읽어보면 그 일은 끝났다는 느낌이 든다.

글쓰기에 조금 더 '욕심'을 부려서 이런 이해가
실생활에서 얼마나 큰 도움이 되는가를 설명하고 싶었고,
정치 사회적인 제안도 실천적으로 제시하고 싶었다.
그런데 설명은 충분한 것 같고, 실행방법으로는 내 글
'2초 동안 생각 멈추기'보다 더 좋은 것을 찾지는 못했다.
사회적 제안은 '비폭력 무소유 공동체'에 대한 것인데,
'비폭력'이라는 원칙이 너무나도 비현실적이어서 제시의
의미가 없을 것 같다. 누구든지 와서 약탈해가고 노예로
잡아가도 상관없다는 것이니 공감을 얻기가 불가능한
일이다. 그러나 이미 실제로는 그런 세계를 살고 있어서
한 생각만 바꾸면 되는 것이며, 그런 공동체가 유형의
가시적인 것일 필요가 없는 전혀 새로운 무형의 존재
방식일 수도 있어서 불가능한 것은 아니지만, 내가 그런
글쓰기를 할 준비가 되어 있지는 않다.

끝으로 세상의 본질에 대하여 명백한 이해가 되었을
때 세워진 세 가지 기둥을 소개한다.

無我, 나는 없다.
無知, 오직 모를 뿐이다.
唯念, 마음 밖에 한 법도 없다.

그럼에도 불구하고 망념과 격정이 춤을 추고
그럼에도 불구하고 안심이 흔들리지 않는다.

깨달음과 깨달은 사람 3

지인이 어떤 수행자의 글을 보내왔다. 아이 하나를 키우며 맞벌이 생활을 하며 재가 수행하는 남자가 쓴 글인데, 내용을 정리하면 대략 다음과 같다.

평생의 도반이라고 생각하던 아내가 외도한다는 의심이 생겨 극심한 고통을 당해 오다가 어떤 계기로 인해 심하게 싸우게 되었는데, 흥분을 참지 못해 손찌검까지 하게 되었다. 그 후 아내가 아이를 데리고 집을 떠났고 자신은 빠져나올 수 없는 지옥에 처해 있음을 호소하는 글이었다. 거의 평생을 공들여온 수행이 이런 결정적인 순간이 닥치자 아무런 도움이 되지 않았다는 것이 가장 충격이었다고 한다. 삶이나 수행에 큰 회의에 빠져서 갈 길을 잃어버린 것이다.

그가 오랫동안 수행을 해왔다니 무아와 연기에 대해서는 이해할 것으로 추측된다. 그러나 그는 아직 체득하지 못한 것이다. 그가 무아와 연기를 온전히 체득하였다면, 갑자기 발생한 파란으로 인해 통제를 완전히 상실하고 아내에게 폭력까지 행사하게 된

그 과정에 대하여 시비 판단을 붙일 필요가 없음을
이해할 수 있을 것이다. '나'라는 실체가 있어서 그런
사건을 저지르는 것이 아니라, 관계와 심리 등의 여러
가지 인과의 요소들이 에너지를 축적했다가 충돌하고
폭발하는 연기의 과정이어서 빼야 하거나 덧붙여야
할 요소가 없다. 이것(무아와 연기)을 이해하는 것이
깨달음의 경험이다. 그래서 깨달음이 생기면 극심한
절망 속에서도 빛을 보게 되지만 다시 또 그런 상황에
빠질 수도 있다.

　　내가 이전에 쓴 글 '깨달음과 깨달은 사람'에서 둘을
구분하여 설명했다. 깨달은 사람은 깨달음에 대한
이해가 잘 정리되고 명백해져서 그 이해가 퇴행하지
않는다. 깨달은 사람도 위의 수행자가 처한 상황에 빠질
수 있다. **깨달은 사람이 되었다고 그 전부터 쌓아 온
인과**(주변 관계와 자신의 습성)**가 한방에 청산되는 일은
없기 때문이다. 그리고 그런 상황에 빠졌을 때 마음의
동요가 없이 처신을 할지, 위의 수행자처럼 광란을
할지는 인과의 차이 때문에 사람마다 다를 수밖에 없다.
그러나 공통된 점이 있다. 그런 상황에 빠져 끄달림을
당하더라도, 한편으로 흔들림 없는 안심이 유지되는
것이다.**

　　에너지가 감정에 올인되어 안심이 순간적으로

사라질 수도 있지만, 동시에 사태가 잘못되었다는 자기비판으로 분열은 없게 될 것이다. 분노만 남고 생각이 사라진 상태이기 때문이다. 분노의 에너지가 해소되어 다시 생각이 등장하면 당황스럽겠지만, 동시에 그 당황이 생각일 뿐이라는 이해도 명백하게 나선다. 그러므로 깨달은 사람에게 퇴행은 없다.

깨달음의 경험은 일회적인 것이 아니다. 삶의 여러 과정에서 반복적으로 경험될 수 있다. 그러나 깨달음을 얻었다고 깨달은 사람이 되지는 않는다. 달리 설명하면, 몇 번 경험하고 이해하였다고 바로 의심할 여지가 없게 되지 않는다는 것이다. 수행이 부족해서가 아니라 명백함이 부족해서 그렇다. **깨달음을 이해하고 삶의 망상에서 깨어나기를 간절하게 바라면 어느 시점에서부터 무아와 연기가 저절로 명백해져서 흔들리지 않는 안심이 유지된다. 늘 오매일여의 경지에 있게 되는 것이 아니라, 생각이 심리를 요동시키려 할 때마다 즉각 수습이 된다는 것이다.** 분노에 올인된 상태, 잠든 상태, 죽은 상태, 즉 생각이 사라진 상태에서도 무아와 연기의 전개에 처해 있음을 생각이 되돌아올 때마다 즉각 알게 된다.

깨달은 사람의 삶을 산다는 것은 수행을 통하여 인과를 갈고닦아 개선하는 것이 아니라, 명백한 이해를

통하여 인과의 불필요한 영향에서 벗어나는 것이다.
인과는 아무런 문제가 없음에도 불구하고, 인과의
주체가 있다고 생각함으로써 발생하는 오해의 영향을
종식시키는 것이다.

진리의 자손들은 오직 탁란托卵할 뿐

무아無我와 연기緣起를 터득한 진리의 자손들은
온 세상이 지금 이대로 완벽하여 터럭의 증감이
불필요함을 알게 되니, 쓸모없는 자 또는 일 없는
자가 되려 할 뿐이어서 중생을 구하겠다는 망상과
자비심이라는 망상도 버린다. 그러니 진리를 선포하는
망나니짓인들 하겠는가?

그러므로 진리의 자손들은 뻐꾸기처럼 탁란할 뿐
새끼를 품지 않는다. 그들은 생각의 자손으로 살고 있는
멧새들에게 자신의 알을 맡긴다. 그들은 어미의 포란抱卵
없이 미운 오리 새끼처럼 태어났다가 숲속으로 조용히
사라져 흔적을 감춘다. 역사에서 점조직처럼 간헐적으로
드러나더라도 계보를 잇지 않는다.

진리를 수호하고 전달하는 역할은 멧새들이
감당한다. 그들은 뜻도 모르는 경전을 품고 전수하지만,
그 내용은 오직 생각을 버린 진리의 자손들에게만
이해가 될 뿐이다.

송충이를 먹여주는 멧새 어미의 은혜보다 멀리 뻐꾸기의 속삭임에 더 끌린다면, 그대, 그 어미와 둥지를 떠나야 할 때가 되었음을 알라! 그 뻐꾹 소리에 의지하여 둥지를 벗어나 스스로의 날개짓으로 높은 나무 위로 올라앉으면 어미 뻐꾸기가 모습을 보여줄 것이다.

깨달음 수업

수행의 핵심은
의업意業을 잘 다스리는 것

불교 수행법의 핵심인 팔정도八正道는 조금 복잡하게 느껴지는데, 나는 한마디로 '신구의身口意 삼업三業을 잘 다스린다'로 이해한다. 말과 행동은 생각과 무의식을 따르게 되어 있고, 무의식도 크게 보면 의업意業의 결과물이므로 신구의 삼업 중에 핵심은 의업이고, 결국 팔정도는 '의업을 잘 다스림'이라고 더 요약할 수도 있다.

'의업을 잘 다스림'이란 나쁜 생각이나 바르지 않은 생각을 하지 않는다는 도덕적인 계율을 실천하는 것이 아니라, 일체의 생각에 자동으로 끌려 다니도록 전두엽에 회로화되어 있는 작동 기제를 물리적으로 변형하는 것이다.

생각은 저절로 만들어지는 것이 아니라, 반드시 계기가 주어진다. 안이비설신의眼耳鼻舌身意의 육근六根이라는 감각 기관에서 발생한 이벤트가 계기이다. (여기에서 '이벤트'란 프로그램 개발 용어에서 차용한 것인데, 특정 모듈—동작 알고리즘—이 작동되도록 전달되는

2. 깨달음 수업

유의미한 정보를 말한다.) 의意가 감각기관이라는 것은 오감에서 이벤트가 전혀 발생하지 않음에도 기억이나 눌려있던 생각의 솟구침이 이벤트로 작용된다는 것이다.

육근의 이벤트는 스틸 사진을 만든다. 스틸 사진이라 함은 이벤트에 의하여 인식 기능이 작동했지만, 더 전개되지는 않고 있다는 것이다. 여기에 추가로 에너지가 투입되면 연상과 상상 작용을 통해 언어적 서술들이 동영상처럼 진행된다. 스틸 사진까지는 인간의 사고 작용에게는 선택의 여지가 없는 수동적인 상황이지만, 동영상부터는 주관적인 에너지를 투입하여 진행되는 행위이므로 의업이 된다.

예를 들어 설명한다. 웹서핑을 하다가 구글 주가가 2년 새 100% 상승한 기사를 보았고, 2년 전에 그 회사 주식을 매도했던 기억이 떠올랐다. 여기까지가 스틸 사진인데 이후 여러 생각들이 교차하는 것은 동영상이며 열심히 의업을 만드는 일이다. 다시 볼륨감이 풍부한 여성 모델의 수영복 광고를 보았다. 여기까지가 스틸 사진이어서 섹시하다거나 아름답다는 등의 판단은 일어나지 않는다. 그러나 에너지를 공급하면 이러저러한 상상들이 덧붙여지면서 어떤 가치나 소망이 부여된다. 의업을 구축하는 일이다. 고속도로 주행 중에 차선을 바꾸었는데 뒤에서 경적 소리가 울리는가 싶더니 잠시 후에 갑자기 어떤 차가 앞으로 끼어 들어오면서 급정거를 한다. 본능적으로 나도 브레이크를 밟아 서는 것까지가 스틸 사진이다. 이후 순간적으로 동영상이 활활 타오르는 것은, 그동안 열심히 축적한 신구의身口意 삼업三業이 총출동하여 본격적으로 실력 발휘를 하는 것이다. 산책길에서 좋은 향기를 내뿜는 라일락꽃을 만나는 것은 스틸 사진이고, 그 향기와 연관되어 진행되는 이후의 사고 과정들은 동영상이다. 모든 이벤트마다 에너지가 흥청망청 투자되는 것을 의업을 짓는다고 한다.

의업을 잘 다스린다는 것은 동영상에 에너지가 자동으로 투입되는 것을 통제할 수 있다는 것이다. 수십 년을 사용한 뇌의 일부 회로를 일시에 변경할 수는 없으므로 진정한 의미의 통제는 반성을 놓치지 않는 것이다.

의업意業을 다스림은 생각을 삼가함이다. 저절로 생각에 빠지는 습관을 많이 버릴수록 다른 세상이 더 선명하게 드러난다.

의업意業, 껌을 되새김질하는
인간의 좀비적 정신 활동

되새김질이란 반추동물들이 소화 기관에 있던
먹이를 게워 내어 다시 씹는 일을 말한다. 인간도
되새김질을 한다. 정신적 반추인데 하루종일 쉬지 않고
중얼중얼 혼잣말을 머릿속에서 떠들어 댄다. 과거의
경험들을 회상하거나, 그런 것들을 미래의 시점으로
옮기고 재구성하여 반복 재생하는 것이다. 잘못했다,
잘했다, 그래서 좋거나 싫었다, 해야 하겠다, 하지
말아야겠다 등 되새김질의 내용물들은 대부분 이런
'껌' 들로써 여러 가지 감정을 수반하며 고정관념들을
공고화하고 되새김질을 더욱 습관화하는 결과를
낳는다. 내가 '껌'이라고 표현한 것은 영양가가 없어서,
턱만 아프고 살아가는 데 도움이 되질 않기 때문이다.
에너지를 분산시켜서 '지금 여기'에 집중하지 못하게
한다.

생각 없이 어떻게 일을 하고 관계를 맺으며 살 수
있느냐고 묻는다면 생각과 잡념을 구분하지 못하는
것이다. 되새김질의 내용물인 잡념과 달리, 지금 여기의
생각들은 '연구와 해결'로써, 예를 들자면 수학 문제를
푸는 것, 신제품의 시장 포지셔닝을 연구하는 것, 갑자기

사라진 자동차 열쇠를 찾는 것 등이다. 되새김질의 습관이 워낙 강해서 그런 생각의 진행 과정에서도 틈틈이 잡념이 병행되므로 그게 그것인 것 같지만, 구분은 할 수 있다. 생각은 처리 속도가 매우 빠르고 도식적으로 결론이 내려지며, 감정이 동반될 이유가 없는 순수 사고 기능이다. 유아기 때에 뇌는 학습 시스템 체제를 갖춘다. 모방, 기억, 조건화, 예상, 추리, 대비 등의 활동들이 활발하게 반복된다. 그런 시스템은 사회에 적응하여 살 수 있도록 정신의 구조물을 만드는 거푸집 역할을 하는 것이다. 그런데 정신의 구조물이 완성된 뒤에도 그 거푸집이 제거되지 않은 채 그대로 남아서 중얼거리는 되새김질을 습관적으로 한다.

이 불필요한 되새김질은 관념들을 더욱 딱딱하게 만들고 심리적 요동을 만들어 내며 많은 에너지를 무의식적 정신 구조물의 유지보수에 투여한다. 굳어진 생각들은 다양한 가능성의 '나'를 특정 형태의 감옥에 가두고 무의식적으로 불필요한 말이나 행동을 하도록 만든다. 그래서 업장業障이 되는 것이다.

사건에 닥쳤을 때 사람이 특정 의도를 갖고 주도적으로 사건을 결정할 수 있는 경우는 거의 없다. 하나의 사건에는 많은 변수들이 있기 때문이다. 다른 사람들, 연관된 사건들은 수많은 변수를 동반하므로 사건이 어떻게 전개될지는 장담할 수 없으며, 내가 결정권자의 권한으로 결정을 짓는다 할지라도 그것은 많은 변수를 수반한 새로운 사건의 시작일 뿐이다.
그러므로 생각은 '연구와 해결'로 짧은 시간에, 그 한계
내에서의 역할을 마치지만, 심리적인 동요는 잡념으로
서성거리며 맴도는 되새김질의 습관을 지속하게 한다.
　평생을 살면서 잡념의 무의미함을 뼈저리게
통감했음에도 불구하고, 사람은 중얼거림을 멈추지
않는다. 퇴화된 꼬리뼈와 같은 거푸집을 버리지 못해서
그렇다. 의업意業을 잘 다스린다는 것은 이 거푸집을
부수어 없애는 것이 아니라, 말 그대로 잘 다스린다는
것이다. 평생을 써온 거푸집이어서, 뇌에서는 잔뜩
굵어진 신경 다발로 이미 발달되어 있는 것을 굳이
없애겠다고 달려 들어봐야 관 속에 들어간 뒤에야
가능해질 일이니, 그냥 그런 줄을 명쾌하게 이해하여
잡념에 끄달리지 않고 사는 것이 가장 효율적이다.

　인간은 반추동물이다! 소와 달리 불필요한 껌을
씹는.

생각의 개입 없이
어떻게 무아無我를 알 수 있을까?

TV나 영화 속의 영상을 보면 자연스러운 움직임이 현실과 비슷하다. 그러나 실제로는 초당 24장의 사진을 순서대로 보는 것이다. 움직이는 영상의 실체는 스틸 이미지들과 시각의 잔상과 착시 현상이다. 초당 24번씩 깜박이는 빛을 보지만, 눈에 남아 있는 잔상 때문에 깜박이는 것으로 보이지 않는다. 눈에 보이는 자연은 아날로그이고 영상은 디지털이어서 실상이 전혀 다르다.

우리는 사고의 과정이 아날로그처럼 진행된다고 느끼지만, 사고가 언어를 사용하고 언어의 표현은 주어, 동사, 목적어 등의 언어 구조와 선별된 단어들을 사용하므로 아날로그가 아니라 디지털이어서 끊김이 있을 수밖에 없다. 생각들 사이에는 당연히 단절이 있다. 끊김은 생각의 배경이 되는 공백으로, 무념無念이고 무아無我다. 시공은 생각에 의해서만 존재하므로, 생각이 단절된 그 공백은 무한의 시공이다.

그 무한의 공백에서 이미지로 표상된 단어들이 순서대로 튀어나오는 것을 생각이라고 한다. 생각은 그 무한의 공백을 인식하지 못한다. 사진이 투사되는 스크린처럼 깜박거림이나 끊김이 있지만 이를 인식하지 못한다. 사람은 생각과 그 배경인 공백에 동시에 노출되어 있어 두 가지를 모두 경험한다. 그러나 생각은 생각만 포착할 수 있으므로, 공백에 대한 경험은 의식에 투영되지 않는다.

우연하게 일상에서 생각이 사라진 경험(실제로는 그 잔상을 경험)을 진지하게 받아들인 사람들은 생각과 생각 사이, 단어와 단어 사이의 여백을 조금씩 의식하게 된다. 생각이 사라져도 세상은 그대로 존재할 뿐만 아니라 오히려 실상의 모습을 드러낸다. 생각 사이의 틈이 많이 벌어져서 여백이 선명하게 드러나면, '모든 것'이었던 생각은 계산기나 단어장 또는 믹서기처럼 원래의 기능에만 충실할 뿐 주인으로 나서지 않게 된다.

실상은 생각과 공백 두 가지이지만, 인식과 경험은 생각에서만 일어난다. 공백에 대한 인식은 생각을 사용하지 않으므로 의식화할 수 없으며 당연히 표현할 방법도 없다.

생각을 자주 끊거나 환기시키는 훈련을 하면 생각의 틈새(공백)가 보이기 시작하고, 본질이 드러난 생각은 퇴로를 찾아 본래의 역할로 돌아간다. 생각이 공백을 직접 인식하지는 못하지만, 그 잔상을 경험하여 이해하게 되고, 이 이해를 생각 시스템에 절대상수로 적용하여, 모순된 두 개의 차원을 통합한다. 생각이 삶의 주인 또는 우주의 주인 역할을 반납함으로써, 생각은 심리적 안정감, 그냥 있음, 만사가 저절로 진행되는 편리함과 쾌적함을 느낄 수 있다. 공백은 안정이나 편리를 필요로 하지 않는다. 다시 강조하지만, 생각이 공백 자체 또는 무아에 처하는 것은 아니다. 무아 상태를 이해하는 것이다. 현실에서 이해하여 정리하고, 현실에 적용하는 것이다.

2. 깨달음 수업

무엇이 깨닫는가?

　아주 오래 전의 경험이다. 음주가무를 즐기는 편은
아니었지만 가끔 나이트클럽에 갔었다. 1차, 2차의
술자리를 거치며 이미 취한 상태에서 나이트클럽으로
달려갔던 어느 날의 경험이다. 정신없이 놀다가 들른
화장실에서 거울에 비춘 창백한 내 얼굴을 보게 되었고
정신이 번쩍 들었다. 체력으로 감당할 수준을 넘게 술을
마셨으며, 술김에 지나치게 장난치며 광란을 했다는
반성도 들었다.

　술과 장난을 삼가고 정신 차리자고 다짐하며
화장실을 나섰지만, 귀신 부르는 굿 장단처럼
쿵쾅거리는 음악이 들리자마자 다잡으려는 의식이
증발해버렸다. 그렇게 놀다가 정신이 들어서 보면 또
화장실의 거울에 창백한 모습으로 서 있고, 얼굴에 물을
퍼부으며 정신을 차리려고 다짐했다가는 문을 나서면서
깨끗이 사라지기를 반복했다. 일행과 헤어져 택시에서
정신을 수습할 때는 화장실에서 거울을 보던 모습
외에는 아무것도 떠오르지가 않았다. 마치 저녁 내내
화장실에만 있었던 것처럼 느껴진다.

자의식으로부터 해방되어 일체의 자기 점검 없이 놀던 나, 화장실에서 물을 뒤집어쓰고 거울을 보고 있는 나, 서로 단절되어 있는 듯한 두 개의 나는 각각 무엇일까? '댄스홀의 나'는 쾌락과 감각으로 가득하고 자유롭다. 그것의 유일한 문제는 그 상태로 계속 살아갈 수 없다는 것이다. 그래서 '화장실의 나'가 나타나 현실적으로 관리하는 것이다. '화장실의 나'를 에고라고 한다. 에고는 현실에서의 궁극적인 자기 성취를 욕망한다. 이기적인 행동이 치러야 하는 대가를 잘 알기에 타인 또는 사회와 타협하고 조절하며 성능 좋은 에고가 되기 위하여 노력한다.

일부 사람들은 에고의 욕망이 현실에서 결코 끝을 볼 수 없다는 사실을 눈치채고 새로운 해결을 모색한다. 그것은 슈퍼맨 되기를 포기하고 초월적 존재가 되려는 것이지만, 자기에게 기망당하는 것일 뿐이고 결국 슈퍼에고가 목적이다. 에고가 남지 않으면 초월도 무의미하기 때문이다. 그러므로 깨달음은 결국 '화장실의 나'에게 일어나는 것이다. 에고가 사라진 '댄스홀의 나'에게는 깨달음 따위가 필요 없다. 그 춤은 이미 자유로워서 아무런 문제가 없다.

깨달음을 얻기 위한 수행의 결과는 그렇게 애쓰는 에고가 진화하는 것이다. '화장실의 나'가 깨달아 무아를

체득한다는 것은 에고가 사라지는 것이 아니라 에고가
고도화되는 것이다. 깨달아 일을 마쳤다는 것은, 에고가
할 일이 사라지는 것이 아니라 에고가 해야 할 일이
저절로 수행된다는 것이다.

　다사다난했던 '화장실의 나'가 갑자기 유명무실해진
것은 그에게 무아에 대한 이해가 삽입된 것이다.
'댄스홀의 나'이든 '화장실의 나'이든 모두 자기 인과가
분수껏 일어나고 있다는 사실이다. 열일하는 '화장실의
나'도 이제 주인은 아니어서 그저 일어나는 일을 할
뿐이다. 에고는 저항이 점점 최소화되고 그럴수록 삶에
걸리지 않고 흐른다.

　그러므로 깨달은 사람이란 세련된 에고를 장착한
정신 멀쩡한 망상가이다. 이 에고가 세련되었다는 것은
슈퍼 능력을 갖추어서가 아니라 내부가 텅 비어 있기
때문이다.

무념無念, 그리고
무아無我와 연기緣起에 대하여

　　현상의 세계는 생각으로 해석되어 관찰되는
존재와 우주이다. 지구는 하늘을 뚜껑으로 가진 평평한
땅덩어리였지만, 지동설이 받아들여진 이후로는 태양을
도는 행성으로 변신하였다. 두뇌의 기능은 언제든지
세상을 새롭게 창조(해석)할 수 있고, 그 결과인 현실
세계는 유연하고 상대적인 가설물이어서 일체유심조가
가능하다. 생각의 능력에 의하여 세상이 변화무쌍하게
나툴 수 있는 것은, 인식된 세계가 실체 아닌 생각의
해석이기 때문이다. 머지않아 인류는 지동설만큼이나
개벽적인 가상현실과 증강현실이라는 새로운 세계로
옮겨가서 시공간의 제한을 부분적으로 초월하여 살
것이다.

　　생각의 정점(과학)은 물질의 최소 입자가 보여주는
파동으로써의 모습, 붕괴된 시공간, 세상의 85%를
차지하는 정체 모를 암흑물질 등 현실과 전혀
이질적인 현상을 들여다보고 있지만, 그런 연구를
하는 과학자들을 포함한 대부분의 사람들은 만물의
실체성이라는 미신을 지주삼아 살아갈 수밖에 없다.

그러나 외부의 도움(빛, 중력, 공기, 음식, 미토콘드리아, 미생물, 박테리아)에 의존하지 않고 스스로 존재가 유지되는 자성체自性體는 없다. 구성물을 최소 단위로 쪼개 보거나, 외부의 영향에 의하여 증감하는 요소들을 하나씩 제외하다 보면 남는 것이 없다.

만물들은 상호 관계에 의하여 계속 변화하는 진행체(과정)이다. 상호 인과에 의한 사건과 그 전개 과정들만 있을 뿐, 변하지 않는 고정된 실체가 있어 사건과 사물들을 만들어 내는 것이 아니다. 모든 만물의 존재란, 한 덩어리의 진행 과정을 찰나적으로 분리하여 포착한 여러 조각의 상(像,이미지)들일 뿐이다.

그러므로 나(我)라는 육체와 심리체도 무자성無自性이다. 어떤 고정된 알갱이가 태어나서 살다가 죽는 것이 아니다. 심리와 사고 기능의 결과로써 나라는 의식체가 생성되지만, 연기의 진행과정일 뿐이어서 본질적으로 무아無我다. 자성체로써의 내가 없으니 대상도 없어, 주관과 객관의 분리가 사라진다. 주객 분리가 사라졌다는 이해는 모순되게도 주관의 기능인 생각으로만 가능한데, '이론적인 이해'와 '그 밖에 달리 생각할 수가 없는 이해' 두 가지가 있다. '이론적인 이해'로는 밥도 못 쪄먹지만, '그 밖에 달리 생각할 수가 없는 이해'는 생사를 넘고 현상 세계의 벽을 넘어선다.

실상의 세계는, 생각이 없는 무념無念이다. 앞에서
설명한 현상의 세계는 생각(念)에 기반을 둔다. 생각이
무엇인가를 이해하려면 생각이 없는 상태를 헤아려
봐야 한다. 생각으로 추론한 무념은 생각의 공백이거나
유념의 반대이지만, 생각이 사라진 세계란 그리
간단하지가 않다. 무념의 세계는 체험하거나 설명하여
이해할 수가 없다. 생각이 없으면 체험의 주체가
사라지기 때문이다.

그러나 현상의 세계에서 무념에 대한 상징적인
이해가 일어날 수도 있다. 특정 경험이나 계기에 의하여
불연속적이고 인과를 특정하기 힘든 결과물이 생각에
남는데 이것에 의하여 생각과 현상 세계의 허구가
드러난다. 그 이해가 무념의 세계를 해석할 수 있도록
하고 세계의 실상을 깨닫게 한다. 체험할 수 없음에도
무념이 무엇인지를 알게 된다. 그 앎의 내용은 '오직
모를 뿐'이다. 여기에서의 이해는 앞에서 설명한 '그
밖에 달리 생각할 수가 없는 이해'와 같으며 '나'가
이해를 하는 것이 아니라 이해가 '나'를 덮친 것이다.

무념의 세계를 실상으로 보는 이유는 생각의
배경이기 때문이다. 생각들 사이의 공백이고 생각이

튀어나왔다가 사라진 곳이다. 무념의 세계에는 무아와 연기조차도 없다. 설명하고 표현했다는 것 자체가 이미 실상의 세계와는 상관이 없는 짓이 되어 버린 것이다. 실상의 세계에 대한 가장 큰 모순은 생각으로만 표현할 수 있다는 것이다. 그 딜레마 때문에 '도가도비상도道可道非常道'라고 말하지만, 이 말을 액면 그대로 믿으면 지혜를 반납하고 사기꾼들에게 착취당하는 바보가 되기 쉽다. 그런 오류를 막고자 이런 글을 쓰는 것이다.

무념無念, 그리고 무아無我와 연기緣起를 설명하는 목적이 세상의 허구성을 폭로하는 허무주의에 있지 않다. 오히려 연기의 결과물임에도 생생한 존재감으로 흔들림 없이 서 있는 '나'라는 심리체가 어떻게 하면 가장 안심되고 효율적인 삶을 살아갈 수 있는가를 모색하는 과정의 산물이다. 이 모든 것이 생각의 일이기 때문이다. 현상이든 실상이든 핵심은 '나는 무엇인가?'가 아니라 '어떻게 살 것인가?'이다. 지금 이대로 완벽한 세상과 삶을 있는 그대로 받아들여 살라는 것이다.

깨달음도 잊고 산다

― 당신은 깨달음을 얻었는가?

거꾸로 묻는다. 깨달음이 무엇인지는 알고 묻는가?
안다면 이런 질문을 할 필요가 이미 없고,
모른다면 질문 자체가 무의미하다.

질문의 의도에 맞추어 답변을 한다면,
나는 공부를 마쳤다고 설명한다.
나는 무엇인지, 우주는 무엇인지,
왜 살아야 하고, 죽은 뒤에는 무엇이 되는지
어떻게 살아야 하는지
그런 질문들이 모두 종지부를 찍었다는 의미이다.
진리를 깨달았다고도 한다.

― 당신은 깨달은 삶을 살고 있나?

나는 내가 깨달았다는 사실을 잊고 산다.
같이 살고 있는 아내 외에는
하루에 한 명도 만날까 말까 하는 시골 구석에 묻혀

살면서 깨달았다는 것도 하나의 생각인데,
그걸 붙들고 살아갈 이유는 하나도 없다.
종일 홀로 궁시렁거리고
부주의하게 밭에 던져 놓은 호미를 찾아 헤맨다.
달콤한 맛을 탐닉하다 과식하여 헉헉댄다.
깨달음이 끼어들 일이 없다.

— 당신이 깨달았다는 증거를 보여줄 수 있는가?

없다. 그런 것이 있을 이유가 전혀 없다.

— 그럼 뭐가 다른가?

저녁 뉴스를 보면서 내가 손가락질하며 비판하는
세상이 지금 이대로 완벽하다는 것을 아는 것이 다르다.
생각을 사용하기에 불안과 두려움을 여전히
느끼지만, 그것들이 망상임을 명백하게 알고 있으므로
시달리지 않는다.

— 혹시 알음알이로 깨달은 것 아닌가?

당신이, 깨달음이 무엇인지 안다면 그렇게 판단해도
된다.

망상인가 방편인가?

　　오랜 수행의 결과로 참나를 찾았다는 사람이 있다.
참나는 완전한 침묵과 열반이며, 분리 없는 상태라고
한다. 그러나 완전한 침묵 속에서 "이것이야말로
완벽한 침묵이야!"하며 떠드는 소음은 무엇인가? 분리
없는 상태라면서 그것을 인지하는 주관이 있음은 또
무엇인가?

　　생각(말)을 동원하지 않고 '나'를 표현하는 방법은
없다. 스토리 없이 이미지만으로 '나'를 표현해보면
불가능하다는 것을 알 수 있다. 이미지로 표현이
가능하다고 주장하는 사람이 있다면, 조금 더 정밀하게
들여다 보라. 이미지를 설명하는 중얼거림이 찰나적으로
수반되고 있다. 사념을 쓰지 않는 이미지의 회상이란
불가능하다. 저장된 이미지의 구성 요소 중 일부가 이미
사념이다. 코끼리의 이미지에서 '긴 코'라는 사념이
붙지 않는다면 다른 동물의 이미지와 구분이 안 되어
이미지로써의 의미가 사라진다. 이미지의 존립 기반인
차별이 이미 사념이다.

"완전한 침묵"이나 "분리 없는 상태"를 인지한다는 것은 여전히 중얼거리고 있다는 것이다. 언어를 사용하고 있는 것으로, 참나는 여전히 생각의 손바닥에서 놀고 있다는 것이다. 언어를 쓰지 않기에 이해할 수 없는 상황이란, 아무것도 아닌 것과 같다. 참나가 설 자리는 없다.

그 중얼거림(생각)이 그칠 때가 있다. 예를 들면 꿈도 없는 깊은 잠을 잘 때 그렇다. 그러나 그때는 아무것도 인지하지 못한다. 거기에는 열반이나 일체감은 물론 참나도 있을 수가 없다. 어떤 이는 완전한 무념이나 깊은 잠에서도 깨어있는 순수의식을 주장한다. 그러나 의식이 있으면 반드시 언어도 있다. 언어를 사용하지 않는 의식은 없다. 만약 그런 의식이 있다고 할지라도 토끼머리에 난 뿔과 같아 그 상태를 벗어나면 무의미하여 어디에도 써먹을 도리가 없다. 벗어나지 않을 수 있을지라도, 언어를 사용하지 않는 의식이 할 수 있는 일은 아무것도 없다. 어쩌면 세상을 만들었다 지웠다 하는 일만은 무한히 할 수 있을지도 모르겠지만, 여기 글을 쓰고 있는 이 세상과는 전혀 상관이 없다.

무엇을 깨달았든 결국 에고의 일이며, 생각의 일이 된다. 그것이 아니라면 침묵하면 되지만, 입을 열면 다시 생각의 일이다. 많은 사람들이 그렇게 간절히 염원하는

'그런 깨달음'이나 '그런 참나'는 없다. '그런' 시리즈들은 '나'의 변형일 뿐이며 오직 생각에만 존재한다. 나, 생각, 에고, 언어, 말 등은 모두 같은 것의 다른 표현임을 알아야 한다. 그 단어들은 동의어라고 할 수 있다.

'나'라는 세뇌에서 벗어나야 한다. 세상이 '나'를 중심으로 돌아간다는 강박관념이 망상임을 알아채는 일은 에고 없는 상태를 경험함으로써 가능해진다. 단 한 번만 경험을 하더라도 인간은 효율성 높고 심리적으로 안심이 얻어지는 길을 귀신같이 선택하는 능력이 있어 다시 세뇌 상태로 되돌아 갈 수가 없다. 그러나 불행하게도 에고가 에고 없음을 직접 경험하는 것은 불가능하다. 그것은 외부의 도움 없이 눈으로 눈을 볼 수 없는 것과 같다.

눈이 거울에 비친 눈동자를 간접적으로 볼 수는 있는 것처럼, 에고 없음도 그런 간접적인 경험이 가능하다. 잠, 기절, 일에 몰두, 자연의 장관 앞에서 숨 막힘, 육체의 한계에서 얻어지는 무념 등과 같이 생각이 끊기는 사건들이 일어나는 순간에는 에고가 사라진다. 그러다가 일상의 의식으로 되돌아올 때, 아직 몸과 두뇌와 심리에 남아 있는 잔상에 대한 경험을 얻는데, 그것은 스트레스가 없고 평화로우며 모든 것들이 저절로 완벽하게 작동하는 느낌이다. 물론, 잔상에 대해 생각이

2. 깨달음 수업

해석한 것이다.

이런 간접 경험 조차 에고가 스스로 만들어 낼
수는 없다. 매일 경험하는 잠도 잠을 자는 환경을 만들
뿐이지 스스로 잠드는 방법은 없다. 잠은 기절처럼
그것이 알아서 올 뿐이다. 생각 너머에서 일어나는
일이기 때문이다. 아무리 대단한 장관이라도 반복해서
보면 익숙해져서 지루해질 것이며, 러너스 하이(runner's
high)의 초월 경험을 얻기 위해 마라톤을 자주 뛰는 것도
위험한 일이다. 이 간접 경험을 얻기 위해 여러 가지
인위적인 수행법들이 동원되다 보니 수행의 결과가 나를
넘어서는 것이 아니라 나를 강화하게 된다.

자신의 노력과 무관하며 무지인 그 상태를 통제
가능하며 인지할 수 있는 것으로 개념화함으로써 생각의
세계 안으로 끌어다 놓고 자기 것(경지, 능력, 깨달음)으로
소유한다. 에고 세계의 벽 너머가 덮쳐왔을 때 단단한
안심과 평화를 느끼게 되지만, 에고를 해체하는 수용이
아니라, 에고를 강화하여 소유하려는 노력을 본능적으로
하게 되어 있다. 반대 방향으로 가는 것이며 슈퍼 에고가
되려고 하는 것으로, 명백한 사기극이다.

깨달았다고 주장하는 사람은 두 가지 경우이다.
망상에 절어 있거나, 소통하기 위한 방편을 사용하고

있을 뿐이다. 그런데 도대체 무엇을 소통하려고
하는 것일까? 이 질문의 대답은 독자에게 넘긴다.
초발심시변정각初發心時便正覺, 처음 마음을 낼 때 곧
바른 깨달음을 얻을 수 있으므로 독자에게 맡겨야 할
부분이다.

고작 그런 것이 깨달음이라면

깨달은 사람이 자기가 깨달은 지도 모르고, 깨달은 사실도 잊어버린 채 망상에 파묻혀 살고, 깨닫기 전과 깨달은 후가 동일하여 증득함도 없다면, 그런 깨달음이 무슨 의미가 있을까? 그런 깨달음이 왜 필요할까?

세상 사람들은 깨달음에 대하여 위대한 것, 대단한 것, 현실을 초월한 것, 성인, 신, 슈퍼맨, 우주의 참 주인 등을 연상할 것이다. 그러나 깨달음이 그런 차별을 남기는 것이라면 그런 것은 개나 뜯어먹을 뼈다귀에 불과할 뿐이다. 어떤 사람이 길거리에서 좌판을 펼쳐놓고 위에서 언급된 대단함들을 홍보하며, 그러므로 더 노력해야 하고, 더 뛰어나야 하고, 더 깨어있어야 한다고 게거품을 물고 있다면, 대부분 사기꾼이므로 귀를 막고 돌아서야 한다.

깨달음은 지금 추하고, 모자라고, 부족할지라도 그런 것들이 아무런 문제가 아님을 알게 되는 것이다. 깨달음은 그런 부족함과 다른, 위대한 차별됨을 얻는 것이 아니다. 깨달음은 깨달은 사람을 위대한 성인으로 만들어 주는 것이 아니라, 지금 그대로 온전히 부족하고, 완전히 부족하게 머물도록 할 뿐이다.

깨달음을 얻어 어떤 경지를 유지하고, 그것에 기대어 살려고 한다면, 그 깨달음은 그 사람에게 새로운 짐일 뿐이다. 깨달음은 지켜야 할 어떤 경지나 유지해야 할 위대함이 아니다. 그것은 자유에 대한 새로운 이해이며, 그래서 필요하면 언제든지 꺼내서 자유롭게 쓴 뒤에는 다시 던져 버릴 수 있는 그런 도구이다.

한 줌의 위대한 스승들이 나타난다고 세상은 바뀌지 않는다. 사람들은 그런 스승들을 알아보지도 못할 뿐만 아니라, 알아보고 따른다고 할지라도 세상의 인과가 그리 간단히 비약할 수는 없다. 정말로 세상이 안락한 곳으로 진화하길 바란다면, 전체의 중생이 단 한 발자국이라도 돌아서야 한다.

깨달음은 그것이 무엇인지를 이해하는 순간 바로 얻을 수 있는 것이다. 왜냐하면, 이미 그것이기 때문이며, 고작 그런 것이기 때문이다.

그런 나는 없다

모든 사람들은 너무나도 명백하게 '나'를 중심으로
살고 있다. '나'가 태어나서 성장하고 결혼하고 아이도
낳고 오늘을 살아가고 있다. 너무나도 명백해서 의심할
여지도 없다.

그럼 지금부터 그 명백한 '나'를 찾아보자.

사고가 나서 팔다리가 잘리거나, 현대 수술로
가능한 모든 장기들을 이식해도 '나'의 정체성에는
변화가 없다. 뇌의 특정 부위를 전기로 자극하면 자아
경계가 사라지거나, 육체를 인식하지 못하거나, 기억에
문제가 발생하고, 말을 못 하는 등의 상태가 일어나
'나'가 있음이 명백해지지 않게 된다. 뇌종양이나
치매 등의 문제가 발생하는 경우에도 그렇다. 아마도
'나'라는 것이 육체에 있다면 뇌에 있을 것이다. 그런데
뇌를 해부해보면 온통 두부같이 흐물거리는 것들과
신경다발들만 있을 뿐 심장이나 허파처럼 장기 구조는
보이지 않는다. 뇌의 어디에 '나'가 존재하는 것일까?

유기체의 뇌가 하는 일은 여러 가지가 있다. 그런데
'나'가 명백할 수 있는 것은 다른 동물들과 달리 인간의
뇌에는 전두엽이 고도로 발달해 있기 때문이므로 사고

기능을 담당하는 뇌의 이 부분에서만 '나'를 찾을 수
있다.

　　기억이 없으면 '나'는 유지되지 않는다. 생각을
못해도 '나'는 유지되지 않는다. 생각은 언어이다. 모든
생각은 언어로 가능해진다. 주어와 목적어를 사용하지
않고 이미지만으로 생각을 시도해보면 불가능함을 알게
될 것이다. 결국 '나'란 뇌의 기억과 언어 기능이다. 조금
더 확장하면 뇌에서 일어나는 심리반응도 포함할 수
있겠다.

　　자연계에서 전두엽이 발전되지 않는 동물들은
언어를 사용하지 않으면서 살아가고 있다. 생각은
동물 또는 인간의 본질적인 요소라기보다는 인간의
사회생활에 필요한 기능이다. 인간이 태어나자마자
무인도에 놓여서 혼자 살다가 죽는다면 언어와 생각은
발생하지도 않고 발생하더라도 무용지물이다. 그
무인도의 사람에게 '나'는 없다.

　　인간이 태어나서 무인도에서 홀로 살면 '나'가 없고,
사회에서 살게 되면 '나'가 있다면, '나'는 인간 유기체의
본질적인 요소가 아니라, 사회로부터 부여받은 요소인
것이다. '나'는 인간 유기체의 독립적인 기능이 아니라
인간 유기체의 사회적 생존의 도구인 것이다. '나'는
사회의 한 기능으로 기억과 생각을 기반으로 존재한다.

　　이름, 성별, 나이, 성격, 능력 등과 같은 것은 사회의

　　　　　　　　　　　　　　　　2. 깨달음 수업

한 기능인 '나'에게 상대적인 요소로 일시적으로 부여된
것들이다. 사회가 없으면 아무런 의미가 없어지는
것들이다. 그렇다면 그런 상대적이고 일시적인 '나'와
달리 고유의 존재로서의 '나'가 있지 않을까? 만약 그런
것이 있다면 기억과 생각을 통하지 않고 알 수 있어야
하는데 불가능하다.

'나'는 사회조직의 한 기능일 뿐 독립적 실체로서의
'나'는 없다. 사회를 떠나 첩첩산중에 홀로 은둔하며
죽을 때까지 살지라도, 생각을 하는 한 그 유기체의
'나'는 독립적 실체가 아니다. 홀로 살지만 머릿속에서는
은둔이라는 사회생활을 하고 있는 것이다. 그의 '나'
역시 기억과 생각의 다발이기 때문이다.

그럼에도 '나는 무엇인가?'라는 말이 터무니가
없게 느껴질 정도로 '나'는 명백하다. 왜냐하면 이런
성찰도 생각으로 진행되기 때문이다. '나'가 영혼이라는
말은, '나'가 '외계인의 씨앗', '블랙홀의 파장'이라는
말과 같다. 모두 다 검증되지 않는다. 설령 '나'의
본질이 영혼이라고 받아들일지라도 생각이 없어지면
무용지물인 것은 마찬가지이다.

일체의 기억과 생각을 멈추고 대답해 보자.
생로병사를 당하고 있는 '나'는 무엇인가?
한 가지만 더.
'나'가 '태어났다는 사실'을 어떻게 아는가?

주변 사람들이 그렇다고 말해준 것을 기억하는 것
말고 달리 알 수 있는 방법이 있는가?

거기에는 아무것도 없다면서?

내 글에서는 진아, 신, 불성, 참나 등을 부인하며, 이 현상계의 배후인 실상계에는 아무것도 없다고 주장하고 그 세계는 무념, 무아라고 단정한다. 그래서 일반의 사람들에게 허무주의처럼 느껴진다는 것을 안다.

내 글에서 '아무것도 없다'는 말은 존재론적 판단이라기보다는 인식론적 판단의 의미로 사용한 것이다. 한계가 분명한 생각을 도구로 생각 너머를 한정해서는 안 된다. 그렇다면 '없다'라는 표현보다는 '모른다'는 표현을 쓰는 것이 적절하겠지만, 문제의 제기가 존재론적 발단인데 인식론적 답변을 내는 것은 논리적이지 않다. 그리고 실상계를 진아, 불성 등으로 설명하는 것이 생각의 틀에 잘 맞아떨어지는 이유로, 마치 상식처럼 간주되는 현실에서, 실상계에 대하여 '모른다'라고 표현하는 것은 너무 설득력이 떨어지므로 '아무것도 없다'라고 하는 것이다.

생각 너머의 세계(실상계)는 텅 빔이라는 표현조차 할 수가 없다. 인식되는 대상이 없는 것은 존재의 부재가 아니라 인식 능력의 한계이기 때문이다. 또한 그 세계는 생각(현상계)의 배후이며 생각(현상계)의 원천이어서 무한한 가능성이다. 그러나 그 세계는 직접 체험하거나 묘사할 방법이 없다. 이 지점에 도달한 여행자들이 이 난감함을 겪으며 어쩔 수 없이 진아, 신, 불성, 참나 등으로 표현하게 된 것으로, 여기까지는 나도 동의한다.

그러나 그 세계를 '진아' 등으로 명명하여 소통을 하는 순간 엄청난 부작용이 발생하게 된다. 그 지점에 도달한 사람들끼리는 진아, 신, 불성 등으로 개떡같이 말해도 찰떡같이 알아듣겠지만, 그렇지 못한 사람들이 그 단어를 듣게 되면 생각의 세계 안에서 그것을 찾도록 만들어 버린다. 도달해야 할 목표가 생기고, 나를 내려놓으려고 노력하고, 생각을 끊으려고 노력하게 만든다. 다른 차원에 있는 것을 이 차원에서 도달하려는 엉뚱한 노력을 하게 만든다.

깨달음의 핵심은 현상계가 오직 생각의 산물이라는 것을 알게 되는 것인데, 오히려 생각 너머의 세계까지 생각 안으로 끌고 와 버리는 것이다. 실상계는 현상계와 다른 차원에 있기에 현상계에서의 노력으로 현상계를 벗어나 실상계에 도달하는 일은 애초 불가능한 일이다. 현상계가 실상계의 일부라는 사실을 온전히 이해함으로 이미 실상계에 있었음을 알게 되는 것만 가능하다.

2. 깨달음 수업

그러므로 없다거나 모른다고 하는 것은 생각의 한계와 오류에서 벗어나라는 뜻이다.

나는 진아에 대한 그러한 오해로 불필요한 어려움을 많이 겪었다. 뼈를 깎는 엄청난 수행을 통해야만 환골탈태하여 깨달음을 얻을 수 있다고 생각을 했었다. 그래서 죽기 전에 한바탕 겨뤄보겠다는 도전의식을 갖고 서울생활을 청산하고 시골에 내려왔지만, 주먹 한번 제대로 날려 보지도 못한 채 무지렁이 나무꾼이 되어가던 어느 날 우연히 뭔가 달라져 있는 것을 알게 되었다.

가르침에 대한 여러 가지 책들, 선문답들의 내용을 내가 모두 이해하고 있다는 사실을 알게 되었다. 한동안 덮어놓고 지내 먼지가 쌓인 책들을 펼쳤는데 갑자기 다 아는 내용이 되어 버린 것이다. 언제부터 그렇게 된 것인지도 모를 일이었다. 돌이켜 보면 가랑비에 옷이 젖듯이 아주 천천히 명백해져 왔던 것이다. 그 이해를 정리하려고 하니 세 가지 문장으로 요약이 되었다.

無我, 나는 없다.
無知, 오직 모를 뿐이다.
唯念, 마음 밖에 한 법도 없다.

無我, 나는 없다.

지금껏 '나'라고 여겨왔던 것은 생각과 기억의 다발이다. 그것은 연기의 과정에서 나타나는 일시적인 현상들을 묶어서 자성自性을 가진 고정된 실체로 간주한 것이다. 그러나 독립된 실체로써의 '나'는 없다.

無知, 오직 모를 뿐이다.

현상계는 모두 생각으로 구성된 가상현실이다. 그 현상계의 본질인 실상의 세계, 생각 너머의 세계는 체험하거나 인식할 수가 없다. 생각을 사용할 수 없기 때문이다. 거기에 대해 뭔가를 아는 것이 있다면 이미 생각이 작동된 것이다. 텅빈 無라고 할 수는 없지만 이것 또는 저것이 있다고 인지할 수도 표현할 수도 없다. 그러므로 오직 모를 뿐이다. (생각을 통하지 않고 아는 것이 있는가를 묻는다면, 한 번의 숨을 길게 들이키고 내쉰 뒤 무지無知라고 대답하겠다.)

唯念, 생각의 바깥에는 아무것도 없다.(마음 밖에 한 법도 없다.)

현상계는 모두 생각 안에서 일어나는 일이다. 나, 우주, 가족, 사랑, 진리, 깨달음 등의 개념으로 표현되는 일체는 생각의 작용으로 나타나는 것이어서 그 생각의 작용을 벗어난 곳에는 아무것도 없다. 단어로 표현되는 모든 생각의 바깥 세계는 무념無念이다.

무아와 무지는 실상의 세계에 대한 묘사이고 유념唯念은 현상의 세계에 대한 설명으로 두 세계는 차원이 다르므로 대칭적으로 비교할 수 없다. 실상의 세계는 현상 세계의 배후이고 현상의 세계를 포섭하고 있다.

현상계가 유념唯念이며 가상현실이라서 잘못된 것은 아니며, 오히려 실상의 표현으로써 그 모든 과정들은 하나하나가 완벽한 것이다. 이 사실이 이해되어 삶에 적용되기 시작하면, 현실의 모든 문제라는 것들은 저절로 뿌리가 뽑히게 된다. 생로병사가 걸림돌이 되지 않으며 불안이 사라진다.

실상계 위에 밝게 펼쳐진 현상계를 알게 된 뒤의 진리는 역지사지易地思之일 뿐이다. 깨달은 사람마다 공명하는 깊이와 공명시키는 능력에는 많은 차별을 갖게 된다. 그 차별은 깨닫기 전에 살아온 시절의 인과 또는 깨닫고 난 후 거치게 된 인과에 의하여 생긴다. 그래서 미치광이, 무지렁이, 은둔자, 보살, 스승, 성인으로 갈리지만 깨달음에는 차별이 없다.

깨달은 사람의 모습

　여기 한 연극무대가 있다. 무대 세트와 장치는
현실을 그대로 옮겨 놓은 듯하고, 배우들의 연기 실력은
최상급이다. 대본의 내용은 이별과 죽음을 다루는
비극으로 등장인물들의 슬픔, 고통, 좌절감이 매우
격하게 표현된다. 배우가 배역에 몰입되는 상태를
'동일시'라 하고, 연극이라는 사실을 직시하고 있는 것을
'각성'이라고 정의하고 몇 가지 경우를 살펴보자.

　일반적으로 배우들은 연극이 진행되는 시간 내내
각성 상태를 유지한다. 극 중 인물에 동일시되지 않지만
열연한다. 전개되는 내용이 비극임에도 절망감 가득
찬 연기를 맘껏 즐긴다. 자기 대사가 없을 때나 무대
뒤의 대기 시간에는 다른 사람들의 연기를 흐뭇하게
관람하거나 가족에게 전화를 걸어 저녁 외식을
약속하기도 한다.

　연극이 시작되면서 동일시에 빠지도록 최면이
걸려 연기를 한다면 어떠할까? 그는 동일시로 인하여
감정 몰입은 물론, 연극의 진행 과정 내내 갈등에 빠져

있고, 대기실에서도 울분을 삭이지 못해 펑펑 울거나 화를 낸다. 합리적으로 궁리하고 어떤 결정을 하겠다고 결심하지만, 막상 자기 대사를 시작하면 무의식적으로 엉뚱한 선택을 하게 되는, 바보 같은 자신에게 절망감을 느낀다. 연극 결론부의 내용도 망각하여 연극이 끝날 때까지 마음 졸임과 선택의 번민을 한다. 연극이 끝나 최면에서 깨어나면 어이없다는 웃음을 한바탕 터트릴 것이다.

위의 경우와 달리 약한 최면에 걸려서, 무대 외적인 요소를 보게 되면 최면이 잠깐 풀리도록 설정한 경우를 살펴보자. 배우는 연극 진행에서 자기의 대사나 역할이 있을 때는 완전히 동일시되어 감정의 기복을 겪다가 무대장치나 관객이 보일 때마다 각성된다. 그러나 대사와 연기를 시작하면 다시 동일시가 될 것이다.

연극의 과정에서 일어난 동일시나 각성의 수준과 상관없이 막이 내리면 모두 현실로 돌아오게 되며, 방금 전까지 진행된 모든 사건들의 전개가 연극이었음을 똑같이 알게 된다. 잠을 자는 사람이 악몽 또는 달달한 꿈을 꾸는데 자각몽이든 그렇지 않든 깨어나면 모든 사건들은 일시에 사라지고, 꿈과 별개의 현실을 살아나가는 것과 같다. 그런 결과론적인 관점에서 보면 무대에서 나타나는 각성의 차이는 의미가 없다.

그러나 연극을 하는 동안에는 많이 다르다. 각성되어 있으면 불필요한 감정 소모를 하지 않을 뿐만 아니라 자신의 연기와 상대 배우들의 열연 그리고 관중들의 반응까지 맘껏 즐긴다. 동일시에 빠지면 불필요한 번민에 시달리며 감정 소모도 심하다. 배역에게 주어진 운명을 배우의 노력으로 바꾸려고 발버둥을 치기 때문이다. 그러나 연극에는 배우의 자유의지가 없을 뿐만 아니라 있을 이유도 없다.

연극무대는 인과因果로 진행되는 현상계에 대한 비유이고, 각성은 실상계에 대한 깨달음이라 하면 무대 위의 사건들이 연극의 시나리오임을 이해하여 혼돈으로 퇴행하지 않게 된 사람을 깨달은 사람이라고 한다. 간헐적으로 각성이 되지만 다시 퇴행한다면 혼란을 겪으므로 깨달은 사람이라고 할 수는 없다.

깨달음에는 차별이 없지만 깨달은 사람은 미치광이, 무지렁이, 은둔자, 보살, 스승, 성인으로 차별이 있다고 지난 글에서 설명한 바가 있다. 그 차별은 위의 연극으로 비유하자면 배역으로 인한 것이다. 배우는 각성 여부 또는 그 수준과 상관없이 시나리오에서 주어진 역할을 수행한다. 연극 무대임을 올바로 각성한 사람은 어떤 배역이든 상관하지 않으므로 자기의 배역이나 연극의 배경 (직장, 가족, 사건)을 바꾸려 들지 않는다. 시나리오를 바꾸어야 한다고 생각하지 않는다. 물론 스승이나 성인이 되기 위한 노력하고 달성하는 사건도 있겠지만 그것은 배역이 그러한 것이지, 각성자의 의지는 아니다.

동일시가 되어 있을 때에는 무대에서 최고의 권력을 지닌 제왕이 되거나 위대한 지혜와 인격을 발휘하는 성인이 되어 고통을 벗어버리고 싶어 하지만, 연극인 것을 알게 된 뒤에는 그럴 필요를 느끼지 않는다. 자기 배역이 미치광이라고 하여 자존심 상해하거나 성인이라고 자부심을 갖지 않는다. 보살 역할을 맡은 사람은 성인이 되려고 노력하지 않는다.

각성의 차이는 연극과 상관이 없다. 그것은 연극 시작할 때 동일시의 최면을 걸은 것과 마찬가지로 연극 외적인 것이어서 배역의 노력으로 얻어지는 것이 아니다. 배역에 나타난 인물의 특성과 상관없이 쥐어진 배우의 자질이다. 그 차이가 어떻게 나타나는지 연극을 통해서는 이해할 수가 없으며, 연극에 영향을 미치지도 않는다. 시나리오 어디에도 없는 내용이다.

동일시에 빠진 사람이 연극의 배경을 관찰하고 이해하는 힘이 생기는 것은 각성과 인과 관계가 있다. 그 이해는 연극에 대한 것이 아니라 그 연극 너머에 대한 것이다.

많은 사람들이 깨달으면 역할이 바뀐다고 생각한다. 그런 인과를 지어 온 사람들이 있다. 주로 수행 집단이나 종교적인 시스템 안에서 깨달은 사람들은 그렇게 인과를 쌓아온 것이므로 역할이 바뀌지 않을 수가 없다. 그러나 그런 시스템을 벗어나 깨달은 사람은 역할이 바뀔 인과가 없다. 기존에 미치광이였으면 계속 미치광이로 살아도 문제가 없다. 그의 내면의 각성은 그가 맡은 역할과는 전혀 상관이 없으므로 역할의 변화를 요구하지 않는다.

그러므로 지금 그대로의 모습으로 깨달은 사람이 되는 것이다. 이 점을 오해하므로 손에 깨달음을 쥐고서도 깨달음을 찾아 방황하고 다니는 사람이 많다. 깨달으면 배역의 인품과 역할이 바뀌어야 한다고 생각하기에 완전한 수준의 각성과 높은 인격을 지향하기 때문이다.

나는 오매일여寤寐一如의 경지를 사는 사람을 본 적이 없고, 그런 사람이 쓴 글도 읽은 적이 없으며, 그런 경지의 필요성도 전혀 느끼지 못한다. 생각의 개입이 없이 자동으로 처리되는 무의식적인 모든 행위들에 왜 깨어 있어야 하는가? 비 오는 날 창고에 들어서면서 우산을 접어 왼쪽에 두었는지, 오른쪽에 두었는지를 알아야 할 필요가 있을까?

배역에 몰입하여 살더라도 생각이 작동될 때마다 각성이 되기만 한다면 아무런 문제가 없다. 무의식적 행위가 문제가 아니라, 그 행위에 대한 생각이 문제가 되는 것이다. 무의식의 매커니즘을 이해하라는 것이지, 온통 깨어서 지켜봐야 한다는 것이 아니다. 각성이 퇴전하지 않는지만 스스로 확인하면 된다. 명백해진 각성이 퇴행하지 않는 이유는, 내가 성취한 것이 아니기 때문이다.

둘러보면 구루질(스승질)을 하는 사람들이 있다. 올바로 공부를 마치면, 일도 함께 마쳐진다. 그럼에도 자비심을 핑계로 저잣거리를 헤매고 다닌다면 두 가지 중 하나이다. 맡은 배역이거나, 연극 시나리오를 바꾸려고 발버둥치는 것이다. 착각도인이면 차라리 괜찮은데, 철들자 망령난 것이라면 약도 없다.

알음알이 타령

　　탐진치가 완전히 소거된 상태가 깨달음이고,
그전에는 모두 알음알이라고요? 그렇게 해석할 수도
있겠죠. 조금 어려운 길이지만 그렇게 가는 길이
틀리지는 않습니다. 그리고 그런 관점에서 판단한다면
저의 주장들은 길의 중간에 멈춰 서서 섣부르게
착각하는 알음알이질로 보일 수도 있겠습니다.

　　저는 그래도 제 경계와 이에 대한 해석을 살림살이
삼아 설명하고 있습니다. 그런데 당신들은 결국
주워들은 이야기이고 믿음을 이야기하는 것 아닌가요?
자기의 살림살이가 아니잖아요? 탐진치가 소거된
경계에서 말하는 거 아니잖아요? 조금 양보해드릴
테니 당신들 것이 아니라 남의 살림살이라도 좋으니까
탐진치가 모두 소거되어 꺼지지 않는 법열에 든
사람을 내놓아 보세요. 현재 세상에 없으면 과거의
역사에서라도 찾아보시고 그가 그래서 세상에서 무엇을
했는지 내놓아 보세요. 깨달음이라는 것이 애당초 이
세상과는 무관한 것이라는 전제를 추가하시려면, 주변의
사람들에게 당신들의 영향력을 미치려고 하지 마시기

바랍니다. 자기모순입니다.

　　당신들은 탐진치의 완전 소거와 법열을, 더
나아가 어떤 이들은 삼명육통三明六通까지 갖추어야
깨달음이라고 주장하는데, 그것이 알음알이가 아니라고
어떻게 증명할 수 있으신지요? 하여튼 좋습니다.
당신들은 그렇게 수행을 하세요. 그런데 그러려면
정말로 갈 길이 바쁠 것 같은데 무슨 남의 걱정을
그리하느라 알음알이 타령이신지요? 제도할 중생이
없다고 하니, 탐진치 소거의 수신제가修身齊家를 먼저
이루시는 것이 어떨까요?

　　저는 탐진치가 분명하게 남아 있습니다. 그러나
그것이 제 자신에게는 아무런 문제가 되지 않음을
압니다. 그러든지 말든지 저는 한편으로 명백하게
안도하며 무너지지 않는 확실함이 있고 시공간 또한
망상이라는 사실에 조금의 요동도 없습니다. 그리고
다시는 이전으로 돌아갈 방법도 없습니다. 설령 저를
고문하고 최면에 걸어 세뇌해서, 내가 다 항복하고 내
깨달음을 모두 잃어버리고 잊어버려도 깨달음 자체는
조금도 무너지거나 퇴색하지 않습니다. 이 현상이
오매일여입니다.

　　그리고 가족과 살고 이웃들과 함께 일을 하니

저의 탐진치가 분명하게 문제되는 것을 경험하면서
살아갑니다. 그 경험들을 통하여 인과에 더욱 깊은
이해가 생기고, 그렇게 알게 되는 것이 힘이 되어 저절로
탐진치가 소거되어 나가는 과정을 살아가고 있습니다.

이런 길이 얼마나 좋습니까. 빨리 공부를 마칠 수
있고, 그러니 많은 사람이 함께 깨어날 수 있습니다.
그렇다고 신흥종교를 만들거나 이상한 공동체를
만들겠다는 것도 아니고, 공부 마쳐서 각자의 삶에
충실하며, 팔정도에 입각하여 점차 세상을 밝혀
나가자는 것인데, 탐진치가 소멸되기 전에는 입을
닥치라며 자꾸 비판하는 이유가 도대체 무엇일까요?

사회생활을 거쳐서 성인이 된 사람에게 탐진치를
소멸시키라는 것은 고행주의와 일맥상통합니다. 그렇게
탐진치를 소멸시키는 일은 로또에 비교할 수조차
없을 만큼 성공확률이 낮습니다. 로또는 일주일에 한
명이라도 일등이 나오지 않습니까? 그런데 우리 시대의
전 세계 인구에서 탐진치가 소멸된 성인은 몇 명이나
나올 수 있을까요?

세속을 등진 전문 수행자가 되어서 모든 삶을
다 헌신하고서도 늙어 죽을 때가 되어서야 공부를
마친다면 이 세상은 그저 소모품에 불과한 것입니까?

깨달아서 슈퍼맨이나 성공한 구루가 되는 성공신화를 제공하는 것이 아니라면 이런 엄청난 진입장벽은 왜 필요한 것일까요? 이런 이야기를 듣고서도 수행을 하려는 대중이 몇 명이나 있을까요? 사람들이 모여있는 자리에서 화제를 바꾸면서 '도를 아십니까?' 하면 모두가 바로 웃어버리는 개그 코드가 되어버렸습니다. 이 진입장벽이 깨달음과 수행에 대한 대중의 관심에 물을 끼얹고 있는 현실입니다.

저는 당신들의 이념과 수행법을 부정하지 않습니다. 고타마가 그토록 맞서서 비판했었던, 브라만교적인 일원론이 갖고 있는 문제점을 지적할 뿐입니다. 산의 정상으로 오르는 길은 무수하게 많습니다. 저는 노숙자들 중에서도 깨달은 이가 숨어 있다고 생각하고 있으니, 그 어떤 방법이든 깨달음은 가능하다고 생각합니다. 그러나 더욱 많은 사람들이 쉽게 깨어나는 방법을 고민해야 한다고 주장합니다.

탐진치를 소거하지 않아도 된다는 것이 아닙니다. 당연히 소거되어 가죠. 그러나 탐진치의 소거는 깨달아 마치고 입전수수하는 사람에게 점차적으로 일어나는 일이니 깨달음 자체와는 무관하다는 것입니다.

자신이 수행하는 수행법과 그것이 추구하는

명제(탐친지의 완전 해소가 깨달음이다)가 정확한 것을 확인하는 것은 자신이 완전히 깨달아 마친 뒤입니다. 그전의 자기 견해는 믿음이고 이념이므로 자기 살림살이가 아니고 알음알이일 뿐입니다.

　　바른 알음알이는 법등명이고 이해자량이며 깨달음의 한 원인이며 동시에 결과이므로, 버릴 것이 아닙니다. 세상과 진리를 어둡게 하는 것은 알음알이가 아니라 사기 또는 맹신입니다.

침대도 과학이라는데

명상이나 각종 수행과 깨달음에 대한 여러 설명들은 과학적이어야 할 필요가 있습니다. 그런 것들이 과학적 사실이어야 한다고 주장하는 것이 아니라, 최대한 과학적 태도로 접근해야 한다는 것입니다.

고타마는 아라한들을 그 어떤 스승보다 많이 양산했지만, 그들을 추종자로 붙들지 않고 자기들이 온 곳으로 돌려보냈습니다. 고타마는 사원을 짓고 들어앉아 신도를 모으지 않았으며 끊임없이 길 위를 돌아다녔습니다. 다른 사람들이 모르는 비전秘傳이나 신통을 홀로 간직하지도 않았으며, 논쟁만 있고 실익이 없는 14무기의 질문에 대해서는 침묵으로 답변하였습니다.

고타마가 이와 같은 태도를 유지했던 것은 자기의 도를 전하려는 것이 아니라 세상의 진리를 밝히려고 했기 때문입니다.

고타마 이후 2,500년의 시간이 흘렀습니다. 불과

200년 전의 사람들이 무아를 이해한다는 것은 거의 불가능한 일이었지만, 현대인들은 학교에서 교과서로 받은 수업만으로도 사물의 실체가 없다는 사실을 어렴풋이 이해하고 있습니다. 고타마의 가르침이 세상에 쉽게 받아들여질 시간이 마침내 다가온 것입니다.

그런데 진리를 가르치는 내용들은 예전과 동일하거나 오히려 후퇴한 느낌입니다. 진리는 현실과 무관하여 신비한 것이고 초월적인 것이니 닥치고 닦아봐야 안다는 것입니다. 수행의 원리와 목적과 방법을 설명하지 않습니다. 선정에서 어떤 일이 왜 일어나는지, 영靈이 현실에서 무엇을 하는 것인지 설명하지 않습니다. 법등명 없이 자등명하라는 것입니다. 고타마가 제자들을 가르친 방식을 보면 말로 설명하고 토론하며 가르쳤습니다. 법등명을 가르친 것입니다. 그 이후에 스스로 연습하고 체득하는 자등명의 과정은 전적으로 수용자의 몫입니다.

진리에 대하여 생각으로 이해하는 법등명의 가르침과 탁마는 과학적 태도를 가져야 합니다. 진실을 추구하는 과학적 방법의 커다란 장점 중 하나는 뒤에 따라오는 사람이 앞에 연구한 사람이 겪은 과정을 처음부터 다시 겪어야 할 필요가 없다는 것입니다. 그러한 초기 연구 과정의 결과를 밟고서 다음 단계로 도약할 수 있습니다. 그래서 논문들은 참조와 인용을 정성스럽게 표시하여 밝히는 것입니다. 연구에 얼마나 많은 책을 참조했는지 자랑하려고 늘어놓는 것이 아니라, 인용한 사실을 독자가 직접 찾아보지 않도록 하며 객관성을 확보해주는 것입니다. 이런 방법으로 밝혀진 사실들은 대중에게 대량으로 전파될 수 있으며, 전수에 많은 시간이 걸리지 않으며 그 시간도 점점 단축됩니다.

이와 달리 비과학적 태도라는 것은 재현 검증은 물론 이해까지 수용자의 사적 영역으로 떠넘깁니다. 따라가는 사람은 모든 과정을 처음부터 직접 다시 겪어야 합니다. 진리는 따라가는 사람의 단계에 따라 차등을 두어 가르쳐지고 비전秘傳으로 전수됩니다. 많은 시간이 걸리는 도제 방식이므로 사적 전수만 가능합니다.

이론으로 진리를 터득할 수 있다는 주장을 하는 것이 아닙니다. 이론으로 공부한 시험에서 일 등 했다고 최고의 양궁선수가 될 수 없습니다. 그러나 이론은 훈련을 바르게 도와주는 힘이 됩니다. 수행은 결국 스스로 실천하고 훈련해야 하는 일이지만, 그 일에 대하여 합리적으로 설명할 수 있는 곳까지는 최대한 설명되어야 한다는 것입니다.

뇌신경과학이나 양자역학 또는 행동심리학 등에서
활동하는 과학자들이 법등명과 가까운 사실을 밝혀주고
있는 데 반하여, 전통의 종교나 수행의 영역에서 일하고
있는 사람들은 배경이나 맥락이 거세되어 죽은 선문답을
붙들고 씨름하고 있거나, 과학을 빙자한 신비에
매달리고 있는 것처럼 보입니다. 과학적으로 밝혀놓은
법등명의 자료들을 인용할 준비도 되어있지 않습니다.
법등명의 방법을 갱신하지 않는 것입니다.

　　진리는 노력하지 않는 자에게는 주어지지 않는
것이거나, 차별되게 쟁취되는 것이 아닙니다. 이미
누구에게나 보편적으로 적용되고 있으므로 진리라고
하는 것입니다. 개발하거나 계발하는 것이 아니라,
잊어버리고 있는 것을 되찾는 것일 뿐입니다. 그러므로
**철저하게 현실의 것이고 현실은 과학적 사실들을
바탕으로 합리적으로 소통되므로 진리가 현실에서 빛을
발휘하려면 과학적인 태도가 필요한 것입니다. 진리가
가끔 많은 사람들에게 폭력으로 행사되는 이유는 바로
이러한 과학적 태도의 결여 때문입니다.**

　　이 세상에서 더 많이 편안해지고 건강해지고
행복해질 가능성이 명백함에도 현대인들이 불행한 삶을
살고 있는 것은 미신과 맹신에 얽매여 있기 때문입니다.
그러므로 진리에 대한 접근과 소통은 늘 의심으로

시작해야 합니다. 그래야 미신과 맹신에서 벗어날 수 있습니다.

시절이 여러 가지로 수상하니 세상에 영향을 미칠 수 있는 정도로 많은 사람들이 빨리 깨어나기를 바랍니다.

동정일여動靜一如에 대하여

선자덕성(船子德誠, ?~?)은 깨치고 난 뒤에 평생을 뱃사공으로 살았습니다. 그런 덕성에게 이미 대법사로 유명세를 얻고 있던 협산선회(夾山善會, 805~881)가 찾아왔습니다.

덕성은 협산을 배에 태우고 강의 한복판으로 나아가 그를 물에 세 번 빠트려서 대오大悟하게 했습니다. 협산은 옷이 마르기도 전에 다시 강기슭에 내려졌고, 그렇게 방금 만난 사부와 이별하고 돌아서게 되니 "불법이 과연 이런 것인가?" 하는 생각을 하게 되었습니다.

그때 덕성이 배에서 노를 치켜들고 소리쳐 협산을 부르고는, "그대는 아직 배우지 못한 것이 있다고 말하려는가?" 하고서는 배를 뒤집더니 물속으로 사라졌습니다.

이 이야기를 읽으면서 '어이쿠, 덕성은 어떻게 되었는가?' 하는 생각이 일어난다면 이야기가 전하려는

핵심을 놓친 것입니다. 덕성이 물속으로 사라진 것으로
이 이야기는 딱 끝나는 것입니다.

강의 한복판에서 덕성이 협산에게 한 가지 질문을
던지고는, 머리를 굴려 답변을 하려는 그를 물에
빠트렸고, 다시 꺼내 주면서 대답하라며 재촉하다가
입을 열려고 하면 다시 물속으로 처박기를 두 번
반복하는 과정에서 협산이 깨친 것은 정靜이었습니다.
멈춤!

협산이 세 번 물속에 처박혀서 숨쉬기조차 힘들게
되니 머리가 굴러갈 리가 없습니다. 수행의 훈련이
되지 않은 사람이라면 죽기 직전까지 살려고 발악하다
끝나겠지만 협산은 문득 툭 하고 놓아진 것입니다. 멈춤!
그리고 나서 마치 블랙홀의 중심을 통과한 듯 홀연히
벗어난 것을 알았습니다.

강변으로 돌아와 물에 젖은 걸망을 짊어지고
나아가려니, 생각이 "이것이 전부인가?" 하는 미끼를
던집니다. 다시 움직임에 에너지가 쏠리자 정靜이
흐려진 것입니다. 방금 낚싯바늘로부터 풀어놓은
제자가 또다시 미끼를 물려고 하는 것을 알아챈 덕성이
"그것이 전부"라고 소리를 치고는 자기 목숨으로 증명을
합니다. 협산은 물속에서 멈춤을 경험한 것보다 훨씬 더

충격적인 멈춤을 당하게 된 것입니다.

　과연 고작 이 찰나의 멈춤이 전부일까요? 멈춤은
'곱하기 0'과 같으며 블랙홀과 같아서 그것과 충돌하는
모든 것을 삼켜 멈춰버리게 합니다. 그러니 작은 멈춤, 큰
멈춤이 있는 것이 아니어서 체득하면 끝나는 것입니다.
물속에서의 그 멈춤이 전부입니다. 질의 문제인 것이지
양의 문제가 아닙니다.

　협산은 스승에게서 돌아서는 순간 바로 또 움직일
수밖에 없습니다. 생각이 일어나고 의심이 붙습니다.
이 세계에서 변화하고 움직이는 것은 너무나도 당연한
것이며, 이 움직임은 모든 멈춤을 깨트립니다. 깨진
멈춤은 움직임을 위한 에너지 축적의 과정일 뿐이거나
일시적인 에너지 평정 상태일 뿐입니다. 그러므로
역동적인 움직임이, 찰나적 경험으로써의 멈춤에 대하여
"고작 이것이 전부인가?" 하며 뒤집습니다.

　그러나 바로 이어서 덕성이 날린 최후의 일격에
협산은 동정일여動靜一如를 꿰뚫게 됩니다. 거대한
움직임의 여백에 작은 멈춤들이 있는 것이 아니라,
무한한 멈춤의 공간에서 한 조각의 먼지 같은
움직임이 나투었다 사라지는 것임을 알게 된 것입니다.
동정일여란 움직이면서 동시에 멈추어 있는 요괴

짓이거나 움직임과 멈춤이 하나라는 해괴한 주장질이
아니라, 그 어떤 움직임도 거대한 멈춤 위에 살짝
펼쳐지다 사라지는 작은 해프닝이라는 것입니다.

　　우리는 멈출 수 있을까요? 변화하지 않을 수
있을까요? 절대 그럴 수 없습니다. 우리는 절대로 멈출
수 없습니다. 생각이나 신체 활동이 멈추면 인간의 삶은
끝나는 것입니다. 잠깐 일시적으로 그칠 수는 있지만
영구적으로 멈추지는 못합니다.

　　동動과 정靜은 절대로 서로 일여一如할 수 없습니다.
동정일여는 동과 정이 같다는 것이 아니라 동은 동으로,
정은 정으로 일여하다는 것입니다. 변화로 도달하지
않는 본래의 영구적인 정이 일여하므로 동이 온전히
동이게 되는 것입니다. 이렇게 삶이 이 두 세계에 걸쳐져
있음을 드러내는 것이 말후구末後句입니다.

　　협산이 체득한 그 멈춤은 바로 이러한 정靜입니다.
변화에 대한 인지를 기반 삼아 구축된 언어를 벗어난,
비언어적인 ○○이 일어난 것입니다. (개념으로 지칭하기
어려워 '○○'이라고 표현한 곳에 가장 어울리는 단어는
미지未知입니다.) 언어는 동動입니다. 모든 사건과 사물을
시공간의 틀에서 구분하고 차별함으로만 인식할 수
있습니다. 그러므로 그 시공간에 갇히지 않는 현상을

조우하고 있는 순간에도 그 사실을 인식할 수가 없는 것입니다. 그래서 늘 멈춤과 함께 하고 있으면서도 그런 줄을 모르는 것입니다.

평생 빨간 선글라스를 착용하고 살아온 사람이 있다면 그는 이 세상을 빨간색으로만 보는 것이 아니라 빨간색을 볼 수 없는 것입니다. 마찬가지로 호모 사피엔스의 진화된 사고 기능을 이용한 인식으로는 동정의 상대성을 벗어난 멈춤을 이해할 수가 없습니다. 사람이 생로병사의 고통에 시달리는 것은 이 왜곡된 인식에 기인하는 것입니다.

덕성이 협산을 반복해서 물에 처박은 것은 이 왜곡된 인식 또는 평생 써온 색안경을 벗겨내고 온전한 실상과 조우하게 하려는 시도였고 성공하였습니다. 그래도 아직 인식의 변화를 따라 뇌의 구조까지 바뀐 것은 아니므로, 다시 생각의 미끼를 무는 위험에 처하는 것은 어쩔 수가 없는 일입니다. 위험에 처한 새끼를 구하기 위하여 목숨을 던지는 어미새처럼 덕성은 자신의 모든 것을 걸어서 협산을 한 번 더 강력하게 일깨웁니다.

"다시는 생각에 쫄지마라!"

동정일여의 체득은 누구에게나 가능합니다. 왜냐하면 모든 사람이 이미 그러한 상태이기

때문입니다. 다만 그것을 어떻게 체득하느냐의 문제만
남아 있을 뿐입니다. 그리고 이 문제를 풀어내는 과정이
바로 수행입니다.

부모미생전父母未生前 본래면목本來面目

두 개의 기억

홍길동에게는 신기한 초능력이 있다. 과거로 돌아가서 역사를 바꾸는 능력이다. 이웃에 사는 형님이 오늘 교통사고로 중태에 빠지는 사건이 발생했었다. 그래서 홍길동은 어제저녁으로 거슬러 올라가 형님의 차를 펑크내서 차를 못 쓰게 하는 방법으로 오늘의 사고가 일어나지 않도록 만들었다. 물론 홍길동이 그렇게 애를 쓴 것은 아무도 모르는 일이다. 홍길동만 그렇게 기억하고 있다. 지난달에는 심한 돌풍으로 옆집의 비닐하우스가 홀라당 날아가 버렸다. 그래서 홍길동은 과거로 돌아가 비닐하우스의 비닐에 칼로 구멍들을 미리 뚫어 바람이 통하게 만들어서 재난을 면하게 해주었다. 그 다음날 홍길동은 옆집 아저씨와의 술좌석에서 술에 취해 자신이 비닐을 칼로 찢었다고 자랑스럽게 말을 꺼냈다가 맥주병으로 머리를 맞았다.

홍길동은 언제든지 과거로 돌아갈 수 있다. 갔다가 그냥 오기도 하고 사건에 간섭하고 돌아오기도 한다. 사건에 개입하면 현재가 바뀌고 자기가 간섭한 흔적이 남아 있지만 그것은 홍길동만 알 수 있을 뿐이다. 가끔은 홍길동도 헷갈린다. 홍길동은 정말 과거를 다녀오는 것일까? 아니면 과대망상을 앓고 있는가? 이게 의미 있는 초능력일까?

확실한 것은 홍길동은 남들과 달리 현실에 대하여 숱한 두 개의 기억이 있다는 것이다. 그것이 망상인지, 실제 경험인지는 홍길동 스스로도 증명할 방법이 없고(물론 홍길동은 명백하고 확고하지만), 객관적으로는 망상 환자 취급을 받을 뿐이다.

기억의 손실

홍길동은 병원에 입원했다. 교통사고를 당하면서 뇌를 크게 다쳐 수술했는데, 과거에 대한 기억이 전혀 없다. 말하고 컴퓨터를 쓰고 사물들의 이름을 기억하는 것은 문제가 없다. 그런데 자신이 누구이고 무엇을 했었는지에 대해서는 깜깜하다. 아내와 딸들이라는 사람들과 함께 병원생활을 하는 중인데, 딸들은 정말로 철이 없고, 아내는 잔소리와 불평이 무척 심한데, 너무도 낯설고 싫다. 홍길동이 말이 없어지고 무뚝뚝해졌다고 하는데 가족들이 자신을 대하는 모습을 보니 홍길동은 철이 없는 삶을 살아온 것 같다. 재활을 한다고 전문가와 여러 가지 훈련을 하지만, 기억을 되살리기보다는 현실이 기억에 이식될 뿐이다.

홍길동은 계속 고민한다.

'도대체 어떤 삶을 살아온 걸까? 저 여자를 정말로 사랑해서 결혼을 한 것일까? 나는 누구인가?'

기억의 확장

저명한 미래학자인 레이 커즈와일(Ray Kurzweil)은 2030년이면 뇌가 클라우드 컴퓨터에 연결될 것이라고 전망했다. 그는 구체적으로 "뇌에 마이크로 칩을 삽입해 클라우드 컴퓨터와 연결하는 방식을 이용하면 얼마든지 뇌의 용량은 확대될 수 있다"고 설명했다.

뇌의 용량이 확대된다는 것은 기억과 기억을 검색하여 활용하는 방법이 혁신된다는 것이다. 직접 경험하지 않은 지식도 언제든지 갖다 쓸 수 있다. 책을 읽거나 영화를 볼 필요가 없다. 황순원의 소설 '소나기'에 대한 이야기를 하게 되면, 스토리와 읽었을 때의 감정 등을 기억에서 꺼내오는데, 동일한 방식으로 클라우드 저장장치에서 요약, 소감, 전체 내용을 원하는 대로 꺼내서 쓸 수 있게 되는 것이다. 소통하는 방식이 근본적으로 바뀐다. 새로운 지식을 나누기 위해 읽고, 쓰고, 말하고, 들을 필요가 없게 된다. 설명을 해주거나 학습하는 것보다는 저장되어 있는 자료를 가져오는 것이 훨씬 빠르고 정확하다. 새로운 경험은 즉각 클라우드로 업로드되고 공유된다.

기억을 확장하게 된 후에도 자기가 직접 경험한 기억은 별도로 구분될 수 있을까? 모든 기억에 무제한적으로 접근할 수 있는 최고 등급을 갖게 된다면, 인류 역사에서 자료화된 모든 경험과 지식을 갖게 되는데, 그 속에서 직접 경험한 나의 경험과 클라우드의 저장 자료는 구분될 수 있을까? 달리 질문하면, 기억 확장을 하기 전의 소박한 인간성이 계속 유지될 수 있을까 하는 것이다. 기억이 확장된 나는 그렇지 않은 나와 달라지지 않을 수가 없다.

소설

홍길동은 그저께는 서른두 살의 직장 생활을 하는 노총각이었다. 어제는 정년퇴직을 한 대기업 이사였다. 그리고 오늘은 야채 장수이다. 밤에 잠을 잘 때마다 기억이 새롭게 세팅된다. 잠을 자는 동안에 새로운 장소로 공간 이동을 하고 잠을 깨면서 그 공간에 맞도록 자기와 주변 인물에 대한 기억을 새로이 갖는다. 일기책이나 수십 년 동안 사용한 업무일지도 만들어진다. 어제의 기억, 어린 시절의 기억들은 모두 뇌에 세팅된 것이고, 사진들과 인터넷에 실린 나와 관련된 기사는 모두 만들어진 소품들이다. 마치 연극무대와 동일하다. 매일 아침에 나는 새로운 기억을 갖고, 새로운 세트장에서 잠을 깬다.

야채 장수 홍길동은 오늘 하루만 장사를 한다. 잠이 들어 의식이 끊어진 뒤에는 전혀 다른 사람으로 살 것이다. 우연히 며칠 동안 같은 홍길동으로 산다고 할지라도, 전날의 홍길동과 다음날의 홍길동은 잠잘 때마다 새로 세팅되는 것이다. 순차적으로 날짜가 이어질 수도 있고, 과거와 미래로 오락가락하면서 살 수도 있지만, 어떤 경우이든 매일의 아침마다 새 우주가 열린다.

소설이라서 웃어넘기겠지만, 이 이야기가 현실적이라고 증명할 수 없는 것처럼, 가능성이 전혀 없음을 증명할 방법도 없다. 지금 여기의 홍길동이 어제도 있었다고 어떻게 증명할 것인가? '어제'라는 것이 있었다는 것을 어떻게 증명할 것인가? 잠에 들면서 지금 이 기억 그대로 내일 다시 깨어난다고 어떻게 보장할 수 있는가? 자기 기억을 스스로 통제할 수 있는가?

본론

보통 사람들이 말하는 '나'라는 것은 나에 대한 기억이다. 만약에 모든 기억이 사라진다면, '나'도 없어진다. 기억을 기반으로 작동하는 인식, 상상, 연상 등의 뇌 기능들이 아무것도 못하게 된다. 그렇게 불고 털며 애지중지하던 '나'가 사라졌다는 사실조차도 모를 수도 있다. 기억과 그것을 바탕으로 일어나는 생각들이 정지된 상태는 호모 에렉투스를 물리치며 생존의 기반을 마련한 원시 시대 호모 사피언스의 의식 수준과 유사한 상태이다.

현대인이 갖고 있는 기억의 대부분은 개인적인 것이 아니라, 사회적인 것이며 문명과 사회관계에 대한 것으로 집단기억이다. 그것들에 개인 부호를 첨부하여 개인의 뇌에 저장한 것이다. 머릿속에서 무작위로 단어를 떠올리고, 그것이 사회를 떠나서도 의미가 살아남는 것을 찾아보려면 쉽지 않다. 개인의 뇌에서 집단 기억이 사라지는 것은 세계가 소멸되는 것이다. 순수하게 개인적인 기억들이란 자기에 대한 경험이다. 어제의 내 기분, 1년 전에 헤어진 애인에 대한 증오심, 어린 시절의 가족 여행 등과 같다. 이 기억들은 '나'의 과거로써 '나'의 정체성을 유지하는 기반이 된다. 모든 기억이 남았더라도 이 한 줌의 기억이 사라진다면 '나'가 누구인지 알 수 없게 된다. 해리성 기억상실이라는 증상으로 막장 드라마 전개에서 빈번하게 사용되는 소재이다.

사고로 팔다리를 잃더라도 '나'라는 존재감은 변함이 없는 것처럼, 개인적인 자기 기억이 사라져도 정체성을 상실할 뿐, 현실을 인식하는 '나'의 존재감에는 변함이 없다. 위에서 살펴본 바와 같이 기억이라는 것은 뇌에 저장된 변동성 많은 정보일 뿐이다. 어제의 나, 10년 전의 나에 대한 기억이란 현재의 세계를 설명하는 정보들에 불과한 것이다. 그 정보들에 전과자, 천재, 이혼자, 재벌 등이 있더라도 기억이 사라지고 남는 '나'와 무관하다. 그러므로 그러한 기억을 바탕으로 유지되는 '나'의 정체성이 허구라고 설명하는 것이다. 아니, 정체성 자체가 허구이다.

심장, 안구, 팔다리를 이식하고, 기억이 상실되거나 최면 시술로 잊어버린 기억을 되찾더라도 증감하지 않는 것이 정말 '나'이다. 수행과정이나 우연한 기회에 기억이나 생각을 사용하지 않는 의식 상태를 경험할 수 있다. 그것은 자의식이 아니다. 자의식은 기억에 기반을 두기 때문이다. 그것을 순수의식이라고 하는 것은 자의식이라고 표현하는 것과 다를 바가 없다. 기억이나 생각이 없으면 자의식이나 순수의식이라는 단어가 나올 여지가 없다.

미래사회에서 기억의 전체 및 부분 이식, 복사, 삭제, 컴퓨터와의 호환 등이 가능해지기 전에 기억의 본질(기능성, 허구성)을 잘 이해하지 않으면 인류의 종말에 버금가는 혼란을 맞게 될 것이다. 도래하는 미래사회가 인류에게 주는 가장 큰 위협이 바로 이것이다. 인류의 집단의식이 자기 기억의 본질을 잘 이해할 수 있다면, 인류는 지금이라도 새로운 차원의 지성적인 존재로 진화할 것이다.

기억 속의 '나'와 지금 여기의 '나'가 연관성이 있지만 동일시 할 수는 없다. 기억이나 생각이 없으면 나는 '지금 여기'만을 감각할 수 있을 뿐이기 때문이다. 그런데 기억이라는 저장장치에 자기 정체성을 의존하며 '나'라는 실체를 세우니 그것이 허구이고 환상이라고 하는 것이다. 기억과 기억능력 사라지면 시간과 공간이 소멸한다. 그러니까 기억은 생각의 세계라는 가상현실 세계를 만드는 핵심 기둥이다.

기억은 생각의 세계를 사는 데 유용하고 필수적인 도구이다. 그러나 기억의 대상을 다루는 주체로서의 '나'가 설정되고, 그 '나'에 대한 사적 기억이 만들어져 '나'가 연속성과 정체성을 지닌 자성自性의 실체로써 느끼게 되는 것은 기억 기능의 피하기 어려운 부작용이다. 그렇게 만들어진 '나'는 태어나고, 성장하고 어떤 목표를 향해 나아가다가 미래의 언젠가 허무하게 죽게 되는 존재로 여겨진다. 기억된 과거의 '나'는 현재의 '나'와 비교되고, 미래에 더 좋은 '나'가 되도록 끊임없이 노력해야 한다. 그러나 그러한 시간의 기억에 있는 '나'는 허구이다.

나의 이름, 직업, 가족, 성격, 외모 등의 기억은 나의 일부가 아니라, 현재의 '나'에 설정된 가변적인 속성들이다. 연극 무대의 인물 설정과 무대 장치 같은 것들이다. 연극이 끝나 무대 밖으로 나온 것이 진정한 나이다. 매일 잠에서 깨어날 때마다, 매 순간 새로운 생각이 펼쳐질 때마다 새로운 연극무대가 차려진다. 극 중에서 상대 역할을 맡은 사람에게 뺨 맞고 욕을 들어 분노하며 싸우지만, 주어진 역할을 다 해야 하는 연극일 뿐이다. 내가 역할을 잘 진행하고 있는지 가끔 되돌아보기도 하는 나는, 연극이 끝나면 무대 밖에서 무대를 바라보고 있을 뿐이다.

부모미생전父母未生前 본래면목本來面目. 부모에게서 태어나기 전 나는 무엇이었는가? 내가 태어나기 전에는 아무런 기억이나 생각이 없을 터인데, 여기에서 부모, 탄생, 나 등등의 것들이 모두 생각이다. 그러므로 이 질문은 "기억(생각)이 사라진 나는 무엇인가?"로 바꾸어 보면 이해하기 쉽다. 생각이 없을 때의 나는 잠들었을 때의 나이다. 아무 생각도 없는 1분! 바로 그것이다. 기억과 생각은 나의 기능에 불과할 뿐이지, 내가 아니다. 그것들이 배제된 원래의 나를 찾는 것이 가장 빠르고 강력하게 행복해질 수 있는 길이며, 유일한 길이다.

여기에서 오해하면 안 된다. 진짜 나는, 기억과 생각이라는 허구성을 초월한 순수한 나가 아니라,

허구를 배제하고 기억과 생각을 사용하는, 잘 정돈된 나이다. 초월 뒤에는 나도 없기 때문이다.

영성^(靈性, Spirituality)에 대하여

제가 글을 쓰면서 의도적으로 회피하는 단어가
몇 가지 있는데 그중에 대표적인 것이 '마음(心)'과
'영성靈性'입니다. 두 단어 모두 지칭하는 개념이
광범위한데 제대로 구분하지 않은 채 사용하니 많은
혼란을 일으킵니다.

불교에서 '마음'이라는 단어가 등장한 것은 당나라
시절로 추측됩니다. 그 시대에 쓰인 선어록에서
'마음'을 '생각'(사고 기능)으로 대신 읽으면 대부분의
글이 선명해집니다. 그런데 일부 글에서는 그 효과가
나타나지 않는 것들이 있습니다. 이런 경우의
'마음'이라는 표현에는 사고 기능 이외의 어떤 현상을
내포하는 의미로 사용한 것입니다. 그 어떤 현상과
현대적인 개념으로 가장 손쉽게 매칭되는 단어가
서구에서 많이 사용하는 '영성'입니다.

고타마가 14무기의 질문에 침묵으로 대답한 맥락과
동일하게, 당송시대의 선지식들이 선정이나 신비를
논하는 것에 경계했지만, 현상 자체를 무시하거나

외면한 것은 아니기에 '마음'이라는 단어가 그렇게
사용되었던 것입니다. 힘을 덜거나 득력한다는 표현들은
그러한 현상에 관한 것입니다.

영성에 대한 사전적인 의미는 궁극적인
비물질적 실재 또는 존재의 에센스(essence, 정수)인데
순수의식이나 진아(참나)와 같은 표현입니다. 그러나
영성에 대한 이러한 해석은 브라만교 일원론의 핵심과
같은 주장이고, '무아와 연기'에 위배되는 자성自性의
실체를 추구하는 것이므로 망상적인 오류입니다.

고타마의 세계관을 적용하여 영성의 의미를
재해석하자면, 연기 현상을 가능하게 하는 동력으로써의
에너지와 그것과 관련된 인과 구조입니다. 영성은
입자성 또는 존재에 관한 정보가 아니라 파동으로써의
에너지에 대한 인식과 실천력입니다. 영성이
진화하였다는 것은 심신의 에너지에 대한 이해와 사용
능력이 향상되었다는 것입니다.

비과학적인 개념의 사용을 거부하는 사람들은,
영성을 '감정의 힘' 또는 '심리적인 힘'이라고 대체해서
이 글을 읽어도 되겠습니다.

이렇게 해석한 영성만이 옳다는 것은 아닙니다.

영성에 대한 해석은 자유이고 제한이 없으며 사회적
소통의 관점에서는 사전적 의미에 충실한 태도가
옳겠습니다. 그러나 그러한 영성을 추구하고 성취하는
일이 개인이나 사회에서 그리 좋은 결과를 남기지
못하고 있으며, 부작용도 만만치 않으므로 그 의미를
재해석하는 작업이 필요합니다.

채널링으로 우주의 진화에 대한 정보를 습득하는 일,
신과 합일하여 진리와 하나인 존재가 되는 일, 인류의
미래를 예언하는 일, 모든 차크라를 활성화시켜서
심신의 병을 고치는 능력이 생기는 일, 신통력을 갖추는
일 등을 영성의 발전으로 주장해도 좋습니다. 그러나
그런 일들이 결국 개인과 사회에게 어떤 의미였는지
돌이켜 본다면 그저 해프닝에 불과했을 뿐입니다.

지금도 자신이 깨달았다고 지혜와 권위를
주장하거나 자신이 깨달았기 때문에 다른 사람의
고통(심신의 병)을 해결할 수 있다는 사람들이 있습니다.
무엇인가 소란스럽지만, 그들이 내세우는 지혜와 권위와
능력이 이 사회를 돕지는 못합니다.

그러한 소란함에 도움을 받는 사람들은 맹신이나
의존적 중독에 빠질 뿐이고, 그 소란함을 일으킨
사람들은 구루나 교주가 되고 중도에 실패하면 이내

시들하여 사람들의 시야에서 사라져 버립니다. 대단한 것처럼 소란을 피우지만 결국 대부분은 바람 빠진 풍선처럼 소멸되는 해프닝으로 끝납니다.

고타마는 신비와 영성에 대한 언급을 피했음에도 당대의 신통제일神通第一인 목련존자가 제자들을 이끌고 고타마에게 귀의를 하였다는 사실에서 많은 정보를 추측할 수 있습니다. 목련존자는 귀의한 이후에도 자신을 따르는 제자들에게 신통력을 전수하였으므로 자신의 신통력을 버린 것은 아니었습니다. 그러한 목련존자가 고타마와 사제관계를 유지했다는 것은 고타마에게 신비나 이에 관련한 힘에 대한 깊은 이해가 있었기 때문이라고 추측할 수 있습니다. 수행과정에서 최고의 선정과 극한의 고행을 경험한 고타마였기에 당연한 일입니다.

영성에 관해서는 공명하거나 외면할 수만 있습니다. 그러므로 이를 논쟁의 영역으로 끌고 간다면 목소리 크고 힘이 센 사람의 주장만 남게 되므로 고타마는 언급을 피한 것입니다. 브라만교의 신비주의가 대세였던 당시의 사회 문화적 분위기에서 브라만교의 맹목성과 타락에 대하여 비판하는 입장에서는 더욱 그러할 수밖에 없었을 것입니다.

타인 또는 대중과의 소통에서 형이상학적 개념을 배타적으로 사용하거나 믿음을 요구하는 태도는 진리탐구가 아니라 종교적인 신앙입니다. 누구에게나 재현이 가능한 힘이 아닌 것을 터득하고서는 이를 권위 삼아 자기의 주장들을 진리라고 강요하는 것은 복종을 요구하는 것이지 소통하는 것이 아닙니다.

과학적 태도는(과학이 아니라) 사기와 술수와 착각으로부터 개인과 사회를 지키는 최소한의 안전장치입니다. 진리는 모든 허상의 권위와 힘으로부터의 해방이므로 투명하고 평등하지 않을 수가 없습니다. 진리를 핑계로 차별, 차등, 분별을 만들고 지배와 의존을 구조화하는 것은 진리를 사칭하는 것입니다.

선사시대의 인류는 '영적인(spiritual)' 삶을 살았습니다. 연기 현상을 가능하게 하는 동력으로써의 에너지에만 충실한 삶을 살았다는 것입니다. 사회가 발전하면서 사고 기능과 관념의 비중이 커진 이후에는, 사람은 세계에 대하여 '사고의 틀'과 '에너지'라는 두 개의 형식으로 인식하고 소통하게 되었습니다. 동일한 에너지를 창조적으로 사용하여 힘을 증대시켰다는 점에서는 진화한 것입니다.

사고의 틀로 소통하는 것은 관념, 형식, 형상을 도구로 쓰는 것입니다. 에너지로 소통하는 것은 감각 세포에서 일어나는 전자 활동량의 변화가 일으키는 자극과 감정에 대응하여 일어나는 힘을 쓰는 것입니다.

이 두 가지 시스템은 세계를 인식하고 대응하는 경로인데 사고의 틀은 세계를 입자 또는 물질로 인식하게 하고, 에너지는 세계를 중첩된 에너지장의 파동으로 느끼게 합니다. 사고의 틀이 오감(시각·청각·후각·미각·촉각)과 육근(眼耳鼻舌身意)를 근거로 일어나는 데 반하여 에너지는 육감(Six sense)으로 인지한다고 주장됩니다.

육감에 대한 과학적인 근거는 없지만 현상적으로는 부정하기 어려운 점이 있습니다. 오감을 초월한 소통은 동식물에 많이 발견되고, 사람도 감각이나 이를 바탕으로 한 표상을 거치지 않는 직관적인 정보를 얻을 때가 있기 때문입니다.

뇌과학자 질 볼트 테일러(Jill Bolte Taylor)는 뇌출혈로 좌뇌의 손상을 겪었다가 회복되는 과정에서 인식과 심신의 대응이 어떻게 달라지는가를 경험하고 책으로 써냈는데, 사람의 뇌가 사고의 틀과 에너지로 세계를 인식하는 두 개 시스템을 갖고 있음을 보여주었습니다.

사고의 틀을 갖추어 진화된 뇌와 원시적인 뇌의 차이를 볼 수 있었던 것입니다.

초기 선사시대의 인류와 지금의 동식물들의 삶은 언어로 가공되지 않은 원천의 소통체계로 사는 것입니다. 이해와 해석이 필요 없는 원시적인 영성입니다. 현대 인류는 이 원시적인 영성 외에 사고 기능이라는 위대한 도구를 추가하였지만 높은 영성으로 진화하지는 못한 상태입니다.

뇌에 대한 진화적 분석은 뇌의 구조를 3단계로 구분합니다. 1단계는 생존의 뇌로 파충류의 뇌의 형태입니다. 2단계는 감정의 뇌이며 포유류의 뇌입니다. 3단계는 사고의 뇌이며 인간의 뇌입니다. 여기에서 1단계와 2단계가 에너지로, 3단계는 사고의 틀로 세계를 인식한다고 해석하는 것입니다.

뇌가 발달할수록 진화된 영성을 갖게 된다고 해석하는 근거는, 에너지 자체가 증가하는 것은 아님에도 불구하고 에너지를 사용하는 힘이 구조화되고 강력해지기 때문입니다. 이해와 해석은 개념의 간섭 작용으로 인하여 개인의 영성을 제한하고 위축시키는 부작용이 있지만, 렌즈나 지렛대처럼 에너지를 집중시키고 증폭시키는 힘을 발휘하게 합니다.

2. 깨달음 수업

그러므로 영성의 발전은 이해와 실천의 고도화입니다. 알고 쓰게 되는 일이 효율적으로 강화되는 것입니다. 사고 기능의 부작용을 깨닫고 이를 해체하여 다시 '순수한' 원시적 영성으로 돌아가는 것이 아니라, 사고의 틀로 에너지를 이해하고 쓰는 일이 고도화되는 것입니다. 사고의 틀이 고도화되는 것이 아니라, 의념과 에너지가 가장 창조적이고 효율적인 관계로 발전하는 것입니다.

모든 사고의 틀은 관념으로 만들어져 있습니다. 시공간의 틀이 있고 사물의 틀이 있으며 주체와 객체의 틀이 있습니다. 그러한 틀들은 자연에 실체로 존재하는 것이 아니어서 전전두엽의 사고 기능이 작동하지 않으면 모두 사라지는 것들입니다. 사고 기능 이외의 도구로 그런 것들의 실체를 증명할 방법이 없습니다. 이런 틀이 원시적 영성 상태에서 도약할 기회를 주었지만, 인류는 여전히 그 부작용에 시달리고 있습니다.

이 틀들은 에너지의 형태와 작용을 규정하고 제한합니다. '나'라는 관념은 에너지를 주와 객으로 분리합니다. 미움이라는 관념은 에너지를 모아서 부정적인 힘으로 전환시킵니다. 이 틀들은 강력한 힘을 이끌어 내므로 여러 부작용에도 불구하고 관념의 세계를 만들고 발전시켰습니다. 개체로써는 불가능했던 일이 창조된 것입니다. 그 대신 에너지의 전체성이 상실되고 개인은 생로병사라는 고통을 떠안게 되었습니다. 가장 큰 부작용은 불안입니다.

이런 글을 쓰고 읽은 우리들은 사고의 틀들을 버리고 다시 원시적인 영성 상태로 돌아갈 수는 없습니다. 생각의 본질을 잘 이해(체득)하게 되어 생각을 잘 쓰며 살게 되는 것처럼, 에너지의 본질을 잘 이해(체득)하여 에너지를 창조적으로 잘 사용하는 높은 단계의 영성으로 나아갈 수만 있습니다. 이때 사고의 틀은 에너지와 대립하는 것이 아니라 상호 보완적으로 발전하는 것입니다. 글이 길어지므로 다시 강조하는데 여기에서 영성이란, 연기 현상을 가능하게 하는 동력으로써의 에너지입니다. 인연이 인과의 틀이라면 에너지는 인과를 실행하는 힘이며 동시에 인과적 요소도 되는 것입니다.

대규모의 종교 집회, 모든 사람의 관심과 감정이 집중된 공연장, 한 곳의 지휘에 강력하게 집중되어 있는 대규모 집회 현장, 자발적으로 열광하는 운동 경기장 등에서 하나의 생각이나 감정으로 집결되어 증폭된 대중의 에너지는 개인의 한계를 훌쩍 뛰어넘는 경험을 일으킵니다. 이러한 전체성으로써의 에너지의 본성을 의식적으로 보편 평등하게 쓸 수 있게 되는 것이 바로 영성의 진화입니다.

깨달음을 마친 사람이 성인이 되어 가는 과정은 이렇게 높은 영성으로 진화하는 것입니다. 심신의 기억에 고착되었던 폐쇄적인 구조물들이 해체되고 전체성이 회복되는 것입니다. 이 과정에서 노력이 동원되지만, 이 노력은 깨달음이라는 목표를 설정하고 애를 썼던 노력과는 전혀 다른 것입니다. 정확하게 알기 때문에 저절로 할 수밖에 없게 되는 노력입니다.

수행으로 깨달음을 마치는 것은 어렵지 않습니다. 다만 그 깨달음을 삶으로 실천하는 것이 어려운 것입니다. 심리적 구조물의 해체는 상실의 고통을 감내해야 하기 때문입니다.

이러한 이유로, 깨달음을 삶으로 실천하는 과정(입전수수)은 수행이라기보다는 헌신이라고 하는 것이 적절합니다. 그래서 돈오 이후의 점수는 죽을 때까지 끝나지 않는 것이며 이 점에서는 성인도 예외가 될 수 없습니다.

점수로써의 영성 개발은 돈오 이후에 진행되는 것이 안전하고 적절합니다. 그럼에도 이런 대중적인 소통의 글을 쓰는 이유는 수행과 실천의 전체적인 윤곽을 어림잡는 것이 누구에게나 가능하기 때문입니다.

돈오와 무관한 점수가 가능한가 하는 문제는, 깨달음
없이 성인이 될 수 있는가 하는 문제와 동일한 것이고,
저는 가능하다고 이해하지만, 이러한 길은 기왓장을
갈아 거울을 만들려는 브라만교 또는 진아 일원론의
함정에 빠지게 할 위험이 높습니다. 『육조단경』에서
"오직 견성만을 논하지 선정을 통한 해탈은 논하지
않는다"고 강조한 이유도 동일하다고 생각합니다.

　　확철대오 이후에는 정정진할 수밖에 없으므로 이에
관한 지도책을 만들 필요가 있었으나, 저의 탐진치
소거와 영성의 진화가 느리고 보잘것없다 보니, 미루고
미루다가 이제야 아주 조금 다뤄보는 것입니다.

2. 깨달음 수업

개껌 던지기

　생각으로 만들어진 '가상현실세계'에서 깨어나는 방법을 설명하고자 한다.

　의식을 만드는 생각은 주체를 대상으로 하는 것과 객체를 대상으로 하는 것 두 가지로 구분할 수 있다.

　대부분의 생각들은 주객체를 동시에 대상화하여 처리하므로 객체에만 집중하는 생각은 흔하지 않고 주체에 대한 생각도 어떤 의미에서는 객체에 대한 생각과 다를 바가 없다. 그러나 생각을 정확하게 다루기 위해서는 생각을 두 가지로 구분할 필요가 있다.

　순수하게 객체에만 집중하는 생각의 예를 들어보겠다. 예술가가 연주나 그림에 완전히 몰두해 있는 것, 등산인이 히말라야 최고봉을 50m 남겨놓고 체력이 고갈된 채 절박한 등반을 하는 것, 과학자가 연구의 결정적인 부분에 이르러 온통 몰두해 있는 것 등이다.

　그 상태에서는 주체(나)에 대한 생각이 들어설 여지가 없다는 점에서는 주객 분리의 의미가 없어져 무념의 상태와 유사해진다. 그렇기 때문에 이런 상황에서 러너스 하이나 자기 초월을 경험하게 된다. 그 상태가 끝나면 무엇을 어떻게 주도적으로 했는지 제대로 기억나지 않지만 거기에서 빠져나온 뒤에 압도적인 안도감이 남는다.

일상에서 이런 경험이 희소한 이유는 모든 생각들이 주체를 대상으로 하는 생각의 회로를 경유하도록 만들어졌기 때문이라고 추측된다. 그래서 객체에 대한 집중이 특별히 고도화되지 않다면 생각은 그 종류와 상관없이 주객체를 동시에 대상으로 삼는다.

주체를 대상으로 하는 생각이 객체를 대상으로 하는 생각에 비교하여 가장 큰 차이는 시비호오是非好惡의 판단과 감정이 동반되는 점이다. 그리고 대부분의 생각들이 논리적인 전개이기보다는 심리적인 중얼거림이며 끊임없는 자기 확인, 경계, 검열 등이다. 동일한 생각이지만 그 대상이 주체와 객체일 때에 작동하는 뇌의 메커니즘이 서로 다르기 때문인 것으로 추측된다.

생각의 본질은 집단의식이어서 개별 유기체 또는 개인에게 속한 것이 아니다. 생각은 자연의 것이 아니며 호모 사피엔스가 진화의 과정에서 만들어낸 사회화 도구이다. 언어 습득 과정에서 집단의식이 개인의 뇌에 이식될 때, 가장 먼저 신체에 동일시되는 '나'라는 주체 관념을 만들고 이를 바탕 삼아서 대상 세계를 구축한다.

이 '나'가 독립된 개인이라는 허구성을 유지하지만 실제로는 집단의식의 모듈 역할을 한다. 그리고 그 허구성이 깨지지 않게 하려고 관념적인 생로병사에 묶이게 한다. 이 허구적인 '나'는 감정적인 갈등 에너지를 가상현실세계의 원동력으로 제공하는데 여기에서 발생하는 부작용이 괴로움이다. 다른 생명체들도 생로병사를 겪지만 인간은 여기에다가 생로병사의 괴로움을 추가하여 겪는다는 것이다.

객체를 대상으로 하는 생각들은 감정이 결부되지 않으므로 복잡함은 있을지언정 심리현상이 수반되지 않는다. 이차 방정식을 해결하는 근의 공식은 아무런 감정을 야기하지 않는다. 그러나 주체를 대상으로 하는 생각은 희로애락이 동반된다. 실상으로는 무아인데, 이 위에 가상의 '나'를 만들고 견고하게 유지해야 하므로 불필요하게 많은 에너지를 사용하게 되는 것이다.

생각은 연기의 원리를 따라 인과로 출현된 결과물이다. 생명체가 발전 과정을 겪으며 창조한 것이고 우주에 대한 하나의 해석이며 부분적인 진실이다. 그러므로 부작용이 있는 망상이라도 필연의 인과 결과이므로 버릴 것은 아니다. 이미 드러난 이상 버려도 여전히 가상일 뿐이다. 단지 현실적으로 겪는 고苦의 문제는 해결되어야 할 필요가 있다.

유아有我 또는 주체적인 삶을 살고 있다는 현실은 생각의 세계에서만 나타난다. 잠이 들면 그런 것들이 생각과 함께 눈 녹듯이 사라진다. 그러나 그렇게 생각이 사라지더라도 무아無我와 연기緣起라는 본질은 사라지지 않는다. 고苦의 문제는 오직 생각에만 있는 것이다. 이런 설명이 생각으로 이해되고 몸에 습관으로 배는 것이 고에서 벗어나는 해결책이다.

그런데 이런 해결은 지금 이 글을 읽고 있는 이 생각의 틀을 넘어야 가능해진다. 이런 글을 읽고서 수천 번, 수만 번 고개를 끄덕이더라도 생각의 틀 안에서 이해하는 한 아무 일도 일어나지 않는다. 생각의 틀을 넘는다는 것은, 생각으로 아는 것이 아니라 몸으로 안다는 것이다. 공식을 외우고 문제를 푸는 데 사용하는 뇌의 영역이 아니라, 자전거를 배울 때 사용하는 뇌의 영역에서 해결되어야 한다.

자전거를 배우면 뇌에는 자동으로 처리되는 새로운 회로가 생겨서 자전거를 타는 행위에 생각이 전혀 동원되지 않아도 저절로 탈 수 있게 된다. 이런 상태가 되면 "자전거 타는 방법을 안다"라고 표현한다. 그러나 '아는 것'을 설명하라면 정밀하게 표현하지 못한다. 머리로 아는 것이 아니기 때문이다. 이와 같이 몸의 반복적인 행위를 통하여 습관이 되는 새로운 회로를 뇌에 만드는 것처럼 무아와 연기라는 이해는 몸으로 연습되어야 한다.

잠이나 꿈은 내가 스스로 만들거나 거둘 수 없다. 그것들이 저절로 왔다가 저절로 간다. 생각도 그러하다. 대부분의 생각들은 나의 의지와 상관없이 떠오른다. 좋은 생각만 계속하고 나쁜 생각을 그치려 해도 그렇게 되지 않는다. 그것은 생각이 스스로 왔다가 스스로 사라지기 때문이다. 생각을 조작하거나 멈추려고 하면, 풍선효과처럼 밀려날 뿐이며 반드시 자기 에너지를 해소해야 사라진다. 그렇게 제 멋대로 생멸하는 생각, 특히 주체를 대상으로 하는 생각에 조건반사적으로 끌려다니는 한 고苦를 벗어날 기약은 없다.

뇌과학은 인간이 뇌를 주도하여 생각을 통제하는 것이 아니라 뇌가 인간의 생각을 조작한다는 사실을 밝혀내고 있다. 대표적인 사례가 착시이다. 뇌가 인간의 생각을 조작한다는 것은, 생각이 만들어지고 동작하는 패턴이 뇌에 내정되어 사람의 의지로 간섭하기 어려운 부분이 있다는 것이다. 그 패턴이 어떻게 구성되어 있는지는 알 수가 없지만 습관을 들여서 패턴에 변화를 만들 수는 있다.

습관은 이렇게 배게 한다. 생각하고 있음이 자각될 때마다 이를 환기하는 행동을 한다. 이 연습을 무엇인가를 증득하기 위한 수행이나 수련이라고 이해하면 안 된다. 행위에 목적성이 부여되면 기존의 패턴이 더 강화되기 때문이다. 연습의 목적은 얻음이 아니라 불필요한 생각들의 버림이다. 뇌 속에서의 중얼거림과 조바심은 실용적이지 않은 퇴화된 꼬리뼈와 같은 것으로 '나'가 허구성을 유지하려고 만들어낸 불필요한 습관일 뿐이다.

저절로 반복해서 생각을 돌아가게 하는 에너지가 줄어들면 생각과 생각 사이에 틈이 생겨 벌어지고, 그 틈으로는 배경에 있는 텅 빈 바탕이 드러나기 시작한다. 그동안 의식되지 않던 배경이 전경과 함께 의식에 포착되도록 하는 것이며 의식화이다. 생각의 처리 회로에 새로운 경유지가 추가되는 것이다. 생각에 빠지거나 중얼거리고 있는 상태가 발견되면 환기시켜 잠깐 멈춘다. 완전히 멈추려고 하면 오히려 반발하는 힘이 생기므로 환기시켜서 불필요한 생각들이 힘을 잃고 저절로 떨어져 나가게 하는 것이다.

미리 적절한 관심거리의 생각을 만든다. 처음 연습할 때는 최근에 관심이 잘 달라붙는 이슈를 선택한다. 내가 사용한 것으로 예를 들면, '이번 겨울에 스키장 가면 숏턴을 어떻게 연습하지?'하는 것이다. 생각이 맴도는 것이 발견될 때마다 즉각 준비한 그 이슈를 꺼내는 것이다. 마치 개의 먼발치에 개껌을 던져 개가 좇아가게 하는 것과 같다.

환기의 소재는 그 내용이 구체적이어야 하므로 처음에는 유용하지만 자주 쓸수록 익숙해지고 관심도가 변화할 수도 있으므로 정기적으로 바꾸어주어야 한다. 그래서 자주 바꾸다 보면 환기의 소재가 헷갈려서 망설임 없이 바로 나오질 못하게 된다. 이 단계에 이르면 개가 개껌을 던진 주인을 멀뚱하게 쳐다보게 되므로 이제 더욱 단순한 개껌을 준비해야 한다.

여기부터는 '이뭐꼬', '무無', '나는 누구?', '개껌', '옴~', '옴바니반메훔', '나무아미타불', '관세음보살' 등 한 단어로 된 것을 선택해서 가능하면 오래 사용하는 것이 좋다. 앞에서 사용했던 소재와는 달리 이제는 단어에 의미가 없는 것이 좋다. 처음에는 스토리를 사용하지만 이제는 이미지를 사용하는 것이다.

개는 개껌을 좇느라고 내게 매달리지 않는다. 그러한 습에 힘이 붙어 자연스러워지면 개껌을 던지지 않고 생각을 알아차리기만 해도 꼬리를 내린다. 이렇게 되면 자동으로 생각을 처리하는 회로가 성공적으로 만들어진 것이다.

개껌을 던져 흐름을 끊는 타깃은 주체를 대상으로 하는 생각이지만 대부분의 생각 대상이 주객체를 오고 가므로 이를 구분하려고 애쓸 필요는 없다. 어떤 생각이든 보이기만 하면 개껌을 던지는 것이다. 회사에서 집중하여 영업보고서를 작성해야 하는데 영향을 끼칠까 걱정할 필요는 없다. 왜 그런지는 조금만 해보면 스스로 알 수 있다. 꼭 필요하지 않은 생각들만 개껌을 쫓다가 사라진다.

나중에는 '개껌을 던져서 불필요한 생각을 줄이겠다'는 생각이 들 때도 개껌을 던져야 한다. 그렇게 해야 자기에게 속지 않게 된다. 자기에게 속는다는 것은 여전히 생각의 틀 안에 있으면서 그 밖에 있다고 착각하는 것이다. 습관이 잘 들면 모든 생각들이 힘이 빠지면서 릴렉스 되는데, 특히 주체를 대상으로 하는 생각들은 너덜너덜해진다.

이것이 의식화 과정이다. 생각으로 이해하는 것이 아니라 몸에 습관이 생긴 것이다. 무아와 연기가 머리로만 이해되는 것이 아니라 현상으로 드러나서

2. 깨달음 수업

명백해진다. 머리 쓰는 것과 상관없이 그냥 저절로 확연해진다. "한 손으로 치는 손뼉 소리"라고 들으면, 전경으로 튀어나오는 생각이 작동되어 알게 되는 것이 아니라, 생각의 여백인 배경이 보여 알게 된다. 그리고 그 현상에 대해 이렇게 글로 쓰는 것처럼 생각으로 이해하여 표현할 수도 있다.

나는 미련스럽게 무척 어려운 길을 거쳐왔다. 하루 종일 생각을 끊거나 주시해서 생각에서 깨어나려고 노력했었다. 그것이 방법으로 현명하지 못했던 것은 목적의식이라는 생각을 강화하는 점과, 뇌의 구조에 잘 안 맞는 매우 어려운 방법이었기 때문이다. 물론 결과적으로 나는 그런 방법의 도움을 받아 생각의 틀을 벗어나기는 했다. 그러나 방법이 좋아서가 아니라, 너무 힘들다 보니 생각이 스스로 나가떨어져서 가능해진 것이다. 내 경험을 핵심적인 방법으로 정리하여 다른 사람들에게 개껌이나 던지라고 설명하는 것이다.

이 방법이 누구에게나 다 통하지는 않는다. 내가 뇌의 회로를 직접 설계하고 만드는 것이 아니라 몸의 습관을 들이는 간접적인 방법이므로, 뇌의 회로가 어떻게 만들어질지는 장담할 수 없는 일이다. 퇴전이 없는 명백한 깨달음이 일어나려면 줄탁동시가 일어나야 가능하다는 것은 바로 이 문제를 언급하는 것이다.

깨달음이나 진리 등을 추구하는 태도는 처음에
도움이 되겠지만 결국 버려야 한다. 목적의 추구는
생각의 틀에 힘을 계속 부어주기 때문이다. 그러므로
일상의 고를 줄이는, 실용적인 요령을 익히겠다는
마음가짐으로 시작하기를 권한다.

내 처는 이런 설명을 이해하지만 습관 들이기에
큰 관심을 기울이지 않는다. 필요할 때만 요령껏
사용하기에 습관이 약하므로 힘이 없다. 하지만,
나는 그녀의 태도에 대해 어쩌라고 설득하지 않는다.
자기 인연만큼 만들어 쓰는 일이고, 실제로는 고苦도
깨달음도 망상이기 때문이다.

위없는 깨달음이란 최고의 경지를 달성해서
이루는 것이 아니라, 경지를 구성하는 시스템이 아예
사라져서 가능해지는 것이다. 비교할 대상이 없어 달리
확인을 구할 의미도 없다. 그래서 명백하고 확연하며
불퇴전이다.

'나'는 깨달을 수 없다

'나'는 깨달을 수 없다.
깨달음이 거기 있을 뿐이다.
그러므로 '나'는 단지 이해할 수 있다.

오직 모를 뿐, 진아도 망상일 뿐, 아무것도 없음,
갈고닦을 것이 없음, 증득함이 없음 등등. 진리에
대해서 이렇게 설명하면 참된 경지에 도달하지 못한
것이라고 알음알이에 빠져 있다고 한다. 비판은 개인의
자유이지만 소경이 소경을 이끌듯이 자기도 정확하지
않은 이해로 남을 판단하는 것은 어리석은 일이다.

삼각형 내각의 합이 180도라는 것을 안다고 해서
생로병사의 고가 사라지지 않는다. 진리에 대한 이해는
그런 지식이 아니라 몸으로 드러난 것이며, 그것을
지식으로 다시 표현하는 것이다.

이런 진리에 대한 공부가 명백하게 끝났는지는
자신만이 알 수 있다. 그러므로 바깥에서 인가를 구할
이유도 없다. 자신이 공부를 마쳤다고 판단된다면

스스로를 속이고 있는 것은 아닌가를 가장 먼저 의심해야 한다. 여전히 공부 중이라면 자신의 모든 지견들 일체를 의심해야 한다. 참된 믿음은 의심을 버리는 맹신이 아니라, 의심의 기능에 대한 믿음이다.

다 자란 새끼 새가 둥지에서 뛰어내리지 않으면 날개가 펴지지 않는다. 어미새의 비행 모습을 매일 보지만 자기가 나는 법을 아는 것은 아니다. 무지함에도 불구하고 둥지 밖으로 과감히 몸을 던졌을 때 비로소 날개는 저절로 펴져 온몸을 허공에 띄운다. 둥지 안에서 수십 생을 거쳐 기체역학을 공부하거나 육신통六神通을 얻는다고 해서 날게 되는 것이 아니라, 단지 둥지 밖으로 몸을 던져서 될 뿐이다. 왜냐하면 새니까!

숨통을 끊어낼 기개는 발휘하지 않고 한 줌의 땅뙈기에 바늘을 꽂아서 지팡이 삼아 매달리니, 그렇게 거울 만들겠다는 기왓장에 얼굴 비칠 날은 결코 오지 않는다.

좌선을 하거나 이런 이야기를 할 때는 또렷하게 깨어 있지만, 회의실에 들어서서 진땀을 흘리며 연말 결산을 발표할 때에는 없어져 버린다. 저녁에 누워 호흡을 가다듬을 때까지는 일체가 환하다가 잠이 들면 사라져 버린다. 그런데 어떻게 생사를 벗어난다는 말인가?

잠들어 있을 때와 깨어 있을 때가 같다는
오매일여寤寐一如를 잘못 이해해서 이런 질문이 나온다.
여기에서 일여一如한 것은 '나'가 아니라, 깨달음이다.
그러니 안심하고 푹 주무시라.

개껌 물기

　내 글 '개껌 던지기'를 읽고 한동안 연습했던
사람이 내게 몇 가지를 물어 추가로 설명한다. 처음에는
재미있고 뭔가 될 것 같기도 해서 며칠간 '개껌
던지기'를 할 수 있었는데 시간이 지나니 집중이 안 되어
흐지부지해졌으며, 다시 시작하려니 매너리즘 같은
익숙함이 단단한 벽으로 느껴진다는 것이다.

　생각이 생각을 바꾸려는 의지란, 본질적으로
생각을 강화하는 목적을 갖게 되어 있어서, 생각의 힘을
줄이거나 없애는 방향으로는 작동되지 않도록 되어
있다. 단지 그런 것처럼 주인을 일시적으로 속일 뿐이다.
그런 이유로 어떤 수행이든 오히려 에고를 강화할
위험이 크다.

　생각의 틈을 벌리는 일에 관해서, 생각의 힘으로는
'이해'라는 작은 불씨만을 만들 수 있을 뿐이다. 생각이
계속해서 의지와 목적을 발휘하는 한, 생각의 여백은
오히려 더욱 덮어지기만 할 뿐이다. 그러므로 불씨가
생겼다면 바로 몸으로 거사를 시작해야 한다.

　'개껌 던지기'를 통해 작은 이해를 느꼈다면, 몸에
습관을 들이는 방법으로 이어나가야 한다. 생각과

의지를 이용하여 연습하는 것은 결코 습관이 되지
못한다. 이 시점에 필요한 방법이 '개껌 물기'이다.
자기에게 적절한 '개껌'을 하나 결정하여 하나의 단어
또는 이미지로 만들고 하루종일 이것을 생각하는
것이다. 모순적이지만, 여기부터는 이해와 목적을 다
버리고 그냥 '개껌'만 머리에서 떠나지 않게 해야 한다.

예를 들어 '무無'를 개껌 삼았다면, 늘 '무'를 바닥에
깔고 있으면서 다른 생각들을 하는 것이다. 다른
생각을 일절 하지 않고 '무'만 생각하는 것이 아니라,
여러 가지 상황에서 다양하게 떠오르는 생각들 앞에
'무'를 올려놓는다. 운전할 때, 엘리베이터를 기다릴 때,
회의하면서 남의 이야기를 들으면서, 내 주장을 말하기
직전에, 커피를 마실 때 등의 모든 순간들의 틈에서
'무'를 생각한다. 틈만 나면 '무'를 떠올리는 것이다.

여기에서 주의할 점은 '아, 일체가 무상이고
무아이지…' 등의 개껌의 뜻을 새기지 않는 것이다.
그냥 단어 또는 이미지 하나만을 떠올리는 것이다. 어느
정도로 집중해야 하는가를 고민할 필요는 없다. 너무
조이거나 느슨하지 않게 하면서 놓치지만 않는다면 몸이
스스로 강도를 늘려 나간다. 몸의 분수를 인정해주고
능력을 믿어주어야 한다. 잘 안 된다고 던져버리거나
너무 조여서 헐떡이게 해서는 안 된다. 서두르지

않으면서 진지함만 있으면 요령을 바꿔가며 저절로
조절된다.

　몸으로 한다는 의미는 생각의 계산과 목적이 없이
그냥 몸에 배게 한다는 뜻이다. 행위를 하면서 생각으로
아무런 판단을 하지 않고 그냥 하는 것이다. 믿음을
갖고 하라는 것이지만, 맹신적으로 하라는 것이 아니다.
이 길에 인연이 있는 사람이라면, 연습하는 과정에서
이해되는 만큼의 신뢰가 저절로 생기게 되고, 이런
계기를 갖게 된 후에는 결국 안 할 수가 없게 된다.

　몸으로 하는 일은 매너리즘에 빠지지 않는다. 이
연습의 결과는 예상하지 못했던 몇 가지 과정을 겪게
할 것이다. 스스로 겪어서 알아야 할 일이지만 이정표로
몇 가지를 설명한다. 생각이 의미와 목적을 무기로
되돌이표처럼 저항하는 과정, 삼키지도 못하고 뱉어
내지도 못하는 과정, 숨통을 끊어야 넘을 수 있는 고비,
저절로 명백해지는 일 등이 있다.

　그것이 무엇인지 미리 궁금해 할 필요는 없다.
닥쳐서는 잘 모르고 지나쳐서야 알게 되는 일이므로
미리 설명할 필요가 없지만, 겪게 되면 거쳐야 할
과정이고 결국은 뚫고 지나갈 수 있으므로 당황하지
말라는 것이다.

이런 연습으로 주시 능력이 생기는 따위의 어떤
경지를 얻게 된다고 기대해서는 안 된다. 증득함이
생기는 것은 아니며 원래 있던 것이 명확해지는 의식의
변화만 있을 뿐이다.

　　정리하자면, 생각 사이의 틈을 벌리는 것이
핵심이다. '개껌 던지기'로 맛보기를 해서 생각의 이해가
따라 준다면, 그 다음에는 '개껌 물기'를 해서 사고의
패턴(뇌 회로)에 생각의 여백이 자리를 잡도록 만드는
것이다. 결과적으로는 늘 생각의 여백이 의식되는
것이다.

　　습관이 자리를 잡을수록 강해지고 의식에 변화들이
생기는데, 자등명自燈明이므로 몸에 대한 신뢰와 강단이
있으면 저절로 홀로 갈 수 있다.

안심^{安心}이 깨달음의 내용이며 결과이다

안심安心. 편안하고 걱정이 없음. 진리나 깨달음에 대하여 말도 많고 탈도 많다. 말로 정확히 표현할 수는 없어서 체득해야 한다니 더욱더 미궁이다. 그래서 어쩌라는 것이며, 무엇이 옳고 무엇이 그른가를 어떻게 판단할 수 있을까 하는 질문을 나에게 던지고 얻은 답이 안심安心이다. 깨달음을 한 단어로 표현하기 가장 적절한 단어다.

표현되고 표상된 모든 것들은 생각의 결과물이다. 여기에 깨달음이 예외가 될 수는 없다. 무념無念에 처하면 주객 분리가 사라지는데, 거기에 깨달음을 아는 자가 있다면 그것은 명백한 도둑놈이다. 도둑놈 중에 하수下手는 남의 재물을 훔치고 중수는 남의 마음을 훔치지만, 상수는 자기의 마음(생각)을 훔친다. 자기 최면에 빠져 깨달음을 얻고 그 세계에 안주하는 것이야말로 최고의 사기극이다. 도둑놈이란 남의 것을 훔치거나 자기 것으로 주장하는 자이므로, 훔칠수록 지킬 것이 늘어나기 때문에 그는 결코 안심을 누릴 수가 없다. 언젠가는 가진 모든 것을 빼앗기고 추락하게 될 것이다.

가르치는 사람들의 언설이나 자신의 이해가
도둑질이 아닌가 판단하는 잣대가 바로 안심安心이다.
가르침이나 이해의 내용이 어찌 되었든 간에 결과적으로
안심을 이루고 있는가를 살펴보아야 한다. 타인의
마음이 안심되어 있는가를 알아내는 것은 제한적이어서
참고 값이 될 뿐이다. 결국 자기의 마음을 스스로
확인하라는 것이다. 달마와 혜가의 대화를 살펴보자.

"제 마음이 불안합니다. 저를 편안하게 해주십시오."
"그래? 그 불안한 마음을 가져오너라. 내가 편안하게
해주리라."
스승의 말을 듣고 불안한 마음을 찾던 혜가가 다시
스승을 찾아가 말했다.
"아무리 찾아도 마음을 찾을 수가 없습니다."
"내가 너의 마음을 편안하게 해주었다. 보았느냐?"
이 말에 혜가는 활짝 깨달음을 얻었다.

이 대화에서 달마는 무엇을 한 것이며, 혜가가 얻은
것은 무엇인가? 이 장면에 해설과 해석을 붙여 종파를
하나 창설할지라도 모두가 생각의 일일 뿐이다. 그런
말잔치로 얻을 수 있는 깨달음이라면 달마가 직접
상세하게 설명하지 않았을 리가 없다. 혜가가 '활짝

깨달음을 얻었다'는 것은 편안케 되었다는 것이다. 그것이 깨달음의 내용이며 결과이다. 혜가는 그 안심을 달마에게서 건네받은 것이 아니라 이미 자기에게 있던 것을 깨달았다. 깨달음의 현실적인 요체를 상징적으로 잘 보여주는 장면이다.

진리나 깨달음의 부합성은 안심을 기준으로 점검해야 한다. 지금 완전히 안심되고, 명백하여 다시는 흔들리지 않는지 확인해야 한다. 안심은 불변의 결과이므로 점검할 수 있는 잣대가 된다.

육신통이나 초능력을 발휘할지라도 안심을 이루지 못했다면, 그런 능력이나 지식들이 무슨 소용이 있겠는가? 깨달음, 순수의식, 참나, 불성, 오매일여 등 단 하나라도 의지해야 하거나 지켜야 할 무엇이 남아 있다면 결코 안심할 수 없게 된다. 그런 것들을 어리석음, 자아의식, 에고, 비불성, 혼침과 산란 등으로부터 지켜내야 할 근심이 생겨나기 때문이다.

모든 것을 버리고 희망을 포기한 노숙자가 한마음 걱정 없이 구름처럼 살게 되어 안심에 처한다면 그가 바로 부처이다. 일자무식으로 살아온 무지렁이 촌부가 일희일비하게 되는 삶에 달관되어, 걱정이나 대비가 없는 태평한 삶을 산다면 그가 바로 부처이다. 그렇게

안심하게 되는 것이 깨달음이다. 거기에 무아와 연기의
설명이 첨언될 필요가 없다.

진리를 완벽하게 설명하는 지식일지라도 그
자체로는 안심을 이루지 못한다. 그래서 '하찮은
알음알이 한 덩어리'일 뿐이라고 하는 것인데, 여기에
빠져서 스스로를 속이고 남을 속이는 사람들이 적지
않다.

안심은 한 줌의 근거 없는 안도감으로 시작한다.
그것이 시작이자 끝이다. 근거가 없다는 것은 평안케
되는데 어떤 이유가 필요하지 않다는 것이다. "내가
너를 편안하게 해주었다"는 달마의 말이 기연이 되어
마음속에서 활짝 드러난 찰나의 안도감이 모든 것이다.
그 한 줌 안도감의 근거를 애써 설명해 놓은 것이 무아와
연기를 설명하는 '하찮은 알음알이 한 덩어리'이다.

몰라도 된다. 알아도 어차피 전두엽의 생각(도둑놈)이
아는 것이다. 몸으로 아는(이루는) 안심은 머리가 알고
모르는 것과 직접적인 상관이 없다. 이러한 이유로
자기가 깨달은지도 모르는 사람이 있는가 하면, 반대
이유로 착각도인, 망상환자가 생기는 것이다. 알음알이
한 조각 없이도 안심에 처하는 사람이 있으며, 진리에
대한 완벽한 지식을 자랑하지만 정작 안심이 자리잡지

못한 사람이 있다.

깨달음이란 활짝 깨어나 편안케 되는 것 외의 다른
것이 아니다. 안심이 되는 만큼 깨달은 상태이다. 인간을
포함한 대부분의 생명체들은 안심의 상태를 토대로
살아간다. 그렇지 않다면 어떤 생명체도 살아갈 수가
없기 때문이다. 잠을 잘 때, 생각과 생각 사이의 공백,
특정한 생각에 몰두하여 다른 생각들이 올라오지 못할
때에 마음은 편안하다. 그렇게 편안한 삶을 이미 누리고
있으면서도 불안한 마음에 시달리는 이유가, '나'라는
가짜 주재자에 대한 착각 때문이라는 사실을 깨우치면
다시 퇴행하지 않은 명백한 안심에 이르게 된다.

생각들이 창조해내는 문제들은 자연에 실재하지
않는다. 그런 망상으로 인하여 불안에 빠진 것이므로
무념에 처해지면 저절로 안심하게 된다. 이러한 현상을
머리로 이해하고 몸에 각인할 수 있게 되어 생로병사의
문제를 벗어나게 되는 것이 깨달음이다.

이 한 편의 글에 안심이라는 단어가 촘촘하게
사용되었다. 이런 글을 읽고 고개를 끄덕이게 되면
안심에 매달리게 된다. 생각이 작동하는 방식이기
때문에 벗어나기가 쉽지 않다. 안심조차도 구하고
의지하고 지키려고 해서는 안 된다. 아무것도 손에

남기지 않아야 한다. 이 글의 요지는 안심으로
점검하라는 것이다.

　"그래? 그 불안한 마음을 가져오너라. 내가 편안하게
해주리라."

지금 바로 깨달음 얻기

손바닥을 뒤집으면 얻을 수 있는
그 간단한 깨달음이
'지금 이대로'는 안 된다고?

더 의식적이어야 하고
더 환해져야 하고
감정을 더 통제할 수 있어야 하므로
그래서 더 닦아야 한다고?

지금 이대로는 부족하므로
뭔가 조작해야
깨달음을 얻을 수 있다고 생각하는 한
절대로 깨달음을 얻을 수가 없다.

잘 먹고 잘 사는 것이 깨달은 이의 삶이 아니다.
그냥 '주어지는 대로' 먹고 사는 것이다.
'잘'이라는 부사가 붙을 곳이 전혀 없다.
그러므로
지금 바로 끝내야 한다.

아니,
이미 끝나 있음을 보라.

워워워….
가던 길 멈추고
손에 움켜쥔 모든 것들을
내려놔 보라는 것이다.

걱정마시라.
내려놓은 것들은,
하나도 사라지지 않을 테니
안심하고 놔 보시라.

여전히 주먹을 움켜쥔 채 '얼음땡'을 하고 서 있으니
힌트 하나만 더 보여주겠다.

"아직 도달하지 못했다"는
당신의 생각이 유일한 장애물일 뿐이다.

깨달음은 사회의 것

　나의 글들은 독자에 대한 고려 없이 독백처럼 써
내려간 것이다. 그것은 '위없는 깨달음'에 대한 주관적인
설명이다. 깨어나고(깨닫고) 보면 깨달은 이는 특수
능력자, 인류의 구원자, 위대한 철학자, 진리의 대교사가
아니다. 깨어나는 것과 깨어난 이가 스승이 되는 것은
전혀 별개의 문제다. 나는 깨어난 이의 독백을 써온
것이다.

　대중 속에 섞여 있는 깨어난 자들의 의미는,
결과적으로 생각이 다른 사람들일 뿐이다. 그들은
운이 좋아, 생각이라는 대륙의 끝에 도달한 자들이다.
그러나 그들의 특수함이란, 혀가 동그랗게 말리는 DNA
유전자를 가진 사람과 그렇지 않은 사람의 차이처럼,
보통의 사람들과 조금 다른 것일 뿐이다. 깨어나서 보면
깨닫거나 못 깨닫거나, 모두 생각의 문제일 뿐이어서
깨달은 사람과 그렇지 못한 사람 간의 차별이 전혀
없다. 그래서 '깨어난 자'들이 함구하고 있으면 마치
인류 사이에 숨어 살고 있는 외계인처럼 구별하여
알아볼 수가 없다. 그들이 깨어났다고 커밍아웃을 해도

마찬가지이기는 하다.

하지만 그들의 내면은 생로병사의 시달림으로부터
완전히 벗어나서 꿈의 여행을 즐기고 있는 사람들이다.
그 여행에 가족과 친구와 이웃들을 초대하기 위하여
자신의 상태를 설명하거나 깨달음을 소개하는 순간,
그들은 모순의 불구덩이에 던져지게 된다. 언어를
사용하여 생각의 부조리함을 설명하거나, 깨달음과
그렇지 못함의 차이를 구분하여 설명한다는 것은 이미
틀린 짓이다. 개구즉착開口卽錯이다. 또한 깨어나는 일도
'무아의 의지'가 얻어내는 것이 아니다 보니, 깨어나라고
말을 꺼내는 것이 계기가 될지언정 유의미한 일이 되지
않는다.

그런데 부처를 비롯한 많은 선지식들, 스승들은 왜
그 많은 경전과 어록을 남긴 것일까? 이 무지렁이조차도
이해한 '깨달음 DNA'의 운명적인 작동을 그들은 몰랐던
것일까? 고타마가 깨달음을 얻은 후 진리를 설파하려던
마음을 주저하다가 제석천帝釋天의 간청에 의하여
나서게 되었다는 것은 무슨 의미일까?

깨달은 자들이 언어를 사용하여 설법을 시작한
것은, 언어에 대한 실제 소유자인 사회를 향한 행위이다.
물론 바지사장 격인 각 개인들을 향해 울리는 자명종

소리이기도 하지만, 결과적으로는 살기 좋은 세상을
만들어야 한다는 사회적인 목적을 갖고 있다. 타깃의
핵심이 개인이 아니라 사회라는 것이다. 일반 대중이
사용하는 정치 경제적인 주장과는 다른 종류이지만,
적극적으로 사회에 참여하고 개혁하고자 하는 태도였다.
개인적인 성찰과 깨어남뿐만 아니라 사회적인 성찰과
사회적 실천을 요구한 것이다. 이 시대에는 이렇게
해석해야 한다.

고타마의 일생을 살펴보면 공양하고 많은 시간을
들여 강좌를 펼치고, 남은 시간에는 정좌하고 선정에
들었다고 되어 있다. 조금 단순화하여 말하자면 잠을
많이 잔 것인데 왜 그랬을까? 부처에게 더 이상의
수행은 전혀 필요 없으므로 선정은 휴식일 뿐이다.
그런데 휴식의 방법으로 오직 선정밖에 없었을까? '내가
해봐서 아는데', 그거 심심하다. 물론 깨달은 이에게
심심함은 지루함이 되거나 답답하지는 않으며, 비교하여
더 좋은 휴식의 방법을 구태여 찾을 필요도 없다. 그러나
고타마가 유독 선정을 선택하여 여가를 보낸 것은,
다양한 사람들이 모여든 승가僧伽를 이끌고 가려는
헌신인 것인데 이를 오해하는 경향이 많다.

토굴에 선객을 모셔놓고 20년간 뒷바라지를
하던 한 노파가 자기의 딸을 선객에게 들여보내 그를

2. 깨달음 수업

껴안아 보게 했다. 선객은 미동도 하지 않으며 "굳이
말로 표현하자면 고목나무가 엄동설한에 차디찬
바위를 기대고 선 것이요"라고 여인을 품은 느낌을
말했다. 그러자 노파는 "흑산귀굴黑山鬼窟 속에 앉은
사마死魔"라고 표현을 하면서 암자에 불을 지르고
선객을 좇아내 버렸다.

　　과정과 결과가 동일시되어서는 안 된다. 병아리가
계란에서 나온 것은 맞지만 그런 이유로 계란을 계란
상태로 보존하는 것은 옳지 않다는 것이다. 계란은
과정일 뿐이다. 자기 몸 하나 겨우 건사하는 벙어리
되자고 노파의 20년 수발을 받아먹은 것은 아무런
의미나 공덕이 없다. 벙어리가 아니라 병아리 짓을
하라는 것이다. '사마死魔'라는 딱지가 마음에 들지
않는다면 애초에 대중에게 신세지지 않으면 된다.
하지만 자기 돈으로 밥을 사 먹는 일도 대중의 도움이
없으면 어찌 가능하겠는가?

　　고타마는 선정을 탐욕하지 않았으며, 선정의 힘에
기대어 살아가는 에너지를 얻는 것도 아니었다. 그의
선정은 수행공동체를 이끌고 가는 방법이고 방편이었을
뿐이다. 십우도의 마지막 그림을 입전수수入纏垂手라고
하는데, 진리와 하나가 된 사람이 거리로 돌아가
사람들과 더불어 사는 그림이다. 벙어리가 아니라

계란을 깨고 나온 병아리가 되라는 것이다.

병아리가 되자마자 엉덩이에 뿔 달리게 되는 일도
경계를 해야 한다. 언어와 사회가 없었다면 망상이나
깨달음도 없다. 그것들은 사회가 낳은 생산물들이다.
전두엽에서 언어구조를 제거한 개인에게는 깨달음이
있을 수가 없다. 앞에서 깨달음의 실 소유자가 사회라고
한 이유이다. 깨달음의 결과가 개인에게 남는다고
생각하면 안 된다. 개인은 깨닫기 전에 이미 자유 그
자체이며 생사의 걸림이 없는 상태이다. 사회화된
개인만이 무명에 빠진다. 그러니 경지를 구하는
개인이라는 것이 얼마나 어리석은 것인가를 알아야
한다.

우연히 한소식 얻고서는 기세가 등등해져서 스승질
하려고 나서는 일이 개인의 잘못은 아니다. 잘못 이식된
고정관념의 영향을 받는 업장의 결과이다. 스승이란
인류의 꽃 중의 꽃이다. 그들은 깨달음을 얻는 것 외에도
인성(심리)에서 왜곡된 일체의 업장이 이미 청산되어
있고, 모든 사람들과 소통하고 설득할 수 있는 지성을
갖춘 사람들이다. 이것은 개인의 단독적인 노력만으로
얻어지는 것이 아니라서, 깨달은 이가 노력한다고
스승이 될 수는 없다. 깨달았을 때 이미 스승이 아니라면,
깨닫고 나서 노력한다고 스승이 되는 일은 희유한

일이며, 되려고 노력할 이유나 필요도 없다.

　고타마가 제자들을 받아들인 후 며칠만의 집중적인 대화를 통해 그들이 깨어나게 했다는 경전의 내용은 결코 신화가 아니다. 그런 것이 스승이다. 스승의 자질을 갖추지 못한 사람이 스승으로 나서는 것은 위험한 일이다. 불교에서의 인가제도는 깨달음에 대한 것이 아니라 가르치는 능력에 대한 것으로 해석하는 것이 합리적이다. 지성이 부족해도 깨달을 수가 있으므로, 자신의 경계에 대한 잘못된 해석을 다른 사람들에게 강요할 경우 사회의 해악이 되므로 이런 문제점을 제도적으로 관리하는 것이 인가제도이다.

　고타마가 남긴 팔정도를 단편적으로 해석하면 신구의身口意 삼업三業을 삼가라는 것이다. 삼간다는 것을 조금 과장해서 설명하자면 하지 말라는 것이다. 생각하지도 말고, 말하지도 말고, 행동하지도 말라는 것이다. 즉, 업장 짓지 말라는 것이다. 한 생각, 한 마디 외침, 눈썹 찌푸림 한 번으로 세상이 망하기도 하고 흥하기도 하기 때문이다. 고타마가 일상의 남는 시간을 선정으로 보내고, 신구의 삼업을 삼가라고 한 것은 개인의 휴식이나 안위를 위한 것이 아니라, 승가 또는 세속에서 함께 사는 타인을 배려하라는 가르침이다.

이를 오해하여 열반을 누린답시고 종일 잠에 빠져 있거나, 죽은 날짜 받아 놓은 것처럼 세상을 등진 벙어리가 되어서는 안 된다. 깨달음은 생각의 영역에서 일어나는 일이고 생각이란 활발발한 것이다. 깨달음이 생각의 일이며 사회적인 현상임을 놓쳐서는 안 된다. 개인이 잘나서 취득한 것이 아니라 사회적 역할분담의 작용으로, 운명적으로 주어진 것이다. 그래서 깨달은 이들은 자신의 깨달음을 사회에 돌려주어야 할 의무가 있다.

깨달은 이들은 인류의 꽃이다. 일반 대중들에 비교하여 독보적이고 차별적 위상을 갖췄다는 것이 아니라, 인류의 자원을 이어받고 인류를 대표하여 생각의 끝에 도달했다는 것이다. 그러므로 그들은 꽃잎의 화려함을 떨구고 저잣거리의 대중이 되어서 사회 전체의 인성과 지성이 진화할 수 있는 업장의 씨앗을 뿌려야 한다. 그들이 역할을 버리면 그 꽃이 피기까지 광합성을 한 잎새들, 물과 영양을 빨아올린 뿌리와 줄기들, 그리고 함께한 햇빛, 바람, 대지, 곤충들의 노력들이 의미 없이 사라져 버리는 것이다.

현응 스님은 그의 저서 『깨달음의 역사』에서 보디사트바(Bodhisattva)를 독특하게 설명하였다. 보살이라고 사용되고 있는 이 단어를 보디(깨달음)과

사트바(역사)의 합성어로 보았으며, 깨달은 이들이 열반적정에 머무르는 초기불교의 아라한에서 벗어나 보디사트바가 되는 것이 대승불교의 다른 점이라고 설명하였다. 그래서 '실천을 통해 삶과 세계(역사)를 만들어 가거나 변화시켜 가는 일'을 하는 보디사트바가 되어야 한다고 하였다.

그렇다. 성경 마태복음의 표현처럼 '가이사의 것은 가이사에게' 돌려주어야 하기 때문이다. 깨달음은 사회에 속한 것이며, 과학기술과 가치의 진화가 비등점에 근접해가고 있는 이 시절에 인류의 등대 역할을 할 수 있는 사람들은 오직 보디사트바들이다. 어쩌면 이 시절을 위하여 그 오랜 시간을 개인적인 전승으로 깨달음의 등불을 지켜온 것일 수도 있다.

다시 나의 이야기로 전환한다. 나는 깨어나기 전에 은둔을 선택했다. 나의 은둔은 도피나 포기가 아니라 거부와 단절이라는 적극적인 실천이며 구체적으로는 허구적인 소비의 회피였다. 나는 무정부주의와 무소유 공동체를 염원한다. 사회적, 경제적, 정치적 지배자가 없는 상태를 지향하는데, 현실에 대한 투쟁방법은 소유 사회에 대한 참여 거부를 선택한 것이다. 물론, 나는 여전히 자본주의의 끄트머리에서 기생하며 잘 살고 있으며 이념적인 실천만 하고 있다. 비폭력 무소유 공동체는 씨앗조차도 존재하기가 불가능한 현실이어서, 그것은 진화가 아닌 창발로써만 태동할 수 있으므로 내가 선택할 실천이란 거의 없다. 무소유 비폭력주의자임을 커밍아웃하는 순간 부조리해지거나 죽임을 당하는 것 중 하나를 선택해야 하기 때문이다.

미국의 레이건 대통령이 오레곤주에서 성공적으로 정착한 오쇼 공동체를 여러 가지 방법을 동원하여 철저하게 파괴하였고, 오쇼 라즈니쉬에게 독극물을 주입한 뒤 추방하여 오랜 시간 세계를 떠돌게 했었던 역사적 사건이 바로 그 사례이다.

내가 깨어나서 1년간 글을 쓰고 난 뒤에 은둔 이외의 실천 방법을 생각하게 되었다. 생각의 끝에 닿아 있는 특수한 경험자의 시각에서 사회의 발전에 대한 이야기를 대중들에게 소개할 수 있겠다는 것이다. 그러나 어떻게 설득력 있게 이야기를 풀어낼지에 대해서는 전혀 아이디어가 없다. 대중과 소통하기 위해 가장 적절하게 사용할 수 있는, 축적되고 검증된 지식체계에 대한 선행 학습이 너무 일천한 것이다.

앞으로 나의 글쓰기가 어떻게 되어야 하는가에 대한 생각이 여기에서 생겨났다. 시중에는 행복 만들기에 대한 고만고만한 수필들이 이미 차고 넘친다. 내가 숟가락 하나 더 얹기에도 밥상이 벅찰 정도로 보인다.
이미 마친 이야기를 중언부언하는 어설픈 글 장난으로
쓰레기만 늘어놓느니, 내 깜냥에 만족하고 밭으로
돌아가 기존의 진지라도 사수해야 할 것 같다.

　　지금 시대의 사회문제의 해결은 잡아당김이 아니라
모두 놓아야 가능하므로 지식적 체계 조차도 모두
놓아야 한다고 적극적으로 '잡아당기며' 사회 참여를 할
수도 있겠지만, 그런 일도 지적 설득 과정이 필요하여
윽박질러 될 일이 아니다.

　　나는 이 문제를 해결하기 위한 어떤 고민을 하고
있지는 않으며 별다른 노력을 기울이지도 않고 있다.
지금은 특별히 할 일이 없고 시간이 필요한 것 같아
멈춰 있을 뿐이다. 단지 우연히 어떤 대화, 어떤 책
또는 사상의 흐름이나 과학의 연구 결과에 필이 꽂혀서
공부하고 글을 쓰게 될 수도 있겠다. 어디로 가게 될지는
여전히 오리무중이다. 그래도 좋고 그래서 좋다.

수행의 방법

수행하는 사람이 증득함을 얻고자 하거나
전지전능을 꿈꾸게 되는 것이 왜 문제인가를 설명한다.
인간은 '자연自然지능'과 '사고思考지능'이라는 두
종류의 지능에 의존하여 생을 유지하고 있다.

지구상에 현생 인류가 등장한 것은 15만 년에서 25만
년 전쯤이다. 구 인류와 현생 인류를 구분하는 존재인
호모 사피엔스는 '지혜가 있는 사람'이라는 의미다. 호모
사피엔스가 언어를 사용할 수 있게 된 것은 추상적인
사고를 하게 되었기 때문이다. 구체적인 대상물들은
물론 죽음이나 신에 대한 개념을 만들고 사용하였다.
그래서 그들은 시체를 매장하였던 것이다.

'사고지능'은 생각하는 능력이다. 호모 사피엔스의
특징을 언어와 관념의 사용으로 보고 있으니,
'사고지능'의 역사가 대략 20만 년이지만, 설형문자를
만들어 사고의 내용을 유기체 외부에 저장할 수 있게 된
3,300년 전부터 '사고지능'이 본격적으로 시작되었다고
볼 수 있다.

'자연지능'이란 생명체가 환경에 대응하는 능력이다.
그 역사는 지구에 생명체가 나타난 시점으로 보면 약
38억 년이고, 유인원에서 인간이 분리된 것을 기준으로
한다면 600만 년이 된다.

　인간 유기체에는 최소 600만 년의 '자연지능'과
최대 20만 년의 '사고지능'이 공존하고 있다. 대조를
극단화하여 표현하자면 38억 년 된 '자연지능'과
3,300년 된 '사고지능'의 공존이다. 두 지능은 인간
유기체의 생존에 관련한 각각의 역할을 하고 있지만
서로 만나지는 않는다. '자연지능'은 실상의 세계에서
자극과 대응이라는 연기緣起의 과정으로 기능하고,
'사고지능'은 오감의 신경세포에 파동으로 전달되는
실상계를 관념으로 추상하여 만든, 가상현실의 세계를
관리하기 때문이다.

　'자연지능'에는 주체가 없다. 그것은 생명 에너지의
'활동장'을 이루는 여러 연합체들의 유기적인 현상이다.
유기체 내부에는 혈액, 근육, 뼈, 신경, 털, 백혈구 등과
같이 다른 형태를 띠지만 동일한 DNA를 갖고 있는
세포들과 그렇지 않은 여러 종류의 미생물 그리고
기생충이 공존한다. 체내 미생물의 종류는 2,000여
종이고 그 숫자는 사람 체세포 수의 10배에 달하며
총질량은 1kg 정도라고 한다. 생명체는 아니지만 각종

무기질, 산소, 물, 빛, 기압 등도 연합체의 필수 요소이다. 유기체는 외부의 생태계에도 의존하는데, 많은 동식물과 미생물 그리고 공기, 대지, 태양, 비, 바람으로 구성된 거대한 관계망이다.

유기체 내외부의 전체 요소들이 일정한 순환과 평형을 유지하도록 하는 것이 '자연지능'의 역할이다. 거기에는 주종, 우열, 선악, 차별이 없다. 활동하는 에너지로 가득하고 생멸하는 사건들이 연속될 뿐, 홀로 독립되어 고정된 실체나 그것의 '지능'이라는 것은 없다.

이와 달리 '사고지능'은 다른 모든 것들과 뚜렷하게 구분되는, '나'라는 주관적인 관념체의 사고 능력이며 인간 뇌의 전두엽에서만 작동된다. 시간과 공간의 차원을 만들어 놓고, 현상계의 사건을 상징화한 개념들을 거기에 배열하여 객관의 세계를 구성한다. 그 세계에는 실체를 추상한 개념들 외에도 관념적인 필요에 의하여 상상으로 만든 개념들도 포함되어 있다. 예를 들면 영혼, 신, 수학의 점과 선 등이다.

'사고지능'은 생득적이거나 저절로 발현된 것은 아니며, 집단지성이 개별 유기체의 뇌에 후천적으로 이식된 것이다. '사고지능'은 관념화된 기억, 구분, 비교를 통하여 작동된다. 이를 바탕으로 새로운 행동

목표가 설정되고 심리적인 욕망이 따른다. 그래서 외부의 자극 또는 유기체 내면의 욕구에 대응하며 평행 상태를 유지하려는 '자연지능'과 달리, '사고지능'은 끊임없이 자기 한계를 초월하려고 하며, 그것을 발전 또는 진화라고 한다.

'사고지능'은 인간 개체의 전두엽에서 작동되지만, 개체보다는 사회 집단에 의미가 있다. 달리 설명하자면, 특별한 계기로 죽을 때까지 외부와 연결이 끊긴 채 홀로 살아가게 된 사람이 있다면, 그 시점부터 '사고지능'의 대부분은 그의 생존에 아무런 의미가 없다는 것이다. '사고지능'이 만들어낸 진보의 결과물들은 실상의 세계 또는 전두엽의 주인과는 큰 상관이 없다. 이름이 홍길동이고, 남성이며, 의학박사를 취득했다는 것이 나 홀로 존재하게 되면 아무런 의미가 없게 된다. '사고지능'은 오직 집단지성 내에서만 의미가 있다.

인간 유기체의 생존은 '자연지능'에 의존하여 가능한 것이다. 대부분의 생명체들은 '사고지능' 없이 '자연지능'으로만 완벽하게 살아간다.

'사고지능'의 등장이 생명체 진화의 일부인 것은 맞지만 결과적으로 보면 돌연변이적인 일탈이다. 그것은 일반적인 자연 진화 현상과는 달라서, 피부의 표면에서 털이 사라지거나 거친 음식에 대한 적응력이 약해지는 등의 신체적인 역진화를 만들었다. 인간이 관념 세계에 적응하고 자연 세계를 떠나게 된 결과이다. '사고 지능'은 무생물(기계)의 지능(인공지능)으로 도약을 준비하고 있다. 이것이 현실화된다면 생명의 확장이라기보다는 관념의 비약이다.

그렇게 진화된 세계를 상상해보면, '사고지능'의 원천인 기억들이 필요에 의하여 가공될 것이고, '사고지능'의 탄생에 필요했던 시간과 공간이라는 답답한 둥지를 벗어나 시공간을 초월하는, 새로운 가상현실에 거주할 것이다. 고통과 행복은 호르몬의 주도적인 분비 관리를 통해 조절되며, 연약하고 효율이 낮은 장기들은 유전자 조립으로 제거되거나 기계로 대체되고, 수명도 선택할 수 있게 됨으로써 마침내 영생을 성취한 신이 될 것이다. 그것이 과연 진화의 꽃이 만개한 유토피아가 될지, 생명계의 암덩어리가 될지는 짐작할 수가 없다.

이렇게 예상을 하는 이유는 '사고지능'의 진화 과정이란 38억 년 동안 진화된 '몸'을, 등장한 지 겨우 3천 년된 '머리'가 이겨먹겠다는 도전의 역사이기 때문이다. '사고지능'은 필연적으로 전지전능을 지향한다.

2. 깨달음 수업

‘사고지능’의 탄생 동력은 본능적인 공포심이었다. 원시 동굴의 출구에서 기다리고 있는 야수, 끝없는 가뭄 위에 이글거리는 태양, 온 들판이 다 잠기도록 내리는 폭우에 대하여 속수무책이었던 인류의 조상은 공포와 한계와 고통으로부터 영원히 벗어나고 싶다는 욕망을 가질 수밖에 없었다. 자연과 싸워 이기기 위하여 육체의 힘을 키우는 대신, 집단지능을 창조했다. 언어와 문자의 발명으로 가능해진 일이다. 이런 태생의 원인으로 인하여 ‘사고지능’은 욕망의 확장을 추진하는 원동력이 되었다.

　제목을 ‘수행의 방법’이라고 붙여놓고 시답지 않은 지능의 역사를 서술하는 것은, 대부분의 수행이 ‘사고지능’의 프레임을 그대로 수용하고 있는 오류를 설명하기 위함이다. 끝없는 진화를 요구하는 ‘사고지능’의 비교와 판단이 사라지면, 이미 아무런 문제가 없는 유토피아이다. ‘사고지능’이 실상계 위에 덧씌운 망상임을 깨달아 온 세상이 이미 충만한 자유임을 알게 되는 것이 수행의 방법이고 목적이다. 그러나 대부분의 사람들은 수행을 시작하면서 ‘사고지능’의 프레임을 따라서 자신의 에너지를 투자하여 부족한 자아를 위대한 자아로 진화하려는 노력에 빠진다.

고타마가 말하는 깨달음은, 갈고 닦아 발전하여 완성하라는 것이 아니라 '사고지능'이 가상현실이라는 것을 깨치는 순간 지금 이대로 자유라는 것이다. 이런 내용을 '사고지능'으로 설명해야 하는 모순된 일이기에, 처음에는 주저했지만 결국 무아와 연기, 사성제와 팔정도로 이론과 실천방법을 세상에 밝힌 것이다.

그러나 대중의 원시적 본능에 뿌리를 박고 있는 '사고지능'의 반발력이 너무나도 거대하여 고타마의 사후 약 700년이 되어서는 고타마의 가르침에 다시 선정 수행이 덧붙여지고 교리에는 힌두적 관념이 스며들었으며, 미륵 신앙이 성행하게 되었다. 다행스러운 것은 이렇게 어두움이 덮칠 때마다 용수(나가르주나), 육조 혜능, 임제 등의 거대한 촛불들에 의하여 고타마의 가르침은 빛을 회복하며 오늘까지 전승되어왔다. 그러나 불교의 수행법과 교리에는 이미 '사고지능'의 프레임이 잔뜩 자리를 잡고 있어 고타마의 가르침이 외면당하는 현실이다.

진리는 '사고지능'의 발전 프레임에서 깨어나는 것이다. 그것을 '사고지능'으로 이해하고 몸으로 체득해야 한다. 체득이란 '자연지능'을 '사고지능'으로 습관 들여 의식화하는 것이다. '자연지능'을 습관 들인다는 것은, 대처하고 조작하지 않아도 모든 세계가

저절로 완벽하게 존재한다는 스스로의 확인에, 온전히
맡기는 생활을 하게 되는 것이다.

많은 사람들이 진리에 대한 공부나 수행을 잘못
이해하고 있다. 진리를 구하고자 한다지만 시작부터
'사고지능'의 프레임에 갇혀서, 대단한 능력을 개발하여
초월적인 존재가 되려고 한다. 올바르게 깨어나지
못한 사람들의 그런 가르침으로 대중의 시간과 열정을
낭비시킬 뿐만 아니라, 잘못된 믿음을 강요하며
갈취하는 경우도 많다. 진리는 간단하다. 우리가
뒤집어쓰고 사는 '사고지능' 프레임의 본질을 이해하고,
그것을 활용할지언정 속박되지 않도록, 이해하고 습관을
들여 체득되면 된다.

'몸'은 이미 완벽하다. 그러므로 '몸을 이겨먹겠다는
머리'의 비현실적인 꿈을 걷어차는 것이 바로 수행의
방법이다. 고타마는 제자들에게 믿으라고 강요한
적이 없다. 몇 날 며칠을 토론하여 그 자리에서
이해하거나 깨어나게 하였다. 무아와 연기를
이해하고(법등명), 생각에 휘둘리지 않는 효과를 직접
연습 검증하며(자등명) 체득되는 것이다.

깨어나지 못한 사람은 선지식이나 참된 스승을
만나도 절대로 알아볼 수 없다. 상식이나 고정관념으로

구분할 수 있다면 진리를 수행할 필요도 없다. 그러므로 권위나 교리 또는 믿음에 굴복하지 말며, 경전의 잡다한 해석이나 설법하는 자에게 의존하지 말고 법등명 자등명해야 한다. 고타마가 불을 이미 켜놓았으므로, 무아와 연기를 생각으로 이해하는 것(법등명)이 그리 어렵지는 않아, 많은 사람이 자기 스스로의 노력으로 올바른 방향을 잡을 수 있다.

깨달은 사람은
정보를 하나 더 갖고 있을 뿐이다

　행복하고 자유로운 삶을 살고 싶다면, 지금 이미
완전히 행복하고 자유롭다는 숨겨진 사실만 알면 된다.
대부분의 사람들이 노력하는 것처럼, 불행의 원인을
찾아 개선하거나 문제들을 없애는 방법은 끝이 없는
무한반복에 빠지게 할 뿐이다. 그러므로 행복이라는
미래의 목적을 위하여 노력할 필요가 없다. 진실을
가리고 있는 착각들이 사라지면, 이미 행복한 상태라는
사실이 드러나게 되고, 새로운 이해가 습관으로
뿌리내리면서 다시는 불행에 빠질 수 없게 된다.

　이러한 깨어남은 우주의 생성과 운영에 관한 엄청난
비밀들을 알게 되거나, 새로운 영적 존재로 변화하여
얻는 것이 아니라, 무아無我와 연기緣起라는 오직 하나의
새로운 정보가 추가되어 얻어지는 것이다.

　고타마의 위대함은 이러한 사실을 최초로
설파했다는 것이다. 고타마 이전에도 진리를 깨달아
자유롭고 강력한 삶을 살았던 사람들이 있었지만, 그
진리를 보통의 사람들이 이해하고 실천할 수 있도록

설명한 것은 고타마가 처음이었다. 다른 선각자들은 진리를 얻기 위해서 남다른 수행을 해야 한다고 가르쳤고, 진리는 말로 설명할 수 없다며 믿음을 제시하거나 침묵했다.

출가한 고타마도 당대의 중요한 수행법에 온몸을 바쳐 노력했다. 최고 경지의 무념무상에 이르렀고, 수년간의 극심한 고행을 직접 겪었다. 당시 인도 사회의 양분된 진리 수행법인, 유신론적인 전변설全變設과 유물론적인 적취설積聚說을 기반으로 하는 모든 수행들을 마스터한 것이다. 그러나 고타마의 초인적인 노력에도 불구하고 그런 방법들이 정답이 아니라는 사실을 알게 되자, 그는 보리수나무 아래 앉아 사색을 시작하였다. (보리수나무 아래에서의 사색이란, 경전에 묘사된 '득도의 사건'이 아니라 무아와 연기설을 스스로 풀어내는 과정을 상징한다.)

그 사색의 결과가 바로 무아와 연기이고, 이를 이해하고 실천하는 방법으로 사성제四聖諦와 팔정도八正道를 제시했다. 불교가 소승과 대승으로 갈라지고 팔만대장경과 다양한 종파들이 쏟아져 나왔지만 거의 대부분이 무아와 연기를 기반으로 펼쳐졌다.

2. 깨달음 수업

    무아와 연기를 내 방식대로 간단히 설명해본다.
사람이 사용하는 지능을 '자연지능'과 '사고지능'으로
구분한다. 자연 지능은 현상계에서 일어나는 모든
법칙들이다. 전자電子가 원자의 핵을 도는 규칙,
번식기가 되면 목숨을 걸고 짝짓기를 시도하는 종족
번식 본능, 추운 겨울이 오면 나뭇잎을 떨구고 활동을
최소화하는 낙엽수, 감기 바이러스에 감염이 되었을 때
체온을 올리는 면역 시스템 등이다. 사고 행위의 개입이
필요하지 않으며, 인과에 반응하여 저절로 생멸하는
규칙들이다.

    자연지능과 달리 인간의 진화과정에서 생겨난
전두엽의 사고능력으로 가능해진 사고지능이 있다.
덧셈을 하고 구구단을 외워 활용하며 자신이 속한
사회와 국가를 알고 그 공동체의 각종 문화와 가치를
이해한다. 유인원과 인간의 차이점을 설명하며, 우주를
창조했다는 신을 믿기도 한다. 유전적으로 사고지능의
하드웨어를 갖추고 태어나지만, 유아기의 적절한
시기에 사회(가족)로부터 소프트웨어를 이식받지 못하면
죽을 때까지 작동 못한다. 인위적이고 후천적이다.
사고지능을 간단히 표현하면 '생각'이다.
    사고지능은 오직 인간의 머릿속에서만 일어나는
가상의 현실 시스템이어서, 외계의 생명체가 지구에
도달할지라도 인간 머릿속의 가상현실로 진입하지

않으면 소통은커녕, 상호 인식조차 불가능할 수도 있다. 사고지능은 자연에 실존하는 규칙이 아니라, 인간의 전두엽에만 존재한다. 인간 개체의 사고 지능은 집단의식의 모듈로써, 집단의식에서 생산되는 가상현실의 정보들을 '수용-학습-전파'하는 단말적 기능을 수행하는데, 그런 기능을 '나'라는 주체적 존재로 설정하게 되어 유아론有我論에 빠진다. 이 오류를 수정하기 위한 고타마의 설명이 무아와 연기이고, 단축하여 표기하면 무아론無我論이다.

무아론은 사고지능의 주체인 '나'의 실체가 없다는 것이다. 기능으로써 존재하지만 해부학이나 심리학으로 실체를 발견할 수 없다. 주재자로써의 '나'는 오직 생각에만 존재할 뿐이며, 실상계實像界에는 인과에 따라 저절로 일어났다가 사라지는 사건들의 연속으로만 가득차 있다. 현상계現像界에서도 신체와 최저 수준의 심리는 자연 지능에 의하여 저절로 완벽하게 운영되고 있으므로 거기에 '나'가 낄 자리는 없다. 만일 무인도에 고립되어 홀로 살다 죽게 된다면 사고지능이 필요없다. 퇴화한 자연지능을 대체할 몇 가지 지식들만 사용될 것이다.

다시 본론으로 돌아간다. 보리수나무 아래에서 만들어진 고타마의 무아와 연기에 대한 가르침은,

사색의 결과이며 사고지능에서 일어난 사건이다. 인간의 전두엽이 만들어낸 가상현실에서 생겨난 성과이다. 고타마가 참신한 최고급의 정보를 가상현실 세계에 유포한 것이다.

오해하면 안 된다. 고타마가 사색으로 깨달았다고 주장하는 것이 아니다. 그런 설명이 맞다면 고도의 사색 능력을 갖춘 대부분의 철학자와 과학자들은 생로병사를 벗어났어야 한다. 깨달음은 사고지능만으로 가능하지 않다. 그러나 사고지능(생각)이 없다면 깨달음이라는 것은 아무런 의미가 없다. 인류가 만든 가상현실 세계를 떠나서 깨달음이 필요한 곳은 없다. 그러므로 깨달음과 이에 관련한 모든 가르침들도 모두 가상현실 세계에서 생멸되는 관념이다.

많은 수행법을 거친 고타마가 그런 수행법들이 올바른 방법이 아니라는 것을 이해하고 버렸다는 것은, 고타마가 보리수나무 아래 앉기 이전에 이미 진리를 체득했음을 보여준다. 힘든 수행 과정을 거치며 깨달음을 얻었지만, 그 수행의 목적을 완전히 달성한 성과로 깨달음을 얻은 것이 아니라, 수행을 시작할 때 설정했던 목표와는 무관하게 진리를 체득한 것이다. 이런 사실은 고타마가 겪었던 선정과 고행의 수행법을 제자들에게 추천하지 않았다는 사실로 확인할 수 있다.

보리수나무 아래서의 사색은, 그의 깨달음을 가상현실(생각의 세계)에 풀어내는 과정이었다. 고타마에게 생겨난 깨달음의 결과는 안심安心이다. 절대로 흔들리지 않으며 애초에 불안했던 적조차도 없었던 완전한 안심에 이미 도달하였기에, 선정과 고행의 끝이 없어 보이는 목표를 향해 더 나아갈 필요가 사라진 것이다. 그래서 그는 깨달음의 과정과 내용을 사고 지능으로 다시 이해하기 위하여 보리수나무 아래 앉아 사색을 시작했고 무아와 연기설로 밝혀냈다.

무아와 연기를 설명하는 궁극적인 목적은, 모든 중생들이 지금 이미 완전히 행복하고 자유롭기에 그 사실을 알기만 하면 된다는 것이다. 명백하여 조금도 의심할 여지가 없었던, '나'라는 주재자는 실재하지 않는다. 인과를 따라 자동으로 생멸하는 사건들을 집합적으로 해석하여 가상현실의 삼라만상으로 구성하고, 그중에 '나'라는 허깨비를 세워서 저절로 생멸하는 일들을 주재, 주관하겠다고 하니 필연적으로 불행한 것이다. 그러므로 '나'라는 허깨비가 망상임이 드러나면 불행은 사라진다. 선정과 고행에 매달리지 않더라도, 무아와 연기를 이해하고, 실천하며 검증하면 누구나 깨어날 수 있다고 고타마는 설명했다.

인간이 언어를 사용하게 되고, 문자와 책과 같은

외부의 저장장치를 사용하게 됨으로써 가상현실의 집단 네트워크가 시작되었다. 집단지성과 집단의식이 발달한 결과로 호모 사피엔스는 지구의 지배자로 등극하게 되었지만, 각 단말 모듈들이 불행을 잉태하게 된 것은 필연적인 부작용이었다. 가상현실의 동력이 되었던 지성은 과학의 발달을 가속시켜 초미시의 세계와 거시 세계를 밝혀서, 파동으로 춤추는 우주를 드러내고 있다. 과학은 인간이 보고 있는 우주가 가상현실임을 밝혀가고 있다.

고등교육을 받은 사람들이 고타마의 무아론을 상식으로 이해할 수 있는 환경이 구축된 것이다. 그러나 한편으로는, 인간이 자연으로부터 유리된 채 관념적이고 가상적인 세계에서 대부분의 삶을 보내게 됨으로써, '나'라는 허깨비의 망상력도 더욱 강력해졌다.

깨달은 사람이 새로운 의식을 얻거나, 기존의 의식이 질적인 변혁을 얻는 것이 아니다. 다른 사람들과 동일한 자연지능과 사고지능을 갖고 있다. 특수한 능력이나 차원 높은 사고 지능을 갖추는 것이 아니므로, 진리를 얻기 위해 무엇인가를 갈고닦은 것도 아니다.

깨달은 사람들이 그렇지 못한 사람들과 다른 점은 단 하나이다. 깨달은 사람들은 무아론이라는 중요한 정보를 이해하여 존재방식으로 삼고 있으며, 전두엽에서

진행되는 모든 연산 처리에서 그 정보가 고정 상수로
적용되고 있다.

　　무아론이 힘을 발휘하여 불행의 결박을 끊게 하려면,
알음알이와 허무주의라는 두 개의 덫을 피해야 한다.

　　먼저 알음알이에 대해서 설명한다. 현대의
철학자들과 불교학자들 중에 많은 사람들이 무아론을
인정한다. 그렇다고 그들이 모두 깨달았다고 하지는
않는다. 사람의 세계관이 유아론에서 무아론으로
완전히 바뀐다는 것은 자본주의를 사회주의로 바꾸는
것처럼 어려운 일이다. 예수가 니고데모에게 "거듭나지
않으면 하나님의 나라를 볼 수가 없다"고 설명한
것이 이 전환이다. 이것이 불교 유식학에서 설명하는
전식득지轉識得智다.

　　'나'가 없다면 이해할 주체도 없다는 점을 지적하여
무아론의 논리 모순을 지적한다면 여기에서 설명하는
무아가 추상적인 의미로 쓰인 것을 이해하지 못하는
것이다. 무아의 설명은 '나'가 현상적으로도 없다거나
제거되어야 할 대상이라는 것이 아니다. 무아론은 '나'의
본질이 사고지능 또는 생각일 뿐이어서 그 궁극적 실체
따위가 없다는 설명이다.

'나'가 없다고 하면, 그 비상식적인 충격을 있는 그대로 수용할 사람은 거의 없다. 그리고 깨달음을 얻은 사람들도 현상계에서 여전히 '나'를 중심으로 일상을 유지하며 살아간다. **무아론은 '나'의 없음이 아니라, 존재를 믿어 의심치 않았던 '나'의 실체가 단지 생각의 다발임을 깨우치는 것이다. '나', 사고지능, 생각은 모두 기능적 동의어다. 생명 현상과 에너지는 그 '나'에 갇혀있지 않다. 사고지능 없이도 모든 생명체가 잘 살아가고 있다.** 무념에 빠지면 무아가 된다. 잠에 들거나 기절하면 '나'는 자취를 감추지만, 생명은 자연지능의 힘에 의하여 저절로 지속된다.

여기까지 이해를 했는데, 왜 아무 일도 일어나지 않는 것일까? 명상가나 수행자들 중에도 무아론을 완벽하게 이해하고, 다른 사람에게 설명해 줄 수 있는 사람이 많다. 그러나 여전히 불안과 불만에 빠져 있는 경우가 대부분이다. **무아론이라는 정보가 사고지능에 추가되었음에도 여전히 생로병사에 시달리는 이유는 추가된 정보의 중요성이 최상위로 올라서질 못했기 때문이다.** 이 새로운 정보가 뇌에서 기본 프레임의 수준에 적용되어야 큰 힘을 발휘하므로, 뇌에 새로운 신경회로가 개통되고 그 회로 다발이 충분히 굵어지도록 자극을 주는 과정이 필요하다.

하나의 가상적인 예를 들어보겠다. 한 재벌가 총수에게 쌍둥이 사생아가 있다. 30년 전에 이 재벌 총수에게 내연녀가 있었는데, 본처가 휘두르는 생명의 위협을 피해서 시골로 피신하여 출산하다가 숨을 거두었다. 아이들은 위탁시설을 전전하다가 부랑자 수준의 사회생활을 하였다. 뒤늦게 이 사실을 알게 된 아버지가 자식들을 품 안으로 거두지는 못하더라도, 자식들에 대한 책임을 지고 싶어서 그들에게 사람을 보냈다. 자신이 아버지임을 밝히고 월 천만 원까지 쓸 수 있는 현금카드를 주면서 편안하게 살라고 하였으며, 그 대신 자신과의 관계를 세상에 밝히지는 말라고 당부하였다. 두 형제에게는 '나는 재벌 총수 OOO의 아들이며, 부자처럼 살 수 있다'는 정보가 추가되었고 현금카드도 한 장씩 주어졌다.

형은 이 꿈과 같은 사실을 믿을 수가 없어서 주변의 사람들에게 남의 이야기처럼 흘려 보기도 하고, 자신이 재벌 총수 OOO의 아들이라고 주장도 해보았지만, 손가락질과 비웃음만 돌려받았다. 가끔 편의점서 현금카드로 김밥이나 라면을 구입하지만, 그때마다 남의 카드를 쓴다고 신고당할까 심장이 쪼그라들어 불편했기에 마음대로 쓸 수가 없었다. 부랑자 생활을 지속하였고, 그 생활에 충분히 적응되어 있어서 삶을 억지로 바꾸고 싶지도 않았다. 그에게 부가된 추가

정보는 중요도를 잃고 바닥에 내쳐졌다. 아주 힘들거나 배고플 때 위험을 무릅쓰고 사용하려고 신발깔창 밑에 숨겨두었던 현금카드조차 신발과 함께 잃어버렸다.

한편, 동생은 자기 신분을 밝히지 말라는 아버지의 당부가 무거웠다. 그래서 함구한 채 현금카드를 조심스럽게 써보기 시작했다. 조금씩 사용액을 늘려갈수록 확신과 자신감이 생기자 백화점까지 출입하며 카드를 사용했다. 한 달에 천만 원을 다 사용하지 못하게 되면, 월말에 현금으로 인출하여 은행에 저축했다가 집과 차를 구입했다. 그는 자기가 재벌 OOO의 아들임을 믿어 의심치 않기에 현금카드를 사용하는 데 불안이나 주저함이 없었으며, 아버지의 생일에 익명으로 선물을 보내 감사를 표시하였다.

두 형제에게 발생한 차이는, 동일하게 추가된 새 정보가, 뇌의 정보 처리 과정에서 어떻게 자리매김을 했는가에 따라 드러난 것이다. 새 정보의 효용성과 그 힘을 절감하는 경험치가 많을수록 뇌에서 일처리를 하는 회로의 변경이 강력하게 진행된다. 예전에 사용되던 회로는 사용량이 줄어드는 대신 새로운 회로를 집중적으로 사용하게 된다.

무아론의 결과적인 내용은, 내가 애써 생각하고

고민하고 대처하려는 노력들이 의미 없다는 것이다. 생각이 무의미하다는 것이 아니라 번민에 빠지지 않는다는 것이다. 인과에 따라 저절로 생멸하는 것들에 대한 불필요한 걱정을 버릴 수 있게 된다. 이 사실을 확인하려면 무념의 상태와 비슷한 환경을 만들어보면 된다. 생각도 인과에 의하여 저절로 일어나는 것이어서, 의지로 생각의 생멸을 통제하지는 못한다. 그러나 생각이 꼬리를 물고 흘러가는 상황을 환기하여 다른 생각으로 전환시키거나 잠깐 끊어줄 수는 있다. 생각이 전환되거나 끊기는 시점은 찰나이지만 무념이다. 이 찰나의 경험에서 안도감을 얻을 수 있고 이런 경험들이 쌓여서 힘이 되는 것이다.

생각이 없는 상태에 처하게 되면 가볍고 행복해진다는 것을 모든 사람들이 경험으로 알고 있다. 무아론의 실천 검증 방법이 '생각 끊기'이다. 이것을 생각 없애기로 오해하면 안 된다. 생각 끊기는 미신이나 맹신적 신념 행위가 아니라, 실천하는 만큼 득을 볼 수 있는 현실적이고 효율적인 생활 방식이다. **지속적으로 생각을 끊어 무념에 대한 경험치를 늘려줄수록 힘과 효과가 강해진다. 그리고 생각을 사용하는 습관이 바뀌게 된다. 그렇게 흐르다가 어떤 비등점에 이르면 흔들리지 않는 안심이 완전하게 자리를 잡게 된다.** 그렇게 되기까지는 위의 예에서 동생이 했었던 것처럼 지속적으로 실천 검증하는 과정이 필요하다.

　　무아론을 논리적으로 이해하고 받아들이는 것은
손바닥 뒤집기처럼 쉽지만, 완전히 체득되는 것이
그리 간단치는 않아서 숨통을 끊는 한바탕의 겨루기를
피할 수 없다. 미망에서 깨어나겠다는 절실한 진지함이
필요하다. 그러나 완전히 깨어나겠다는 마음도 생각이고
욕망이라는 이해를 놓쳐서는 안 된다. 깨어남도 그
전후의 인과를 따를 뿐이다.

　　다음은 허무주의에 대한 경계이다. 이 문제에
대해서는 인도의 용수보살龍樹菩薩이 이미 완벽하게
견해를 밝혀서, "공空을 설한 것은 모든 견해로부터
벗어나 자유롭기 위함인데, 만일 견해를 다시 일으켜 그
공에 속박된다면, 그것은 참으로 구제하기 어렵다"고
하였다.

　　공空을 제대로 이해하였다면 그다음에 나오는 모든
생각들은 다시 유有의 견해로 돌아간 것임을 안다.
그래서 "'나'라는 것이 없다면 산다는 것이 무슨 의미가
있어?"하는 생각들에 다시 붙들리지 않는다. 견해(말)의
함정을 여실하게 알게 되어, 올무를 벗어난 새처럼
자유로워진다.

생각이 아득하게 떨어져 나가면 주객관의 모든 상들이 허깨비의 모습을 드러내는, '반짝'하는 경험이 일어난다. 이때 그 경험 뒤에, 그러면, 그건 그렇고, 하지만, 그러니까 등의 접속사들이 붙지 않아야 한다. 다시 생각(허깨비)에 사로잡히는 것이기 때문이다.

진리는 묶이거나 거칠 것이 없으므로 활발발活潑潑한 것이다. 진리는 유지되어야 할 특정한 상태나 경지가 아니라, 모든 현상 전체이다. **질병이나 장애를 갖더라도 활발발한 불편이나 고통을 갖게 되며 우울해도 활발발하게 우울하다. 고통이나 우울 그리고 죽음이 문제 되지 않는다. 문제라는 것들은 모두 생각이 만들어낸 해석에 불과할 뿐이고 실상에는 고정된 상태나 경지가 없으며 걸림 없는 활발발한 에너지들의 춤만 가득하다.** 여전히 아프고 우울하지만 그런 것들로 인하여 결코 불행하지 않다. 허무함과 우울감 때문에 의기소침해진다면 에너지가 여전히 망상에 갇혀 있는 것이다.

글이 길어져서 마무리 삼아 다시 정리한다.
행복하고 자유로운 삶을 살고 싶다면 이미 완전히 행복하고 자유롭다는 사실을 깨닫기만 하면 된다. 이미 충분히 행복한 상태임에도 불구하고 행복하고 싶다는 생각에 빠져 있기 때문에 고통스러운 것일 뿐이다.

2. 깨달음 수업

세상의 본질은 무아와 연기여서 모든 것이 지금 이대로 완벽한 사건들의 연속인데, 그 현상들 중에 일부를 붙들어 '나'라는 말뚝으로 세우고 여기에 여러 대들보를 갖다 붙여 집을 만들고 유지해야 한다는 망상에 사로잡혔기에 불행한 것이다.

중학교 수학에 나오는 근의 공식을 이해하는 정도의 지능이라면, 무아와 연기를 논리적으로 받아들이지 못할 이유가 없다. 무아와 연기가 바로 법등명法燈明이며 진리에 대한 이해는 이 설명으로 충분하다. 이 과정에서 어려움을 겪는 사람도 있다. 그런 사람들에게 힌트를 주자면, 무아론을 이해하지 못해도 된다. 그러니 믿을 필요는 더욱 없다. 몸으로 알 수 있기 때문이다. 이해나 신뢰가 없어도 필요에 의해 습관화시키면 체득된다. 스스로 실천하고 검증하는 선순환의 힘으로 미망에서 깨어나는 흐름에 올라타는 것이 자등명自燈明이다. 스스로 검증하는 방법을 등대 삼으라는 것이다.

무아론이 정말 쓸모가 있는지를 확인하기 위해서 생각으로부터 벗어나는 것을 조금씩 연습해야 한다. 생각들을 툭, 툭, 내려놓게 되어야 한다. 완전히 깨어나거나 죽을 때까지 멈추지 않아야 한다. 깨어나기 위해서가 아니라 잘 살기 위해서이다.

현대 인류의 사회적 수준을 근거로 판단할 때, 생각의 올무에서 완전히 벗어나는 것이 누구에게나 가능한 것은 아니다. 개인의 노력만으로 달성할 수 있는 것이 아니기 때문이다. 노력으로 성패가 결정된다면 무아론이 틀린 것이 된다. 완전히 깨어나기 위해서는 줄탁동시啐啄同時가 일어나야 하는데 그것도 나름대로의 인과를 따른다.

생각 끊기가 모든 이의 삶을 건강하게 만들 수 있는 것은 분명한 사실이다. 깨달은 이의 시각으로 보면 깨닫거나 그렇지 않거나의 차이가 없다. 행복하게 살거나 그렇지 못하거나 조차도 차이가 없다. 그럼에도 행복하게 살자고 설득하는 것은 고통을 겪는 마음에 대하여 역지사지하는 에너지가 고여서 넘치기 때문이다.

생각 끊기를 연습하면서 깨달음을 목적에 둘 필요는 없다. 깨닫기 전에는 깨달음이 무엇인지조차도 알 수가 없다. 깨달음의 성취 여부와 상관없이 새로운 습관을 통하여 조금씩 삶이 편해지는 것이 목표다. 일상의 생활에서 생각을 환기시키고 끊는 시도를 지속 반복하여 그 효용을 누리자는 것이다. 깨달음의 성취는 진인사대천명盡人事待天命이며 깨달음은 애당초 '나'와는 상관이 없는 것이다.

이미 안다면 구할 필요도 없으며 그것이 무엇인지도 모르는 깨달음을 구한다는 것이야말로 허망한 망상 놀음이다. 지금 당장 할 일은 이 글을 읽은 소감이라는 생각부터 던져 버리는 것이다. 깨달음이 없다거나, 깨달을 필요가 없다는 설명하는 것이 아님을 다시 밝힌다.

줄탁동시 啐啄同時

줄탁啐啄의 뜻은, 계란이 부화할 때가 되면 병아리가
부리로 껍질 안쪽을 쪼기 시작(啐)하는데, 이 소리를
확인한 어미가 밖에서 껍데기를 쪼아(啄), 병아리가
알을 깨고 나오도록 도와주는 것을 의미한다. 엄밀하게
말하면, 병아리는 어미의 도움 없어도 계란 껍질을
깨고 부화에 성공할 수 있다. 그러나 수행인이 깨어나는
과정에서는 자신의 노력만으로 끝을 볼 수가 없어서
반드시 줄탁동시의 과정이 필요하다. 이 과정은 그리
신비적인 것이 아닌데, 마치 어떤 불가사의한 외력의
도움으로 수행인의 의식이 질적으로 비약한다거나,
스승의 직접적인 산파적 도움을 받지 않고서는 수행인
스스로 깨어날 수 없다는 오해가 팽배하다.

먼저 깨어남이 자신의 노력만으로 불가능한
이유를 설명한다. 올바른 깨어남은 노력의 그침이고,
깨어난다는 것은 근본적으로 주재자가 사라진다는
것이므로 노력하는 행위자는 결코 깨달음의 문에 들어설
수가 없다.

더이상 아무것도 조작하고 대처하지 않아도, 세상의
만사가 저절로 일어났다가 저절로 사라지며, 그 모든
과정에는 아무것도 잘못된 일이 없음을 완전하게
이해하고 거기에 몸을 맡기게 되는 것이 깨달음의
결과이다. 더 이상의 어떤 노력도 불필요함을 명백하게
알며, 무심하게 사는 것이다.

　　그런데 깨어나기 위하여, 노력을 그치려는 노력도
여전히 노력하는 것이며 자신의 태도를 바꾸려고
조작하는 것이다. 이 모순적인 상황에 절박하게 몰입한
상태가 은산철벽 앞에 홀로 서 있어 아무것도 할 수
없는 상황이고, 뱉을 수도 없고 삼킬 수도 없는 뜨거운
쇳덩이를 입에 물고 있는 것이다. 어떤 노력을 해도 안
되며, 노력을 할 수도 없고 하지 않을 수도 없다.

　　이런 과정이 깨어나기 직전의 마지막 관문이며
줄탁동시가 일어나기 직전의 상황인데, 짧게 지나갈
수도 있고 긴 시간 놓여 있을 수도 있으며, 고비를
넘기지 못하고 다른 길을 찾아 떠나버릴 수도 있다.
여기에서 어떻게 빠져나올 수 있는지는 아무도 설명할
수가 없다. 오직 자기 자신에게 맡겨져 있을 뿐이다.

　　팬들을 초청한 가수들의 음악공연에서, 분위기가
고조되었을 때 가수가 객석으로 몸을 던지는 퍼포먼스를

한다. 팬들을 믿고 몸을 던지는 가수가 있고, 몸을 받아
내는 관객이 있어서 이 퍼포먼스는 가능해진다. 가수
홀로 할 수 있는 것이 아니다. 많이 다르지만 가장
비슷한 비유라고 생각한다.

그러나 음악공연과 달리 깨어나는 과정에서는
노력을 던지는 '나'가 있지만 거기에 받아줄 관객
같은 것은 없다. 뭔가를 믿고 의지할 바도 없이 그냥
맨바닥으로 던져질 뿐이다. '나'를 던지는 마지막
노력이 '줄'이고, 그렇게 던져진 '나'가 사라지는 사건이
'탁'이다. '탁'은 내가 할 수 있는 것이 아니다. '탁'이
일어나는 시점은 무아이기 때문이다. 거기에 '탁'의
행위자가 있다면 여전히 망상이다. 그러므로 어떤
신비한 신이나 스승의 능력 따위가 특별하게 작용할
바가 없다. '탁'은 아무런 행위가 아니다.

깨어난 뒤에 돌아보면, 내가 하지 않았음에도 일어난
결과가 있다. 내가 깨어나려고 노력한 덕분에 깨어난
것이 아니다. 오히려 노력이 장애가 되었을 뿐이다.
숨통이 끊어져야 한다. 실제로 명백하게 깨어난
사람은 산자가 아니다. 연기의 남은 업장들에 끄달리며
살아있는 시늉을 할 뿐이다. 그렇기 때문에, 깨달은
사람들도 보통의 사람들과 동일하게 망념에 빠지고
어리석은 짓도 하지만 깨어나지 못한 사람들과 달리

전혀 흔적이 남지 않는다.

정말로 목을 매라는 말이 아니다. 전두엽이 작동하는 원리가 노력을 멈출 수가 없게끔 되어 있다는 말이다. 그리고 생각을 대하는 습관이 어느 정도 바뀌어, 연상 작용에 질질 끌려다니던 버릇을 벗어나서 문득문득 청명한 하늘이 보이는 정도가 아니라면, 미리 걱정할 필요도 없다. 닥치면 결국 저절로 해결될 일이며, 닥칠지 조차도 알 수 없는 일이다. 단지, 줄탁동시에 대한 불필요한 선입견을 갖지 말라는 마음으로 수다를 떨었을 뿐이다.

'나'와 무아無我의 공존

모든 사람의 '나'는 무아無我와 공존하며 살아가고 있다. 깨달은 사람은 그 사실에 대한 이해를 기반으로 산다. '나'와 무아는 단어의 의미처럼 서로 대립관계가 아니다. 이에 대하여 설명하고자 한다.

무아는, 다른 모든 것이 남고 '나'만 사라지는 것이 아니라, '나'와 모든 것이 함께 사라져 아무것도 남는 것이 없는 것이다. 사람들은 '나'만 사라지는 상황을 상상하지만, 그런 일은 관념에만 있다. 다른 모든 것들은 그대로 존재하는데 '나'만 사라지는 일은 결코 불가능하다. 할아버지나 반려견의 죽음을 통해 죽은 자만 사라지는 경험을 했던 사람들은 이런 주장을 의심할 것이다. 그러나 '나'의 관점에서 보면, '나'의 소멸은 모든 객관의 동시 소멸임을 논리적으로 부인할 수 없다. 그 누구도 '나'의 죽음을 경험하지 못하므로 주객의 동시 소멸은, 깊은 잠과 같이 비슷한 경험과 논리로 추측할 수밖에 없다.

'나'가 사라지는 것은 육체의 죽음에서만 일어나는 것이 아니다. 기절하거나 꿈이 없는 깊은 잠에 들어

2. 깨달음 수업

있을 때에도 '나'는 사라진다. 물론 이때에도 무아에 처한 사람의 신체는 잘 유지되고 벽에 걸린 시계도 잘 움직이고 있지만, 타자의 시선에서만 일어나는 일이다. 기절한 '나'가 자신의 신체나 주변 환경을 인식할 방법은 없다. 그러므로 무아란 생각이 소멸된 상태이며, 조금 더 세밀하게 설명하자면 '나'에 대한 생각이 사라진 상태이다.

생각의 과정에서 객관적 사물이나 사건에만 온통 집중되는 경우가 있다. 예를 들자면 예술가의 창작, 과학자의 연구, 운동을 하거나 극한 도전을 하면서 오직 목표에만 간신히 매달리는 등 고도의 집중력이 발휘되면서 '나'에 대한 관찰과 염려가 일체 사라지는 상황인데 이런 경우들도 무아이다. 일상적인 생활에서 객관에 집중하느라고 '나'와 관련된 생각들이 사라지는 순간들도 무아이다. 쉽게 경험하지 못하는 압도적인 풍광에 사로잡혀 넋을 빼앗긴 상태도 무아이다. 한 생각이 끝나고 새로 다른 생각이 시작하기 직전까지 찰나의 공백도 무아이다. 무아에 처하는 시간의 길고 짧음은 오직 생각에만 차이가 있을 뿐이며 찰나이든 영원이든 동일한 무아이다.

태어나기 전에 무아였고 죽은 뒤에 무아가 될 것이며 살아가는 매 순간에 무아가 드러난다. '나'라는 것은,

무아라는 거대한 강에 떨어져 떠내려가는 꽃잎과 같은
것이다. 꽃잎을 떠받쳐 드러내고 있는 것이 물이고,
꽃잎의 대부분도 이미 물이다. 태어났다는 생각, 죽을
것이라는 생각, '나'의 안위를 염려하는 생각들이
무아라는 바다 위에서 파도처럼 일어났다가 사라지는
것이다. 여러 가지 모습으로 다양한 물장난을 던지는
파도는, 물이고 바다이다.

생각의 주체와 기능 그리고 그 내용물이 우주의
전체일 수는 없다. 그 생각의 한계 너머에 다른 무엇인가
존재할 수 있다는 것을 부인할 수는 없다. 관찰자와
그의 객관 대상들로 구성된, 생각 세계의 바깥이 바로
무아이다. 그러나 무아는 생각과 같은 차원에 있지
않으므로 생각의 여집합이라고 할 수는 없다. 차원이
다르다는 것은, '나'가 존재적 관점인데 반해 무아는
인식적 관점이라는 것이다.

무아는 주관과 객관의 분리가 사라져 인식 작용이
중단되므로 무아에 들게 됨을 알 수가 없다. 무아는
직접 체험할 방법이 없으며 관념적으로 추정할 수 있을
뿐이다. 꿈이 없는 깊은 잠을 경험할 수가 있는가?
기절을 경험할 수가 있는가? 어떤 사람이 운동을 하다가
머리를 부딪쳐 기절을 했었다고 말한다면, 기절 상태를
직접 경험했다는 것이 아니라 기절에서 깨어난 뒤에

의식이 끊겼던 것을 발견한 경험을 의미하는 것이다.

　숙면일여나 가사체험에 대한 주장들은 거기에도
인식 작용이 있다는 것이다. 그러나 전두엽이 기능을
멈춰서 일체의 생각이 사라져도 그런 일이 가능하다는
것은, 물질적인 뇌가 없어도 언어를 사용할 수
있는 영혼이 있다는 말과 동일하다. 그런 관점에서
보면 심령체, 순수의식, 참나는 동의어이며 심신을
초월하는 주체가 되거나 윤회를 하므로 결과적으로
무아를 부정한다. 언급된 김에 짚고 넘어가자면,
숙면일여에서의 일여한 주체는 '나'가 아닌데 대부분의
사람들이 오해하여 엉뚱한 노력을 기울이게 된다.

　선정수행론자와 고행론자들의 주장은, 심신을
타파하고 현실의 한계를 초월한 새로운 무엇이
되어야 비로소 깨달음이 달성된 것이라고 한다.
'나'와 인식(생각)은 부조리한 심신을 타파한 뒤에도
살아남아 궁극의 실재와 합일되어야 한다는 내용으로,
고타마가 이미 폐기한 브라만 사상일 뿐이다. 인식은
언어기능이므로, 생각을 사용하지 않는 인식이라는 것은
불가능하다. 브라만과 합일된 상태일지라도 그 상태를
인식하는 주체가 남아있다면, 그 상태는 여전히 생각일
뿐이다.

'나'가 고도의 수행목표를 달성하여 궁극의 존재로
탈바꿈한다는 것은, 생각의 프레임이 추구하는 방법일
뿐이어서 생각의 세계에서만 진리일 뿐이다. 깨달음은
생각의 프레임에서 벗어나는 것이지, 생각의 프레임을
착실하게 수행해서 얻어지는 것이 아니다. 생각의
프레임이 재촉하는 노력과 상관없이 지금 이대로 이미
무아이며 진리 그 자체라는 것을 이해하고, 그 이해에
기반하여 살게 되는 것이 깨달음이다.

고타마는 이전의 모든 진리 추구자들이 몰두했던
선정 수행과 고행 실천이 맹목적인 생각의 프레임에
갇힌 것일 뿐이라고 타파해버렸다. 그럼에도 많은
사람들이 사성제(苦集滅道)를 생각의 프레임으로
해석하여, 고苦의 원인인 집集을 멸절하여 도에 이른다고
왜곡한다. 그렇지만 고타마의 무아와 연기를 적용하여
해석하면, 생각의 다발에 불과한 '나'를 주재자로 삼는
오해로 인하여 집集이 생기는 것이므로 이 망상만
깨지면 저절로 멸도滅道에 도달하는 것이다. 물론 그
이해는 '생각'만으로 달성되는 것은 아니다.

생각의 프레임은 너무나도 강력하여 고타마가 죽은
뒤 한 세기도 지나지 않아 그의 가르침이 왜곡되는
부파불교 시대가 시작되었다. 고타마가 타파한
브라만 사상의 유적존재관有的存在觀과 단멸론자들의

2. 깨달음 수업

무적존재관無的存在觀은 물론 미륵신앙까지 다시 득세를 하게 된 것이다. 이런 왜곡에 대한 반발로 유식사상이 등장하여 현대까지 이어져 내려왔는데, 생각의 프레임에 기반하여 잘못 해석된 유식사상은 치명적인 문제점을 담고 있다.

인식론적인 관점에서 펼친 유식사상의 유식무경唯識無境, 심외무경心外無境을 존재론적인 관점으로 해석하면 무아론을 부인하게 되어 다시 브라만 사상의 유적존재관으로 돌아가 버리게 된다. 동일한 현상으로, 일체유심조一切唯心造를 인식과 이해를 설명하는 것으로 받아들이지 않고 존재와 창조를 주장하는 것으로 여긴다. 유식사상을 잘못 받아들여서 그렇다.

생각의 프레임이 진리를 존재론적 관점으로 보려는 구조적인 경향이 있기 때문에 유식사상이 오해되는 것은 당연한 일이고, 그 결과 현대의 많은 진리추구 방법들은 여전히 선정 수행과 고행 실천에 고착되어 있다.

생각의 프레임이라는 것은 계속 목표를 만들어 사람이 그 안에 에너지를 쏟게끔 만드는 것이다. 아무것도 하지 않거나, 무의미한 행위들을 용인할 수가 없다. 진리의 추구조차 그런 생각의 프레임에 가두어 버린다.

"생각들을 주시하고 조절할 수 있다면…", "마음 챙김을 잘하여 감정에 휩쓸리지 않는다면…", "일상의 생활에서 온전히 깨어서 활동할 수 있다면…", "오매일여를 유지할 수 있다면…" 등등의 조건이 달성되어서 자유로워진다고 말한다면, 그것은 선정수행주의나 고행실천주의이다. 자유를 유지하려면 그 조건을 계속 달성해야 하기 때문이다. 생각의 프레임이 지향하는 진리라는 것은 이런 쳇바퀴 돌리기이다. **그러나 진리는 그런 쳇바퀴에서 벗어난 것이어서, 지금 이대로 완벽하여 어떤 조건이나 증득함을 요구하지 않는다. 진리는 이미 그러한 것이지, 달성하는 것이 아니다.**

설령, 조건을 걸어 노력하고 달성해서 얻는 경지가 있다고 하자. 그것은 어디에 써먹을 것인가? 자기 영생을 성취할 것인가? 아니면 세상을 구원할 것인가? 그런 진리는 생각 유지의 원리가 되는 발전주의의 변형일 뿐이다. 시공간의 차원에서만 달성이 가능하며 선정 수행 또는 고행 실천이 필요하다.

고타마는 출가 직후 선정 수행의 최고 스승들에게 지도를 받아 멸진정(또는 비상비비상처정)이라는 최고의 선정 경지를 달성했지만 길이 아님을 깨닫고 물러났으며, 다시 수년간의 고행 수행을 경험한 뒤에

2. 깨달음 수업

이것도 길이 아님을 알고 내려섰다. 그는 제자들에게
선정 수행이나 고행 수행을 권하지 않았다.

　무아를 이해한 깨달음은 직접적으로 쓸데가 없다.
나만 알 수 있고, 나에게만 유용할 뿐이어서 타인과
소통할 방법이 없으며 세상에 써먹을 일이 전혀 없다.
세상은 지금 이대로 완벽하여 제도할 중생이 없기
때문이며, 시비 판단은 오직 생각에서만 일어난다.
진리나 깨달음에 관심이 없는 사람들 틈에 깨달은
사람이 함께 생활한다면, 그는 그냥 평범한 사람일
뿐이다. 성격 때문에 주관이 강한 생활을 한다면 나머지
사람들은 그를 미쳤거나 모자라는 사람 취급을 할
것이다.

　그에게 어떤 신비한 능력이 있다면 사람들이
알아보고 받들어서 그들 스스로 변하고 세상을
변화시킬까? 인류의 역사를 보면, 그런 일은 한 번도
일어난 적이 없었다. 고타마가 마야 부인의 옆구리에서
태어나고, 예수가 처녀생식으로 태어났다는 것은 생각이
만들어낸 신화일 뿐이다. 고타마는 상한 돼지고기를
먹고 피를 쏟는 심한 복통에 시달리다가 죽었고, 예수는
십자가에 매달려 죽었다.

**　평범하여 능력이나 쓸모가 없고, 증득함도 없으며**

**영생도 없으며 노력도 필요 없는 그러한 깨달음은
'나'의 존립기반을 위협하기 때문에 너무나 공포스럽다.
생각의 세계는 그런 깨달음을 원하지 않는다. 성취하고
증득하는 깨달음을 원할 뿐이다.** 생각이 원하는 진리는
지금 행복하는 것이 아니라 미래의 전지전능이다.
대부분의 사람들은 처음부터 생각이 설정한 진리를
추구하게 된다. 생각에서 벗어나는 것이 진리라는 것은
상상도 못하고 시작한다.

심신을 타파하여 욕망으로부터 완전히 벗어난
존재라는 것은 유니콘과 같은 상상의 결과물일 뿐이다.
욕망이 거세된(심신이 타파된) 인간은 죽은 존재이어서
활발함이 없다. 그게 아니라면 자기 한계를 뛰어넘는
존재가 되어, 구약에 등장하는 야훼처럼 화내고 징벌을
내리고 자비를 맘껏 베풀면서 그 무엇에도 제한받지
않는 지존이 되고 싶은 것이다. 이것이 생각이 추구하는
진리의 본질이다.

생각의 기반이 되는 발전주의는 욕망, 고통, 불안을
싫어한다. 그러나 그런 것이 없는 상황은 오직 관념에만
존재한다. 욕망, 고통, 불안은 잘못이나 부족함 또는
죄가 아니다. 인과에 의하여 당연히 생멸하는 것인데
그것들을 타파해야 할 과제로 여기는 것은 오직 생각의
색칠일 뿐이다. 그래서 사람들은 이미 색칠이 된

진리나 도를 추구한다. 이것이 생각의 프레임에 빠지는 함정이다.

깨어난 사람들 또는 깨달은 사람들은, 그렇지 않은 사람들과 비교하여 특별한 무엇인가를 더 갖추어서 자유로운 것이 아니라, 보통사람들과 달리 지키고 유지할 것이 없어져서 자유로운 것이다. 깨달음이 진여나 순수의식을 찾아서 깨어난 것이라면, 다시 잠들지 않도록 그것을 불고 털며 지켜야 할 의무가 생기는 것이다. 깨달은 사람들은 욕망, 고통, 불안이 없는 것이 아니라, 그것들의 영향을 전혀 받지 않은 부분이 공존함을 아는 것이다. 욕망, 고통, 불안이 연기의 과정이고 그 바탕은 무아라는, 명백한 현실을 살아간다.

깨달은 사람은 '나'와 무아의 완전한 공존에 기반을 두고 사는 사람이다. 별개의 차원이기는 하지만 '나'와 무아가 늘 함께 한다. '나'는 생각의 모든 과정으로, 시간과 공간이 만들어지고 연기緣起에 의해 사건들이 전개된다. 무아는 흔들리지 않는 안심이 되어 일체의 노력을 멈추게 한다. 내가 무아를 지키려고 노력할 필요가 전혀 없다. 한번 그렇게 되면 다시 되돌릴 방법도 없다.

무아를 직접적으로 알 수는 없지만 논리적으로

이해하고 받아들일 수 있다. 그러나 단지 논리적으로만 이해한다면, 그것은 관념에 불과하여 여전히 생각의 쳇바퀴에 머물고 있는 것이어서 아무짝에도 쓸모가 없다. 생각 또는 '나'가 쳇바퀴를 멈추는 습관이 형성되어 뇌에서의 사고 회로가 바뀌면 세상에 대한 시선이 달라져서 저절로 무아 자체가 된다. 이 과정에서 '나'가 할 수 있는 일은 '노력을 멈추는 노력'뿐이다. 노력이 멈춰지는 것을 노력이라는 모순된 방법으로 달성할 수 있는 것이 아니지만, 할 수 있는 것은 그것뿐이라는 것이다.

며칠 전에 "깨달은 사람은 죽은 뒤에 어떻게 되나?"하는 질문을 받았다. 이 질문에 대한 답은 내 생각을 멈추는 것이다. 그러나 질문자는 그 대답을 들을 수가 없다. 죽은 뒤는 무아이다. 죽은 뒤를 설명하는 어떠한 미사여구와 논리적 설명도 가짜 답이 될 수밖에 없다. 그런데 살아서 활동하는 이 순간도 무아이다. 무아에는 시공간이 없다.

14무기十四無記라는 불교용어가 있다. 고타마가 대답을 거부하고 침묵한 14가지의 질문이라고 사람들이 알고 있는데, 잘못된 해석이다. 고타마는 대답을 한 것이고 사람들이 그 답을 이해하지 못한 것이다.

'나'와 무아^{無我}의 공존 2

유념(생각)이 '나'이고 무념이 무아이다. 깨달은
사람은 이 두 가지 현실의 공존을 기반으로 살아간다.
생각은 저절로 생멸하는 것이어서 인과에 의하여
작동하지만, 생각의 내용물들을 정보로 취급하며
효율적으로 사용할 뿐, 그것들 때문에 심리적인 고통을
심하게 당하지 않는다. 심신을 갖고 사는 한 동요되는
것은 당연한 일이다. 감정은 동전의 양면처럼 생각과
결합되어 있기 때문이다. 그러나 깨달은 사람은 생각과
감정이 불필요하게 폭주하는 사태에 거의 빠지지
않는다. 첫째는 이 세상이 가상현실이고 생각들이 그
소재임을 망각하지 않고, 둘째는 생각의 부작용에
빠지지 않도록 생각을 끊어내는 요령과 습관이 형성되어
있기 때문이다. 설령 극단적인 자극으로 인하여 생각과
감정이 폭주하는 사태에 처하더라도, 다른 한편에는
전혀 흔들리지 않는 안심이 버티고 있다. 그래서 생각의
폭주를 구태여 단속하지도 않는다.

깨달은 사람도 생로병사에 처해 살지만, 생로병사에
걸림이 없는 자유로운 삶을 산다. 그는 이미 죽은 자이며

꿈을 꾸는 활발발한 에너지이다.

무념과 무아도 관념일 뿐이어서 그 실체를 직접
인지할 수는 없다. 그러나 생각에 휘둘리지 않는 태도가
습관으로 자리 잡히면 일상생활을 안정적으로 살아갈
수 있는 어떤 힘이 저절로 생기는데, 이것을 통하여
간접적으로 무아를 확인할 수 있다. 그 힘은 근거가 없는
안도감으로, '나'가 특별한 요령이나 능력을 취득한
결과로 안심되는 것이 아니기 때문에 근거가 없다고
한다. 근거 없는 안도감은 모든 사람들이 일상에서 늘
체험하며 이미 알고 있는 일이다. 다만 근거가 없다는
이유로 파리 쫓듯 털어버리고는 현실을 확실하게
대처하고 조작하는 데 몰두하느라 이 현상을 무시할
뿐이다.

그러나 그 현상이 무엇인가를 정확하게 이해한
사람들은, 생각으로 설명할 수는 없지만 내일(미래)이나
나를 염려하고 걱정하지 않게 하는 든든한 안심이,
'나'와 상관없이 저절로 자리를 잡아감을 알게 되고 이를
누리며 자유롭게 산다. 물론 '나'는 연기의 결과물이어서
수시로 불안한 생각과 감정이 일어난다. 그러나 그
불안이 찻잔을 넘어서서 미풍을 넘는 돌풍이 되지는
않는다. 이미 꾸준하게 불어오는 편서풍이 안정되게
흐르고 있기 때문이다.

이 근거 없는 안심이 무엇인가를 설명하는 단어가 무아와 무념이다. '나'의 허구성이 분명하게 드러날수록 안심은 강력해지고, '생각'의 허깨비와 같은 실체가 드러날수록 안심이 선명해진다.

많은 사람들이 이 언저리까지는 도달을 하지만, 그 자리에서 "생각 없이 어떻게 살지?", "나가 허구라고! 그렇게 허무한 거야?", "세상이 허깨비나 환상이라면, 그게 무슨 의미지?"하는 생각에 바로 낚여서 생각의 쳇바퀴로 다시 끌려 들어가게 된다. 생각의 바깥에서 일어난 사건을 생각으로 이해하려니 당연하게 실패하게 되는 것이다.

그러면 어떻게 하면 이런 안심을 얻을 수 있을까? 바로 이렇게 생각으로 해결하려는 태도가 안심이 자리잡지 못하게 되는 이유라는 사실을 먼저 설명한다. 이점을 이해하고, 생각을 이용하여 최대한 모색을 해보자.

안심을 가능케 하는 무아는 생각의 여백이다. 그러므로 생각을 기반으로 한 '나'가 증득하는 안심이란 단지 논리로만 그런 것이며 위조지폐 같은 것이어서 결국 통하지 않는다.

생각이 희미해지면서 드러나는 안심은 이미 저절로 그러한 것이어서 '이해'만 하면 끝이다. 이 글을 읽으며 반짝함이 있다면, 반짝하는 순간에는 완벽하게 다 이룬 것이다. 그 반짝함이 무엇인가를 생각으로 이해하려고 갈무리하거나 각인시키는 순간에 다시 생각의 쳇바퀴로 빨려 들어가는 것이다.

그 반짝함이 무엇인지 설명을 들은 적이 없고, 궁극적으로는 생각 외의 방법으로 '이해'되지 않았기에, 다시 생각이 되돌아와 단단한 주인 노릇을 하게 되지만, 괜찮다. 이미 반짝하지 않았는가? 그 반짝함을 유의미한 것으로 받아들일 수 있게 되는 것이 바로 입류(예류향預流向)이다. 바다를 향해 도도하게 흐르는 강줄기에 도달한 것이고, 머지않아 저절로 바다가 될 것이다.

이미 바다인 것을 생각이 가리고 있을 뿐이다. 생각이 멈추거나 환기될 때마다 반짝하면서 일상과 다른 무엇인가가 아카시아 향처럼, 유년의 따스한 기억처럼 안도감으로 드러나고, 이런 현상들이 반복될수록, 생각으로 바둥거리며 버티지 않는 것이 더 효율적이라는 경험 축적이 뇌의 전두엽에 굵은 회로 다발을 만든다. 뇌에 설치된 OS(Operating System)를 뒤집게 할 새로운 습관이 생기는 것이다.

그러다가 어느 날 너무나도 명백하고 완벽하게 무아가 '이해'되는데, 저절로 그렇게 된다. '나'의 주인은 죽고 '나'는 연기緣起로 드러나며, 세상을 보는 시선이 바뀌어 다시 예전으로 돌아갈 수가 없다. 그 시선은 고타마나 임제가 보았던 것과 완벽히 동일함을 스스로 알게 된다. 증득함이나 전후의 변화가 없는데 다만 시선이 바뀐 것이다.

어떻게 하면 그렇게 될 수 있을까? '저절로'라고 설명했지만, '나'는 당연하게도 이런 답을 믿거나 기다릴 수가 없다. '저절로'가 가능하게 하려면, '나'의 노력을 멈추면 된다. 노력을 멈추는 노력을 하면 된다. 저절로 일어나는 일이지만, '나'라는 실체가 너무나도 명백한 현실에서는 아무것도 하지 않으면, '나'에게는 아무 일도 일어나지 않는다. 또한 깨어나서 자유롭게 되려고 하는 '나'의 생각과 의지가 작동하는 한 절대로 깨어나지 못한다는 사실도 이해해야 한다. 노력을 멈추는 노력이 무엇인가는 해보면 알 수 있다.

심신을 갈고닦은 노력의 대가로 무엇인가를 얻었다면 여전히 '나'가 굴리는 생각의 쳇바퀴를 벗어나지 못한 것이다. 그래서 "공인데 텅 빈 무가 아니고 진공묘유의 공"이라느니, "보는 자를 보는 것"이라느니, "의식을 알아채는 순수의식"이라느니

하며 신비로 포장하여 둘러대지만, 그렇게 증득한 것은 기절하고 잠에 빠지고 죽어버리면 말짱 도루묵이 된다. 증득한 깨달음이란 '나'의 꿍꿍이일 뿐이고, 생각의 거창한 사기극이다.

흔들리지 않는 안심이 자리를 잡았는지는, 자신만이 알 수 있는 점을 악용하여 자신과 남을 속이면 피차 불행이다. 사기가 아닐지라도, 자기도 도달하지 못한 길을 다른 사람들에게 가라고 주장하는 것은 소경이 소경을 인도하는 것이다.

깨달음은 무아로써 이미 완벽하게 '나'와 함께 펼쳐져 있다. 깨달은 사람은 이렇게 사는 사람이다. 이 글을 읽고 반짝함이 있다면, 이 하찮은 알음알이 한 덩어리와 이 근거 없는 한줌의 안도감이 당신을 깨울테니, 당신은 그냥 릴랙스 하시라. 믿으려 하지 말고, 생각에서 벗어나는 것을 조금씩 연습해서 스스로 확인하시라.

"그럼, 글쓴이는 기절하고 잠에 빠지고 죽어버려도 생생하고 명백한가?"
예상 질문에 대한 답을 한다.
"할!"

자등명自燈明에 대한 설명

소개하는 내용을 수행법이라고 하기에는 주저함이 있으며 어떤 도식화된 길을 제시하는 것도 아니다. 수행은 일반적으로 무엇인가 얻기 위한 행위를 의미하지만, 그런 것과 반대로 자등명은 버려서(생각이 붙들고 있는 모든 것들을) 자유로워지는 과정이다.

얻기 위해 버린다는 교묘한 생각에 속는 경우가 대부분인데, 그런 태도는 미래지향적이어서 절대로 성공할 수 없다. 내일을 따뜻하게 보내기위해 오늘을 굶는 수행은 대부분이 사기이고 그렇지 않으면 아주 임시적인 방편일 뿐이다. 깨어나고자 하는 '노력'은 지금 여기에서 애쓴 만큼, 지금 바로 편안해지는 것이어서 결코 수단이 되지 않으며, 과정 자체가 목적이어서 차별이나 경지 따위가 없다. 시작하는 첫걸음과 완전히 깨어난 마지막 걸음이 전혀 다르지 않다. 구별하는 사람의 생각에서만 모자람이 존재할 뿐이다. 시작을 응원하려는 립서비스가 결코 아니다. 자유는 얻어지는 것이 아니며, 단지 이미 자유함이 확인될 뿐이다.

자등명은 믿음을 발휘하거나 공덕을 저축하는
행위가 아니라 고타마의 말을 실천하여 얻어지는
지금의 힘을 경험하는 것이다. 자등명에서 깨달음은
결코 목표가 될 수가 없다. 그것도 생각의 내용물이기
때문이기도 하지만, 이미 그것이기 때문이다.
자등명에는 목적과 목표가 없다. 오직 지금 여기가
전부일 뿐이다.

참고로 밝히는데 나는 불교를 제대로 공부한 적도
없고 불교의 어떤 수행 과정도 체계적으로 경험한 적이
없다. 그러나 나는 고타마의 가르침을 잘 이해하고 있다.
그의 가르침을 이해하게 되는 것은 마음과 생각을 열고
초기경전을 몇 편 읽는 정도로 충분하다. 팔만대장경과
대소승의 대립은 오히려 그의 가르침을 더욱 복잡하게
만들 뿐이다. 나는 고타마의 제자이다. 왜냐하면 그의
가르침을 받아들여 무지에서 깨어났기 때문이다. 법등명
자등명을 이해하고 실천하는데 다른 어떤 사전 조건이
붙을 여지가 전혀 없음을 밝히기 위해 언급한 것이다.

(1) 어떻게 하면 생각의 덫에서 빠져나올 수 있을까?

무아와 연기를 알음알이로 이해했다면(法燈明—
이것이 자등명의 필수적인 선행 조건은 아니다.), 그다음은
'나와 세계'라는 과장된 망상에서 깨어나야 한다. 달리

2. 깨달음 수업

표현하면 생각의 덫에서 빠져나와야 한다.

과장된 망상이라는 것은 정보가 주객전도하여 시스템을 자처하고 나서는 것과 같다. 생각의 덫이라는 것은 기억과 관념의 다발에 불과한 사고 기능이 '나'라는 주체와 세상이라는 대상을 만들어 놓고 거기에 스스로 빠져 울고 불며 돌리는 공허한 쳇바퀴이다.

허상의 '나'를 주재자로 내세워, 저절로 생멸하는 사건들을 조작하고 대처하려는 헛된 발버둥을 멈추려면 생각의 쳇바퀴에서 빠져나와야 한다. 이 깨어남 또는 탈출은 이해, 의지, 기도, 염원 등의 힘만으로는 달성되지 않는다. 그것들도 생각이기 때문이다.

생각의 힘이 생성되고 유지되는 원천은 생각이 생각을 낳는 무한 상속(반복) 시스템이다. 그런 이유로 많은 에너지가 생각에 투여되는데, 불필요한 고민과 번민에 대부분이 낭비되며 그 결과로 실재하지도 않는 불안과 고통에 빠지게 된다.

그 무한 상속 시스템은 습관으로 만들어진 중독이어서 생각의 단절과 공백을 허용하지 않는다. 그렇게 깨어있는 모든 시간을 습관적인 생각들이 뒤덮고 있으면 무아의 힘(안도감)이 드러날 여지가 없다.

그러므로 생각의 덫에서 벗어나기 위해서는 생각이 저절로 무한정 상속되는 습관을 바꾸어야 한다.

우리가 간접적으로 경험하는 생각의 여백에는 우리가 인식하지 못했고, 앞으로도 직접적으로는 인식이 불가능한 전혀 다른 차원의 힘이 있다. 의식으로는 그 힘의 원천을 직접 경험할 수는 없지만, 그 힘은 완벽한 안도감으로 세상을 품고 있다. 가상의 '나'가 이 힘을 받아들이고 누릴 수 있도록 새로운 습관을 들여서 생각의 여백이 완전히 드러나 '나'와 무아가 공존하게 되는 과정의 전체가 자등명이다.

이야기가 샛길로 빠지는 것 같지만 오해를 불식시키기 위하여 안도감에 대해 설명한다. 이 안도감은 '나'에게 속한 것이 아니다. '나'에게 속한 감정이나 안락감도 아니다. '나'에게 얻어지고 유지되는 것이 아니다. 그것은 '나'가 직접적으로 인식할 수 없으며 '나'와 상관없이 유지되고 있다. '나'에게 전달되는 안도감은 실상계 전체를 유지하는 자연스러운 에너지로 추정되는데, 생각으로 밀폐된 '나'의 틈이 열릴 때마다 빛처럼 밀려 들어와 '나'에게 편안한 감정을 준다. '나'가 어떤 상황에 처해있든 상관없이 안도감은 늘 여여하여 '나'가 생각의 몰입에서 돌이켜질 때마다 언제든지 편안한 에너지로 느낄 수 있다. '나'가

늘 열려있으면 늘 안도감이 함께 한다. 그것이 '나'와
무아의 완전한 공존이다.

　　새로운 습관의 핵심은 무의식적으로 생각이 흐르지
않도록 생각을 자꾸 끊어주고 환기시키는 것이다. 이
과정이 모든 생각을 없애거나 지켜보게 하는 것으로
오해하면 안 된다. 그렇게 할 필요가 없으며 능력도 없다.
새로운 습관이 강해질수록 생각의 상속력이 희미해지고
그만큼 생각의 여백이 드러나게 된다.

　　생각은 두뇌의 정상적인 기능으로 저절로 일어나고
사라지는 것이어서 그 자체에는 아무런 문제가 없다.
단지 생각의 주체와 객체가 실상의 세계 전체라고
여기거나 '내'가 조작하고 대처하겠다는 헛된 의지
때문에 고민과 번민에 빠지게 되는 것이 문제일 뿐인데,
잘못된 이해와 잘못된 습관이 만든 결과이다.

　　오래전에 금선대 암자를 오르내리며, 대혜 종고
스님이 남긴 『서장』을 조금 공부한 적이 있다. 화두에
대한 이해를 얻을 수 있었고, 한동안 스스로 화두를
들게 되었다. 화두는 자등명을 이끄는 좋은 방편
중에 하나지만, 일상을 살아가는 평범한 현대인이
시도하기에는 어려운 점이 많고 오해로 오염되어 있다.
그러나 화두의 핵심이 되는 의심疑心은 어떤 상황이든

잘 들러붙는 강한 힘이 있어 생각의 덫에서 탈출하는
도구로 쓸만하다.

千疑萬疑 只是一疑 話頭上 疑破則 千疑萬疑 一時破

천 가지 만 가지 의심이 다만 이 하나의 의심이니
화두에서 의심을 파破한즉 천 가지 만 가지 의심이
한꺼번에 부서지리라. (청림지상 역, 『서장』, 불광출판사, 319쪽)

위의 인용된 글에 등장하는 '천의만의' 또는
'화두일의'를 생각을 끊는 의심으로 사용하여 생각의
에너지를 흩어버리거나 아예 뿌리를 내리지 못하도록
할 수 있다. 만의萬疑이든 일의一疑이든 단순한 논리적인
생각이 아니라 의심이라는 점을 이해해야 한다. 의심은
일반적인 생각들 보다 더 많은 감정 에너지를 끌고 온다.
위의 글은 '화두일의'를 제안하는 뜻으로 쓰였지만,
'천의만의' 역시 유용한 방법이라고 생각한다.

'천의만의'는 천 가지 만 가지의 의심이다. 이를
조금 변형하여 모든 것(모든 생각)을 의심하는 것으로
한다. 무슨 생각을 하든 상관하지 않고 내버려두되,
'지금, 생각에 빠져 있지?' 또는 '지금, 얻거나 피하려고
발버둥 치고 있지?' 하면서 지속적으로 의심을 일으키는
것이다. 생각에 빠지는 이유는 시비호오의 판단과 선택

조작하려는 노력 때문이다. 어떤 생각이든 '생각중?'
또는 '노력중?' 하며 의심을 던져서 생각에 몰입되는
에너지를 흩어 버리는 것이다.

'화두일의'는 하나의 의심을 선택하여 이 의심에만
온통 집중하는 것이다. 집중할 수 있는 질문(또는 단어)을
선택하는데, 공안집公案集에서 찾아보거나(예를 들면,
조주의 견자무불성) 일상에서 의심이 잘 붙는 질문(예를
들면, 나는 왜 살지?)을 스스로 선택한다. 하루 중에
화두에만 집중하는 시간을 만드는데 규칙적으로, 짧게
자주 하는 것이 좋다. 자세나 장소는 전혀 상관이 없다.
화두에 집중한다는 것은 화두를 풀어 해법을 얻는다는
것이 아니라, 간절한 의심이 일어나 다른 생각이 올라올
여지를 없애는 것이다. 그러므로 화두에 집중하는 것은
생각을 펼치는 것이 아니라, 의심과 분심(憤心, 의심이
타파되지 않아 억울하고 원통하여 분한 마음)의 감정에
붙들리는 것이다. 논리적인 답이 아니라 직관적인 답을
얻으려는 느낌으로 들어야 한다. 의식이 선명하면서
화두 외에 다른 생각이 떠오르지 않도록 만들어서
생각이 비어질 때의 느낌을 경험하고 기억하면 된다.

화두를 드는 정해진 시간이 끝난 뒤에 일상의
활동을 할 때에도 계속 화두에 집중하지만 이때에는
방법을 조금 바꾼다. 일상에서는 생각들을 피할 수

없으므로 생각들이 올라오는 것을 허용하되 생각들의 사이에 틈틈이 화두를 든다. 일을 전환하거나 마치거나 휴식하는 등 생각이 필요하지 않은 상황이 생기면 잠시라도 화두에 집중하여 생각이 올라오는 것을 막으며 쉬는 것이다. 평생 동안 생각을 틀어막고 사는 것이 아니라, 생각에 무의식적으로 끌려 다니지 않는 힘(습관)이 생길 때까지만 이렇게 하는 것이다.

두 가지 중에 무엇을 선택하든 위험요소가 있는 상황(예를 들면, 자동차 운전)에서는 긴장감을 유지해야 한다. 흔하지는 않지만 순간적으로 사고 기능이 멈추거나 혼돈을 일으킬 수도 있기 때문이다. 사고 기능이 정상인 경우라도 의심에 집중하고 있다 보면 돌발하는 위험에 대한 대처가 늦어질 수 있다. 나도 엔진톱으로 허벅지를 살짝 긁은 경험이 있다.

생각이 희미해지도록 만드는 실천 방법을 설명한 것이다. 두 방법을 비교한다면 '화두일의'는 짧은 시간에 강력하게 집중력을 키울 수 있고, '천의만의'는 일상의 생활에서 효과적으로 쓸 수 있다. 두 가지를 바꿔가며 사용해도 좋지만, 동시에 병용하거나 너무 자주 바꾸면 '화두일의'가 무력해질 수 있다. 두 방법 중에 우열은 없다. 각자의 형편과 기질에 맞는 대로 활용하면 된다. 앞에서 밝힌 바와 같이 도식화된 제안은 아니므로

원리를 이해했다면 자기 스스로 생각이 잘 끊어지는
방법을 만들어도 된다.

　(2) 노력하지 않으려는 노력

　"어떻게 하면 생각의 덫에서 빠져나올 수 있을까?"
이 질문이 이미 생각의 덫이고, 생각을 통제하여 뭔가를
얻으려는 노력이다! 면도날처럼 날카로운 알아차림이
이런 어리석음을 피하여 생각에 걸리지(사용하지) 않고
덫을 벗어날 수 있다면 이제 그 어떤 노력도 필요하지
않다. 그러나 그 알아차림이 사고 습관이 아니라 정신을
바짝 차리는 노력의 결과라면 그런 상태는 언제든지
무너질 수밖에 없다.

　이미 자리를 잡고 있는 사고 습관은 이런 간헐적인
알아차림을 오래도록 허락하지 않는다. 찰나의 방심에
납치하여 생각의 쳇바퀴로 끌고 간다. 그럼에도 이해와
이를 통한 탈출 경험이 누적되면, 팽팽하던 사고
습관에 균열이 생겨서 생각의 힘이 차츰 희미해진다.
생각이 주도하지 않고 물러서도 살아가는 데 어려움이
없으며, 오히려 더 명쾌해진다는 사실을 경험하게 된다.
'사고思考지능'에 매달려있던 많은 일들이 '자연지능'에
의하여 저절로 처리됨을 알게 된다.

새로운 사고 습관은 '생각'을 돌이키면 '생각에 대한 알아차림'이 즉각 일어나게 한다. 일부러 노력하지 않아도 늘 그렇게 된다. 생각은 이전과 동일하게 작동하지만, 모든 생각들은 연기되는 사건에 대한 해석된 참고 정보일 뿐이라는 알아차림도 함께 일어난다. 그래서 생각이 삶을 주도하지 않게 된다. 대상에 집중하느라고 알아차림이 물러나더라도 그 집중에서 빠져나오면 즉각 알아차림이 작동된다. 그래서 어떤 생각이든 연상이나 상속에 의하여 관성적으로 진행되지 않는다. 선지식들이 "흔적을 남기지 않는다"고 하거나 "검을 쓰고 나면 바로 닦아 칼집에 넣는다"고 하는 상태이다.

생각이 주인 노릇을 하려는 힘이 여전히 강력하면 생각의 쳇바퀴에서 내려서지 못한다. 기존의 사고 습관이 질서를 유지하고 다스리기 때문에 '반짝'하는 경험들은 버려지고 계속 생각에 의존하려 한다. 이 시절에는 '그러면, 그렇지만, 그러니까, 하지만' 등의 접속사로 시작되는 문장들에게 교묘하게 체포되면서도 그런 사실을 알아채지 못한다. 기존의 사고 습관을 벗어남으로써 생긴 새로운 경험들을, 기존의 사고 습관으로 정리하고 갈무리하여 지팡이 삼으려는 노력이 계속되어 일어나는 일이다.

2. 깨달음 수업

반복되는 이 왕복 달리기에서 포기하지 않고 의심을 계속 붙들면, 생각의 여백이 자주 드러나고 간헐적으로 멍해진다. 그전에 가끔 정신이 멍해진 이유가 생각이 저절로 무한정 날뛰어(도거悼擧) 정신이 없거나 생각의 여백을 거부하려 졸음에 떨어져(혼침昏沈) 미약해지는 것이지만, 이제는 생각이 얌전하고 의식은 멀쩡한데 할 일들이 사라져 멍해지는 현상이 경험된다. 생각의 정체가 허깨비임이 선명해지면 대처하고 조작하라고 생각이 지시했던 일들이 무의미해져서 생각의 힘에 부림을 당하지 않게 된다.

그러나 새로운 사고 습관이 아직 자리 잡지 못했다면 생각의 에너지를 흩어버리는 노력은 계속되어야 한다. 노력하지 않으면 다시 망상의 포로가 되고, 그래서 다시 노력하면 그것도 망상이다. 생각에 끌려들어 가는 것을 알아차림이 빠를수록 노력은 생략되지만, 알아차림이 약하면 노력이라도 일어나야 한다. 멈추면 퇴행하기 때문이다.

이 난관을 넘어서는 유일한 방법은 '나'의 숨통이 끊어지는 것이다. '나'가 해야 할 마지막 일은 '나'를 던지는 것이다. 여기에서 죽는 것은 육신이 아니라 '생각의 주체'이다. 모든 생각은 이 주체를 유지하려는 목적으로 가동된다. 그래서 시비호오를 따지고 취사선택을 하다가 생각대로 진행되지 않음에 고통과 불안을 당하는 것이다. '나'를 '나'가 죽이는 방법은 반대급부를 바라지 않고 쓸모없는 존재가 되는 것이다.

쓸모 있는 존재가 되길 요구하는 것은 유기 개체의 심신이 아니라 사회적 기능이다. 그러니까 이 생각의 궁극적인 주체는 유기체의 심신이 아니라 사회이다. 그런데 이 주체를 '나'로 여기도록 사고가 설정되어 있으므로 망상 또는 환상이 전개된다. '나'는 사회가 주입한 관념의 다발에 유기체의 심리가 결합된 복합체이다. '나'는 호모 사피엔스가 사회적 군집체로 진화하면서 만들어진 언어와 관념의 파생물일 뿐이다. 인간 개체의 유지에 필요한 도구가 아니라 군집 사회를 구성하고 유지하기 위하여 만들어진 사회적 시스템의 단위 모듈이다. 그 모듈은 '나'가 남들에게 쓸모 있는 존재가 되게 하려고 평생을 바둥거리도록 만든다. '나'가 죽는다는 것은 그 모듈의 정체가 드러나 바둥거림이 멈추는 것이다.

이 시절에는 신구의身口意 삼업三業을 삼가는 것이 좋다. 주변에 인과를 자꾸 펼치면 삶의 복잡함이 수그러들지 않아 '나'가 죽음을 모면할 구실을 다양하게 만들기 때문이다. 무아의 힘이 자리를 잡기 전에는 행동과 말과 생각을 삼가라는 것인데, 삼간다는 것을 엄밀하게 표현하면 하지 말라는 것이다.

물러나거나 다른 길을 찾지도 말고, 뭔가를 더 이해하거나 명료하게 하지도 않으며 조용히 버티고 서야 한다. 이때 발버둥치거나 깨어나려고 노력하는 힘은 여전히 생각이고 생각의 덫인 것을 알아차려야 한다. 새로운 사고 습관이 자리를 잡을 때까지는 시간이 필요하다.

생각에 빠져 있음을 알아채고(알아챈 것이 이미 생각), 조작하고 대처하려는 노력을 멈추어야(멈추려는 것이 이미 노력)하는 것은 마치 도구의 도움 없이 내 몸을 내가 들려고 하는 것과 같다. 기존의 관념들은 사용할 수가 없고 새로운 이해는 자리를 잡지 못해 답답하고 갑갑해지기 시작하는데, 비유하자면 무정부 상태이다. 계속해서 의심을 유지하여, 생각의 에너지가 집중되지 못하도록 해야 하는데 너무 조이거나, 너무 느슨하게 해서는 안 된다.

(3) 줄탁동시

컴퓨터의 OS(Operating System)을 교체하거나 새로 설치한다면 컴퓨터에 설치된 기존의 모든 프로그램이 중단되고 제거된다. 새로운 설치가 끝난 뒤에는 새로 설치된 환경에 익숙해져야 한다.

머릿속의 사고 습관이 바뀌는 경우에도 비슷한 상황이 일어난다. 평생을 노력하며 살았는데 어느 순간부터 갑자기 노력을 하지 않고 살게 되는 것이 자연스럽게 연결될 리가 없다. 어떤 전환점을 반드시 겪게 되어 있다.

하늘로 쏘아 올린 로켓이 추진력과 관성력이 다하면 잠깐 무중력 상태에 들어갔다가 다시 원심력에 의하여 땅으로 떨어지게 된다. 이 현상에서 무중력 상태를 피할 수 없는 것과 같이, 생각에 대한 두뇌의 일처리 습관이 바뀔 때에도 아무것도 할 수가 없는 상황에 처하게 된다. 선지식들이 남긴 기록에 "은산철벽에 둘러 쌓여 있다"거나 "뜨겁게 달궈진 쇳덩이를 입에 물고 삼키지도 뱉지도 못하는" 상황이다. 갑자기 병원에 입원하거나 방구들에 눕게 된다는 것은 아니다. 밭을 갈거나, 설거지를 하는 일상의 일들은 여전히 진행된다. 그러나 일어나는 생각들에 대해서는 의심하는 것도 아니고 하지 않는 것도 아닌 난감한 상태에 처하는 것이다. 뭔가 멍하면서 번쩍거리기도 하는데 그 상황을 어찌 정리하거나 대처하려는 마음도 낼 수가 없어 답답하다.

이 시절에는 아무도 도울 수 없고 어떤 도움을 받을

2. 깨달음 수업

수도 없다. 여기에 도달하여 당황하고 갑갑해 하는 사람이 있을까봐 안심하라고 사전 정보를 줄 뿐이다. 여기는 스스로 견디고 버티는 것이 전부이다. 이제 '나'가 할 일은 없으며 단지 시간이 필요할 뿐이다. 다행스러운 것은 나머지 일들은 저절로 마무리가 되니 그냥 무심하면 된다. 줄탁동시이다.

생각이 주인의 자리에서 내려오면, 줄탁동시가 일어나 저절로 이해와 시선이 달라진다. 생각이 물러난다는 것은, 모든 고정관념들이 무력해지는 것이다. 그래서 노숙자처럼, 쓸모없는 나무처럼, 시간과 밥을 축내기만 할 뿐이다. 이런저런 생각들이 오고 가지만, 아무 판단 없이 빛과 소리에 반응하는 것처럼 그렇게 생각들을 바라볼 뿐이다. 생각들을 무한 상속시키던 뇌회로는 퇴물된 회전목마처럼 한가로워진다.

그렇게 노력이 사라진 어느 날 문득 '나'와 세상을 보는 시선이 바뀐 것을 알 수 있게 된다. 저절로 생멸하는 세계를 간택하지 않고 수용하는 데 주저함이 없으며, 외로움이나 지루함이 없다. 예전에 공부했던 내용들을 상기해보거나, 다시 경전들을 읽어보면 부처나 조사들이 무슨 말을 하는 것인지 정확하게 이해할 수 있다. '마음 밖에 한 법도 없다.', '오직 모를 뿐' 등이 딱 지금의 심정임을 알게 된다. 부처와 조사들과 동일한 시선에서 '나'와 세상을 보고 이해하는 것이다.

아무것도 새로 증득한 것은 없다. 오직 텅 비었을 뿐이다. 그리고 이미 이전부터 그렇게 존재하여 왔음을 뒤늦게 알게 된다. 모든 의문은 끝나 망상에 속지 않으며, 해야 할 일이 없다. 생로병사는 종이호랑이여서 다시는 그것에 낚이지 않는다. 생각의 주체자이고 사회적 모듈인 '나'는 사라지고 연기緣起의 과정인 '나'가 활발한 에너지로 춤을 춘다.

'나'와 무아가 별개의 차원에서 완벽하게 공존하는 실상에 바탕을 둔 새로운 사고 습관이 형성되어 있다. '나'의 세계는 완벽한 연기여서 '나'가 할 일이 없다. 그래서(연기여서) 열심히 '나'의 일도 일어난다.

무아는 '나'와 차원이 달라 미지未知이지만 무아의 완벽함을 연기의 '나'가 공명하는 것이 유일한 신비이다. 신비는 사기, 정신착란, 맹신의 겉 포장지로 주로 쓰이지만 불행하게도 신비라는 단어 외에 달리 설명할 방법은 없다. 태초 이전부터 이러했고 종말 뒤에도 이러하기에 티끌 하나 더 붙을 여지가 없고, 천지가 개벽하거나 괴멸해도 눈 하나 끔뻑하지 않는다.

이 설명은 놀이동산 입장권에 그려져 있는 공원 시설 안내 지도와 같은 것이다. 왜곡되지 않도록 최대한 실사처럼 설명하려고 했지만, 그 실사가 '나'의 경험에 투영된 것이어서 일반화의 오류를 범할 수밖에 없다. 일부 문장들에서 선언적으로 쓰여진 내용들이 다른 각도에서는 달리 설명되어야 할 것도 있다.

진리는 개인의 경험에 드러나는 것이어서 백인백색百人百色이다. 산의 정상에 올라보면 내가 선택해서 올라왔던 길 외에도 많은 길이 보인다. 능선길, 계곡길, 절벽길 등 내가 가보지 않는 길이 더 많다. 심지어는 헬리콥터를 타도 오는 방법도 있을 테니 어떤 길을 선택하든 정상에 도달하는 것은 동일하므로 내가 겪은 경험만 옳다고 할 수는 없다. 글의 내용을 공식이나 절차, 단계 등으로 간주하지 말고 참고하기만을 당부한다.

깨달음 또는 깨달은 사람에 대한 판단 기준

　　깨달음 또는 깨달은 사람에 대한 객관적인 판단기준 같은 것은 없습니다. 고타마의 가르침에 따르면 깨달음이란, 사성제의 도를 체득하여 생로병사의 괴로움에서 벗어나게 되는 것입니다. 깨달음의 결과로 세상을 보는 시선이 완전히 바뀌게 되지만 무소득이어서 전과 후가 다르지 않습니다. 무소득이라는 것은 실상實相이 무아이니, 얻는 자나 얻음이 없다는 것입니다. 시선이 바뀌었다는 것은 연기과정의 생멸이 망상인줄 알아 망상의 부작용을 받지 않는다는 것이지, 망상이 멸했다는 의미가 아닙니다. (이렇게 요약되는 내용을 자기 것으로 체득하는 것이 그리 쉽지 않은 것입니다.)

　　무아와 연기를 체득했다고 하면서도 얻은 것이 있다거나, 망상을 초월한 특정한 경계가 추구되고 유지된다면 모순된 일이며, 무아를 체득하지 못한 상태와 본질적으로 다를 바가 없습니다. 그렇게 소득이 있는 체득함이란 절대적인 체득이 아니라 상대적인 체득입니다. 일시적인 경계를 얻은 것이므로 헐떡임이 숨겨진 채로 남아 있거나 다시 혼란이 일어나서

　　　　　　　　　　　　　　　　　　　2. 깨달음 수업

결국에는 퇴전하게 됩니다. 지켜야 할 것이 남았기 때문입니다.

절대적인 체득에는 얻은 것이 없으니 드러낼 것이 없습니다. 그러므로 깨달음은 객관적으로 확인되는 '상태'가 아니라 완전히 주관적인 '현상'입니다. 그 체득의 내용을 바깥으로 증명하거나 다른 사람이 명백하게 확인할 방법이 없습니다. 어떤 이가 맛본 짠맛이 내가 맛본 짠맛과 동일한 것인지 검증할 수 없는 것과 마찬가지입니다.

깨달은 사람이란 스스로 깨달았다고 선언한 사람이거나 스승으로부터 인가를 받았거나 추종자들로부터 인정을 받은 사람입니다. 이 다양한 사례에 공통적으로 적용될 기준이나 커트라인 같은 것이 있을 리가 없습니다. 어떤 경우이든 자신을 깨달은 사람으로 인정하는 사건에서는 자신의 주관적인 판단이 객관적인 판단보다 더 결정적인 요소가 됩니다.

깨달음이나 깨달은 사람이란 모두 주관적인 경험과 선언이므로 이의 옳고 그름을 시비하는 일은 대부분 헛된 노력에 그치게 됩니다. 이런 사정으로 인하여 저는 사람들의 깨달음에 대한 주장을 거의 다 수용하는 편입니다. 판단할 방법이 없으니까요. 다만 논할 수

있는 범위 내에서는 최대한 합리적인지, 자신 또는
남을 속이는 것은 아닌지에 대해서 탁마를 시도하지만
논쟁으로 넘어서지는 않습니다.

그렇다면 이런 사정에도 불구하고 사람들이
깨달음을 논하거나 수행을 권하는 이유는 무엇일까요?
서로 상충하는 가르침이 있다면 어떤 근거를 가지고
선택해야 하는 것일까요? 그것은 바로 사회적
효용성입니다. 그것이 자비 또는 구원이라고 표현되기도
하지만 종교적인 협의로 해석하는 경우입니다.

깨달음에 대한 주관적인 느낌을 구태여
소통하겠다는 것은 사회적 활동성을 드러내는 것이고
그렇다면 당연히 사회적 공리를 지향해야 마땅한
것입니다. 만약 그렇지 않다면 자비심이 결여되어
해롭거나, 미쳤거나, 아직 덜 깨우쳐서 자신의 사적
욕망을 타인에게 투사하고 있다고 판단할 수밖에
없습니다.

어떤 깨달은 이가 침묵하거나 현재의 삶을
부정한다면 그는 이 삶을 생생하게 살아가는 사람들과
함께 논할 바가 없습니다. 그러나 어떤 깨달은 이가
입을 열어 침을 튀며 말을 전개하고 있다면 그의 주장은
다른 사람의 삶에 도움이 되는 것이어야 합니다. 그의

주장에 대한 수용 여부는 삶에 대한 실용적인 도움의
가능성으로 판단하는 것이 가장 적절합니다.

사자獅子가 되어야 한다

나는 누구인가? 이 질문의 답을 찾아보자.

韓盧逐塊
獅子咬人
—『전등록』

한로韓盧는 개를 의미한다. 사자獅子는 밀림의 맹수, 그놈 맞다. 여기에서 개는 어리석고 멍청한 짐승, 사자는 용맹하고 똑똑한 맹수라는 뜻으로 사용되었다.

법문의 해석은 다음과 같다. 개 앞에서 멀리 돌을 던지면 개는 그것이 먹이인 줄 알고 쫓아가지만, 사자 앞에서 사자를 속이려고, 개에게 했던 것처럼 돌을 던져봐야 돌을 쫓아가기는커녕 돌을 던진 사람을 바로 문다는 뜻이다. 개 앞에서 돌을 던진 이유는 개가 귀찮게 굴어서 따돌리려는 것이고, 사자 앞에서 돌을 던진 것은 사자의 주의를 돌려 생명을 부지하려는 의도이다.

이 비유는 생각으로만 가득 찬 현상계를 넘어서, 어떻게 실상계를 들여다볼 수 있는가를 설명한 것이다.

개가 돌덩이를 쫓는 행동은, 생각이 망상임을
이해하지 못하여 생각이 튀어나올 때마다 연상, 상상,
기억, 추정 등의 사고 기능들이 연쇄적으로 상속되면서
자동으로 생각의 쳇바퀴를 돌리는 것을 표현한
것이다. 이 메커니즘은 자동이다. 생각이 만든 질문을
동어반복으로 구성된 생각의 답변으로 짜 맞추고 다시
질문이 나오게 되는 무한 고리를 만든다. 그 과정에
끌려다니는 감정은 에너지를 불필요하게 탕진한다.

사자가 돌을 던진 사람을 문다는 것은, 질문의 답을
생각에서 찾지 않고 질문이 나온 당처에서 해결하는
것이다. 생각이 나온 당처를 사자의 날카로운 송곳니와
강력한 턱의 힘으로 물어 부수면, 균열이 생기고 깨진
틈새로 빛이 쏟아져 들어온다. 질문에 속지 않고 생각의
쳇바퀴를 벗어나는 일이므로 에너지의 낭비가 없어 등
따시고 배부르다.

생각의 쳇바퀴 또는 망상에서 깨어나는 방법으로
백문불여일교百聞不如一咬. 우주가 닳도록 '생각'에 귀
기울여봐야 제자리 맴돌기이고, 한 번이라도 사자처럼
'생각'을 물어 부숴야 비로소 알 수 있다.

인간의 두뇌에서 펼쳐지는 '사고지능'은 세계의
한 조각일 뿐이다. 세계의 한 귀퉁이에 전두엽이 있건

없건 상관없이 저절로 그러한 '자연지능'의 스케일과는 비교할 수도 없다. 자연을 정복했다는 것은 우물안 '생각'의 자위일 뿐이다.

'사고지능'은 사자의 이빨에 형상들이 부서져버린 것을 단멸이라고 허무해한다. 그러나 단멸이라는 표현은 여전히 생각의 멀쩡한 결과물이므로, 개꿈을 벗어나지 못하고 있는 것이다. 단멸은 사기이다. 생각의 당처에서, 찰나의 순간에 거짓말의 돌덩이를 내 앞에 던진 것이다. 여기 깜빡 속아 돌덩이를 좇아가면 다시 개가 되는 것이다.

나는 누구인가?
아작!

무아無我는 어떻게 알 수가 있는가?

깨달음은 '나와 무아無我의 공존'을 '이해'하는 것이다. 달리 표현하면 '사고지능'과 '자연지능'의 균형이다. '사고지능'은 전두엽에서 처리되는 사고 시스템이고, '자연지능'은 저절로 그러하게 되는 질서이며 연기緣起다.

깨달음의 결과는 주체적 자아인 '나'가 변함없이 잘 유지되면서, 한편으로는 저절로 그러한 실상의 이치가 '나'의 '사고지능' 속으로 균형 있게 포섭되는 것이다. 깨달음의 결과가 현실의 초월이 아니라 현실의 올바른 이해이기 때문이다.

'나'가 실체적이고 독립적인 주재자가 아니라 연기의 과정임을 '사고지능'의 논리력으로 이해하는 것은 그리 어렵지 않다. 그러나 무아는 어떻게 알 수가 있을까?

무아는 직접적으로 알 수가 없다. 그것은 주객 분리가 사라진 상태이므로 앎의 대상이 될 수 없다. 그냥 그것일 수만 있다. 무아는 관념의 바깥을 지칭하므로 무아에 대한 모든 설명들은 비유에 불과하다. 사람은 일상에서 지속적으로 무아에 처하지만 '생각'을 이용하는 인식 시스템은 이를 포착할 수 없다. '나가 없다'는 문장은 무의미한 단어 배열이다. 무아라는 단어는 그것이 지칭하는 대상을 구별하고 인식하는 목적이 아니라, 현실에서의 어떤 특별한 의미를 소통하기 위하여 사용되는 것이다.

무아의 현실적인 의미는, '나'를 유지하는 망상의 구심력이 해체될 때 발생하는 무중력 상태의 압도적인 안도감이다. 이 안도감은 구심력을 다시 되찾은 '나'에게 보너스로 부여되는 심리적인 환희심과는 다르다. 그 차이에 섣부르게 붙여 대는 신비적 서술은 망상적인 오해이다.

모든 존재가 이미 '저절로 그러한' 무아이기에, 깨달음은 '나'와 무아의 공존상태가 창발되는 것이 아니라, '내'가 이 공존 상태를 '이해'하게 되는 현상이다.

'이해'에 따옴표를 붙인 이유는, 사고력으로 이해하는 것과 사고思考로 인한 혼돈이 없는 것, 두 가지를 의미하기 때문이다. 후자는 일반적으로 체득體得이라고 표현되지만 체현體現이라고 해야 오해를 줄일 수 있다. 왜냐하면 후자는 능동 상태가 아니라 수동 상태이기 때문이다. 후자는 필수이고 전자는 선택이다. 두 가지를 온전히 갖추면 깨달은 사람이 깨달음을 이해한 것이고, 후자만 갖추었을 경우에는 사고력의 이해와 상관없이 깨달은 사람의 삶을 살고 있는 것이다. 전후자를 하나도 갖추지 못했을지라도 '나'와 무아의 공존은 누구에게나 동일하며 차이는 오직 개체의 전두엽이 펼친 '생각'의 내용에서만 발생하는 것이므로, '생각'만 제외하면 이해를 갖추거나 그렇지 않거나 동일하다. 물론 '생각'에 따르는 심리의 요동이 많은 차별을 만들어내지만 '생각'에 종속적인 현상일 뿐이다.

깨달은 사람은 '나'를 초월하거나 새롭게 업그레이드된 무엇이 되는 것이 아니라, 원래의 '나'로 계속 살아간다. 바뀐 것은 '생각'뿐이다. 바뀐 '생각'이 인과를 이끌어 생활 방식에 변화가 올 수는 있지만 비약은 없으며 필수적이지도 않다. 그래서 부증불감不增不減이고 거기에 새로운 신비함은 전혀 없다. 상식적인 일들이 원래 신비였다는 것을 뒤늦게 알게 될 뿐이다. 저절로 그러함, 주체성이 저절로 그러함에 종속되는 것, 흔들리지 않는 안심, 무한의 미지 등 이런 것들이 최대의 신비일 뿐이다. 그런 신비에 비하여 육신통, 불생불멸, 합일, 아카식 레코드, 찰나, 신 등은 관념의 쪼가리로 만든 장난감들에 불과하다. 그런

가짜 신비들은 무념無念이라는 용광로에서 살아남을
수가 없다.

앞에서 언급한 바와 같이 무아無我는 존재론적인
판단이 아니다. 물질의 최소 단위가 입자인지 파동인지
조차 결론을 내리지 못하고 있는 '생각'에게 존재론적
판단을 할 자격이나 능력은 없다. 깨달은 사람들이
무아를 언급하는 것은 '나'라는 존재의 부재에 대한
설명이 아니라, '생각'의 부재를 간접 경험한 것에 대한
인식론적 묘사이다.

'생각'의 부재란, 주객 분리가 무너져 객체에 대한
주체의 사념적인 인식 행위가 사라진 것이다. 이런 일이
어떻게 가능한가 하는 의문이 떠오를 것이다. 그러나
모든 생명체는 그렇게 살고 있다. 사람이 잠을 잘 때,
거기에는 잠만 있다. 잠을 누리는 분리된 주체가 없다.
자동차를 운전할 때에는 운전함만 있다. 핸들 조작의
회전각도나 엑셀레이터를 밟는 압력을 계산하는 별도의
주체가 없다. 잠과 운전이라는 사건은 무아로 진행된다.
심지어는 객관 대상에 대하여 깊은 생각에 빠져 있을
때에도 생각 스스로의 힘에 의하여 저절로 흘러가는
'생각함'만 있지, 생각의 집중력이나 전개과정을
계획하고 운영하는 별도의 주체가 없다.
잠을 자거나 운전을 할 때만 그러한 것이 아니라,

삶의 모든 과정은 '나'의 개입 없이 인과에 의하여
저절로 전개되고 있다. 사고 시스템의 부산물인 '나'가
주재자라고 착각할 뿐이며 그런 오해와 고집이 바로
망상이다.

　　무아는 알 수가 없고 그냥 그것이 되어야 한다면,
도대체 어떻게 해야 그것이 될 수 있을까? 조사
스님들이라면 '도대체 어떻게…' 하는 대목에서
주장자를 날렸겠지만, 보따리를 풀어헤친 김에
언어도단言語道斷의 한계를 헤쳐 나가 보겠다.

　　무아를 체현하는 것은 '눈뜬장님 코끼리 만지기'로
비유할 수 있다. 장님 코끼리 만진다는 이야기가 있다.
시각을 잃은 사람들이 대상을 파악하기 위해 촉각을
사용하는데, 거대한 코끼리의 일부분만 주무르고 형상을
추측하는 오류를 꼬집는 이야기이다.

　　눈뜬장님이란 시각 기능이 손상되지 않았음에도
고정관념, 착시, 심리적 회피 등의 여러 가지 이유로
현실을 보지 못하는 사람을 지칭한다. 그래서 멀쩡한
시각을 내버려두고 장님처럼 손으로 더듬어 형상을
파악하려고 한다. 눈뜬장님이 코끼리 더듬기를 멈추고
시각 기능을 올바르게 사용하여 코끼리를 한 번 보게
된다면 다시는 손으로 코끼리를 주무르는 일이 없게

된다.

앎을 얻게 되는 시각과 촉각은 근본적으로 정보의
차원이 다르므로 촉각은 시각적 이해를 대신할 수가
없다. 이 비유에서 촉각은 '사고지능'(생각)과 같고,
시각은 '자연지능'(저절로 그러함)과 같다. 무아(코끼리)는
'사고지능'(생각)으로 더듬어서는 올바르게 알 수가
없다. 그러나 '자연지능'으로 한 번 알게 되면 다시는
'생각'으로 알려고 노력할 필요가 없다.

'자연지능'으로 알게 된다는 것은, 앎의 대상에 대한
정보를 갖게 된다는 것이 아니라 '저절로 그러함'이
되는 것을 비유로 표현한 것이다. 이것을 주체와 대상이
분리되지 않은 앎이라고 억지로 표현하면, 문장은
성립되지만 내용은 헛소리이다. 그래서 '자연지능'으로
알게 된다는 것을 현실적으로 다시 표현하면, '저절로
그러함'에 '생각'이 승복하게 되었다는 것이다. 이후로
'생각'의 질문은 존재가 아니라 인식에 관한 것이 되고,
'생각'은 삶의 보조 도구로 물러나며 동시에 현상의
'나'와 실상의 무아가 공존함을 명백하게 이해하게 된다.

이미 저절로 그러한 상태였으므로 변신이 아니며,
생각이나 의식 또는 감각을 동원하여 새로운 것을
알아내는 것도 아니다. 저절로 그러함이란 '잠'이나

'운전함'처럼 주객 분리가 없는 사건이어서, 저절로 그러하게 할 주체가 없으므로 저절로 그러함은 '되는 것'이나 '달성하는 것'이 아니라 '되어지는 것'이다.

저절로 그러한 상태가 저절로 드러나지 않는 이유는, 세계의 중심으로 착각하는 '나'가 저절로 그러함을 받아들이지 않기 때문일 뿐이다. 이러한 '나'와 '생각'이라는 현상들도 저절로 그러한 것이어서 그 인과가 끝나기 전에는 그런 고집이 억지로 종료되지 않는다.

'나'의 망상과 상관없이 실상은 이미 저절로 그러한 세계에서 저절로 그러한 삶을 살고 있다. 다만 '사고지능'이 실상에는 눈을 가린 채 주체적으로 산다고 생각할 뿐이다. 그 '생각'이 종료될 수 없다면 내용이 바뀌어야 하는데, 그러기 위해서는 '생각'이 '생각'을 설득하는 노력이 필요하다. 설득과 이해 대신 흔히 동원되는 세뇌나 신앙은 일시적인 봉합이며 '의심'에 대한 마취제에 불과할 뿐이다. 근본적인 패러다임이 교체되지 않은 '생각'은 언제든지 정체를 펼치고 일어나 찰나에 온 세상을 지옥으로 만들어 버릴 것이다. 망상적인 주객의 분리가 바로 고통이기 때문이다.

자기 설득은 스스로의 경험과 이해를 통해서

가능하므로 노력이 필요하지만, 노력해서 무엇인가를
얻으려는 주체성은 남지 않아야 한다는 애매한 모순에
처하게 된다. 구심력과 원심력이 균등한 힘을 이루어
만들어진 무중력 상태에 처한 것과 비슷한데 이를
피하거나 돌파할 방법은 없다. 여기부터는 저절로
일어날 수만 있다. 여기에 이르기까지의 노력이란
노력을 멈추려는 노력이다.

　이 과정에서 축적되는 경험이란 무념에 처하여
그 효용을 맛보는 것이다. 명상이든 좌선이든 상관이
없지만, '생각'이 만든 쳇바퀴에서 벗어나려면
단순할수록 좋고, 생각의 여백을 자주 마주칠 수 있어야
한다. 무념은 무아와 마찬가지로 직접적으로 경험할
수 없다. 생각이 사라지면 주체도 함께 사라져 무념의
상태를 인식하지 못한다. 잠을 자거나 기절한 것과
같다. 생각의 여백인 무념에 처했다가 되돌아온 직후에
'나'에게 남아 있는 잔여 에너지를 만끽하는 것이 바로
무아에 대한 경험이라 할 수 있다. 이 경험을 과장하면
황홀경, 열반, 경외감, 일체의식 등인데 소박하게
일상적으로 표현하면 안도감이다. 이 경험을 이해하게
되면, 이미 일상에서 그것들이 가득함을 알 수 있다.
생각과 생각의 사이, 한 생각에 집중된 순간, 생각이
멈춘 찰나 등에서 늘 그러하며 더 나아가 모든 생각의
배경임을 알게 된다.

무념에 대한 경험과 이해의 반복을 통하여 '시각'을
가린 '사고지능'이 치워지면 저절로 무아가 드러난다.
무념의 결과는 '생각'이 멸절되는 것이 아니라 '생각'이
'눈뜬장님의 촉각'에 불과할 뿐이라는 것을 알게 되는
것이다.

눈뜬장님이 코끼리를 눈으로 보기 위해서는 생각이
자동으로 상속되며 흐르는 힘을 약화시키는 연습을 해야
한다. 생각들을 수시로 환기하고 전환하여 자주 끊기게
하면 된다. 생각의 여백이 차츰 느껴지고, 생각을 대하는
새로운 습관이 축적되면 '생각'이 생각 너머를 수용하는
전환을 맞게 된다. '생각'이 고집하던 주체성에 대한
고정관념이 마침내 허물어지는 것이다.

연습에 대한 자세한 설명은 '개껌 던지기', '개껌
물기', '자등명에 대한 설명' 등의 제목으로 쓴 글을
참고하기 바란다.

깨달음은 '득템'이 아니다

1. 무인도에 깨달은 사람이 홀로 난파했다. 10년 동안 잘 먹고 잘 살고 있다.

2. 무인도에 보통의 평범한 사람이 홀로 난파했다. 10년 동안 잘 먹고 잘 살고 있다.

이 두 사람의 다른 점인 깨달음은 어떤 의미가 있는가?

1. 깨달았음을 스스로 확인한 사람이 있는데, 그런 사실을 표현하지 않은 채 살고 있어서 주변 사람들이 모른다.

2. 공부를 많이 한 인격 좋은 달변인이 있는데, 자신이 깨달았다고 확신하지는 못했음에도 깨달음을 선언하여 주변 사람들이 신뢰를 하고 많은 '도움'을 받기도 한다.

당신은 과연 깨달은 사람을 구분할 수 있는가?

어떤 사람이 "OOOO"를 찾겠다고 하는데 그것이 무엇인지 물으니 자신도 모른다고 한다면, 이런 사람은 정신과 진료를 받을 필요가 있다. 어떤 사람이 진리나 깨달음을 추구한다면 그것이 무엇인지 이미 알고 있다는 것이며, 대부분은 득템하겠다는 의지의 실천이다. 깨닫게 되면 현 세계와 초월의 세계를 오가는 능력이 생기거나, 침묵하고 있어도 숨길 수 없는 후광이 있거나, 완전한 인격과 이타적인 능력이 얻어진다고 기대하고 싶을 것이다. 그러나 사람이 알고 있는 어떤 경지나 상태, 상상되는 어떤 목표를 추구하는 한 깨달음은 발현하지 않는다. 깨달음의 내용이 무아와 연기이므로, 깨달음은 더 얻어지는 무엇이 아니기 때문이다.

삶을 살아가면서 저항을 받게 되면, 그러한 저항을 해결하는 방법을 찾는다. 그리고 궁극적인 해결책으로써 진리나 깨달음을 원하는 것이다. 저항의 본질은 '나'라는 착시에 있는데 이 착시를 해결하지는 않고, '나'를 보강하는 방법을 추구한다면 '슈퍼 나'를 만들어 착시를 강화할 뿐이다. 인생이 끝이 없는 나그네 길이 되는 이유이다. 눈치 빠르게 몽땅 갖다 버릴 생각이 든다면 멈춰야 한다. 그런 행위 역시 무소유를 득템하려는 수작에 불과한 것이니.

노력 없는 노력

수행자들이 수행을 잘한 결과로 반드시 봉착하는 난관이 있습니다. 노력할 수도 없고 노력하지 않을 수도 없는 부조리한 상황에 놓이는 것입니다. 수행을 삼킬 수도 없고 뱉을 수도 없게 됩니다.

이 과정이 필연적인 이유는, 모든 수행이 변화해보겠다고 조작하는 놈의 의지와 실천(최고의 망상질)이기 때문입니다. 그러나 그렇게 조작하는 놈이 남아 있는 한 수행은 절대로 끝나지 않습니다.

처음에는 그 의지와 실천이 필수적입니다. 평상심이 진리라고 하여 아무것도 하지 않는다면 정말로 아무 일도 일어나지 않습니다. 그러나 수행이 무르익어서, 모든 조작이 자아상의 기반이라는 사실에 눈을 뜨고 나면 수행조차도 잘나기 위한 조작질임을 알게 되는 것입니다.

이렇게 되면 하고 있던 수행(그것이 어떤 방법이든)을 계속할 수가 없는데, 그것은 이미 습관이 되어 버려서 저절로 일어나버립니다.

2. 깨달음 수업

이 모순된 상황에서 벗어나려고 수행자가
발버둥치지만 그럴수록 조작함의 그물에 더욱 깊이
휘감기게 되어 오히려 답답함이 가중됩니다. 은산철벽에
둘러 쌓였다고 표현하는 그런 상황입니다. 지쳐서
노력을 그치면 포기하는 것이고 노력하면 그르치는
것입니다.

"어쩌라구?" 저 역시 이 질문을 욕처럼 던지며 그
시간을 지냈던 것 같습니다. 여기에서는 답이 없습니다.
수행자는 바둥대지만 밖에서 도울 수도 없고 해법이
있을 리가 없습니다. 여기에서는 그저 이 상황을
버티는 것이 정답입니다. 왜냐하면 이 버팀을 통하여
바둥거리던 조작심의 에너지가 고갈되기 때문입니다.
그 에너지가 고갈되어야, 알아차리는 것이 아니라
알아차려지게 되고, 지켜보는 것이 아니라 지켜봐지게
되는 것입니다.

수행자가 잘 버티다보면 그는 어느새 자신을
가로막고 둘러싼 은산철벽의 꼭대기인 백척간두에
올라서 있음을 알게 됩니다. 그런데 둘러보니 '이런
앰병할', 길은 끊겨 있고 발 앞은 까마득한 절벽입니다.
이제 수행자는 견성을 향한 마지막 도약을 해야 할
시간입니다. 허공을 향해 한 발 내딛는 것입니다.
수행자의 할 일은 여기까지입니다.

견성, 돈오, 깨달음은 내가 달성하는 일이 아니라 그것이 스스로 드러나 온 세상을 덮치는 현상입니다. 여기에는 주재하는 놈이 사라집니다.

허공에서 한 발을 내딛는 것은 모든 것을 내려놓는 것입니다. 그동안 그토록 시도해도 안 되었던 것이 이제 가능해진 것입니다. 은산철벽의 버팀 과정에서 조작함의 에너지가 다 소모되어서 바늘 하나 들고 있을 힘조차 사라졌기 때문입니다.

은산철벽과 백척간두를 통과하는 시간은 사람마다 천차만별입니다. 구렁이 담넘어가듯 후루룩 넘어가는 사람도 있고 수 차례의 진퇴를 반복하는 사람도 있습니다.

이 은산철벽에서 익혀진 노력 없는 노력의 습관이 견성 이후의 닦음 없는 닦음을 가능하게 하는 틀이 됩니다. 일부러 탐진치를 갈고닦지 않아도 저절로 성인이 되어가는 점수漸修가 일어나는 것입니다. 그러므로 견성 이후에도 갈고닦아야 한다는 사람이 있다면, 그는 여전히 노력하는 중이니 아직 백척간두에서 제대로 뛰어내리지 못한 것입니다.

생각 걷어차기

'생각 걷어차기' 수행법은 내가 겪었던 과정을 압축하여 반영한 것이고 뿌리는 화두 수행이다. 쉽고 간단하여 부작용이 없고 따라 해 본 사람이 소수에 불과하기는 하지만 성과가 좋다. 깨달음의 수행과 무관하게, 마음을 편안하게 하는 명상법으로 활용해도 좋을 것이다.

수행의 원리에 대한 설명

무아를 간단히 말하자면 '나'가 본질적으로 허구라는 것이다. 그러나 사람들은 실체성이 완벽하게 느껴지는 현실을 살아가고 있다. 그리고 이 완벽한 실체성이 스스로를 허구로 간파한다는 것은, 실체성의 화려함을 장식하는 또 하나의 새로운 아이템을 장착하는 것일 뿐이다. '나'가 무아를 이해한다는 것은 '나'가 훌륭한 지식을 추가하는 결과로 귀결되기 때문이다. 그러므로 이 깨침의 방법은 기존에 해왔던 학습이나 훈련과는 근본적으로 달라야 한다. 뇌에 새로운 방식의 인식 회로를 만드는 과정이어야 한다.

관객이 참여하는 연극이 있다고 가정하자. 연극의 몰입도가 굉장히 높아서 참여하는 관객이 너무 몰입하여 부작용이 생긴다면, 이런 사태를 방지하기 위하여 지금 펼쳐지는 상황이 가상이라는 사실을 연극에 참여한 관객에게 지속적으로 환기시키는 장치를 만들어야 한다.

'생각 걷어차기'라고 소개하는 수행법이 바로 이러한 장치다. 현실의 실체성이 허구라는 사실이 드러나도록 실체성에 균열을 만든다.

훈련 방법

단어 하나를 준비한다. 예를 들자면 깜깜, 병아리, 무, 옴, 관세음보살 등 어떤 단어도 상관없다. 이렇게 선정한 단어가 수행자에게 아무런 의미가 없으면 안 되고, 그 단어가 연상을 일으켜 스토리가 흘러나오는 것이어도 안 된다. 그 단어를 호출하면 스틸사진처럼 고정된 이미지가 딱 떠오르는 정도면 가장 좋다. 이하에서부터는 이 단어를 '토템'이라고 부르겠다. 토템은 바꾸어도 괜찮지만 자주 바꾸지 않는 것이 좋다.

1단계는 일상에서 틈틈이 토템을 떠올리는 연습을 한다. 익숙해져서 수시로 단어가 떠오를 때까지 해야 한다.

2. 깨달음 수업

2단계도 일상에서 연습한다. 머리 속에서 생각의 흐름이 의식될 때마다, 그 생각의 내용과 상관없이 토템을 떠올린다. 이미 흐르고 있던 생각을 없애는 것이 목표가 아니라 토템이 생각을 잠깐 끊으면 된다. 어떤 생각들은 토템으로 끊긴 뒤 바로 사라지고, 어떤 생각들은 다시 이어질 것이다.

꾸준히 반복하다 보면 스스로 느낄 수 있는 변화가 생기는데, 첫째는 지나치게 불필요한 생각을 많이 하며 생활한다는 것을 발견하는 것이고, 둘째는 생각이 단락될 때마다 긴장이 풀리면서 편안함이 느껴진다.

사람의 뇌에서는 생각이 무한 생성되면서 무조건적이고 연쇄적으로 전개되는 방법으로 현실세계라는 실체성을 만들어 나간다. 스틸사진을 이어서 만든 필름을 영사기가 스크린에 초당 24장의 속도로 비추어 동영상으로 착시하게 만드는 것과 동일하다.

생각 걸어차기 훈련은 저절로 흐르는 생각들에다가 지속적이고 반복적으로 단락을 만들어 현실 세계의 틈을 드러낸다. 영사기에서 필름이 돌아가는 속도를 늦추면, 생동감 있게 펼쳐지던 화려한 세계의 본질이 스크린과 스틸사진에 불과하다는 것이 드러나는 것과 같다.

기존의 인식 회로를 바꾸어 세상을 달리 보게 되는 것이 아니라, 기존의 회로와 무관하게 세상을 달리 인식하는 새 회로를 만드는 것이다.

3단계는, 2단계에 추가되는 것으로 2단계와 병행한다. 시간을 정해서 고요히 집중하는데, 하루에 3번 정도 고요히 앉아 오직 토템 하나만을 생각한다. 권장시간은 10분에서 20분 정도이지만 처음에는 5분도 집중하기 힘들 것이니 할 수 있는 만큼만 하되 정해진 시간에 규칙적으로 하는 것이 좋다.

앞에서 설명한 2단계가 새 회로를 개척하는 과정이라면, 이 3단계는 개척된 회로를 확장시켜 힘을 키우는 과정이다. 2단계까지만 할 때에는 잘 끊어지지 않는 생각들이 있는데 이 단계에서 집중하는 힘을 키우면 그런 문제가 어느 정도 해결된다.

4단계는 저절로 들어서게 된다. 위의 3단계까지 꾸준히 하다 보면 그 연습의 결과로 효용과 힘을 얻게 되므로 자연스럽게 적응이 되다가 어느 시점부터는 애써 노력하지 않아도 저절로 생각 걷어차기가 일어나게 된다. 이 지점이 입류入流다. 이제부터는 저절로 수행이 진행됨으로 이해와 집중으로 따라가기만 하면 된다.

이후의 과정들

깨어나는 과정을 도식화해보면 발심, 생각 걷어차기,
은산철벽, 백척간두 진일보, 전환점, 적응, 해석의 순서로
진행된다.

'은산철벽'은 두 개의 인식 회로가 상충하고
대립하여 나타나는 답답함이다. 생각 걷어차기로
만들어진 새로운 회로와 기존의 회로가 서로 교통정리가
안되어 나타나는 것이다. 기존의 회로는 각종 노력을
요구하는데, 새로 만들어진 회로는 그런 노력을 끊을
뿐만 아니라 심지어는 생각 걷어차기 조차도 헛발질이
되어 버리게 하는 딜레마에 필연적으로 도달하게 된다.

이 과정에서 벗어나는 것을 밖에서 도울 수가
없으며, 자신조차도 도울 수가 없다. 아무것도 할
수가 없다. 다만 앞의 과정들을 충실하고 진지하게
수행하였다면, 그 힘이 힘겨루기를 끝내고 스스로
벗어나게 된다. 물론 수행자는 이 상황이 어떤 것인지를
정확히 이해하여야 한다.

'백척간두 진일보'는 앞에서 설명한 은산철벽을
벗어나는 순간을 말한다. '나'의 숨통이 끊어지는
순간이다. 앞에서 연습했던 생각 걷어차기의 습관도

저절로 그치게 된다. 평생을 주인 노릇을 했던
기존의 인식 회로가 주체의 왕좌에서 내려오게 된다.
여기까지가 돈오頓悟이고 이후는 점수漸修이다.

'전환점'은 뇌에서의 교통정리가 마쳐져서, 세상을
보는 새롭고 안정된 시선이 자리를 잡게 된 것을 말한다.

'적응'과 '해석'은 점수의 과정으로, 깨달음의
공부와는 전혀 다르다. 흔히 오해하는 것처럼 심신과
탐진치를 갈고닦는 과정이 아니라 새로운 시선으로
세상을 해석하고 소통하며 현실에 적응하는 과정이다.
앞의 과정들을 잘 마쳤다 할지라도 이 공부를 잘못하면
퇴전하거나 새로운 망상을 짓고 들어앉아 마구니가 될
수도 있으므로 의심을 버리지 말고 겸손하게 탁마를
해야 한다.
　자신이 공부를 마친 것을 확인하려면 일체의
의문이 사라졌는지, 흔들리지 않는 안도감이 명백한지
스스로에게 물어보면 된다.

위에서 도식화한 단계와 과정들은 수학처럼 구획이
정확하게 구분되는 것도 아니고 사람마다 많은 편차가
있으므로 전체적인 개략으로만 이해해야 한다. 그리고
이 수행법이 잘 맞지 않는 사람도 있음을 밝힌다.

생각 걷어차기 2

제 실험실에서 진행한 연구를 비롯해 여러 연구
결과를 보면 뇌는 세로토닌 체계를 통해 학습률을
조정합니다. 우리는 실험용 쥐를 어떤 원칙에 따라
임무를 수행하게 학습시켰다가 갑자기 그 원칙을
바꾸어봤습니다. 이때 가장 강력하게 반응하는 뉴런이
세로토닌 분비를 담당하는 쪽의 뉴런이었습니다. 마치
뇌 전체에 놀랐다는 신호를 보내는 것 같았습니다.
"깜짝이야! 얼른 기준을 바꿔서 대응해야겠군." 같은
메시지였죠. 그렇게 세로토닌이 뇌의 특정 영역에
분비되면 뇌 전체의 가소성可塑性이 높아지는 것을
관찰할 수 있습니다. 가소성이란 고체가 외부에서 탄성
한계 이상의 힘을 받아 형태가 바뀐 뒤 그 힘이 없어져도
본래의 모양으로 돌아가지 않는 성질을 뜻하죠. 즉,
세로토닌이 기존의 세계관을 바꾸는 작업을 시작하게
하는 셈인데, 특히 바뀐 환경에 맞지 않는 부분의 신경
회로가 교체 혹은 수정 대상입니다.

위의 글은 가디언에 실린 글을 번역해 올린
'우울한 로봇을 통해 알아보는 인간의 뇌와 정신

건강'에서 인용(http://newspeppermint.com/2018/04/19/depressedai)한 내용이다.

그동안 나는 가상현실의 허구성에서 깨어나는 방법으로 '생각 걷어차기', '개껌 던지기'를 소개하였고, 그 연습의 결과로 새로운 세계를 인식하는 새로운 습관, 새로운 생각의 회로가 만들어진다고 설명을 해왔다. 내가 겪어왔던 길을 뼈빠지게 탐구하여 해석한 것인데, 이를 뒷받침하는 연구 자료가 보여서 소개한다.

결론은 내가 잘났다는 것이 결코 아니라, 생각을 걷어차는 방법이 수행의 부작용은 없고, 빠르고 강력한 효과가 있다는 것을 강조하는 것이다. 이 결론은 실제로 내가 제시한 방법(글에서 소개한 방법)을 따라한 소수의 사람들에게서 이미 검증되고 있다. 영업하는 것이 아니므로 오해는 마시라. 나는 스승을 자처하지 않으므로 공부모임이나 추종자를 모으지 않으며, 그저 글이나 쓰고 질문에 답할 뿐이다.

내 글을 자세히 읽지 않은 사람들을 위하여, 그리고 위의 연구 결과를 취합하여 '생각 걷어차기'를 간단히 다시 설명해 보겠다.

사람이 세상을 인식하는 OS(Operating System)는

유아기에 기반을 갖춘다. '나'라는 주체 관념이나 시공간 관념 같은 것들이 건물의 기초와 골조처럼 구축되고 이를 기반하여 각종 관념들이 여러 가지 인테리어처럼 설치된다. 인테리어 구조물들은 당연히 리모델링이 가능하지만 기초나 골조는 그렇지 않다.

인체 에너지의 20%를 사용하는 뇌는 하루 종일 생각이 끊기지 않고 흐르면서 관성적인 지속성을 유지한다. 이 특성은 기초와 골조처럼 기반 시스템이다. 그것은 영화관에서 영사기 모터가 쉬지 않고 돌아가는 것과 같다. 늘어진 필름이 톱니바퀴 밖으로 삐져나와 영사기 모터가 멈추면, 화면에 흐르던 동영상이 스틸 사진의 조합인 것으로 뽀롱 나버린다. 이렇게 되면 곤란하므로, 가상 세계의 현실감을 유지하기 위하여 생각의 흐름은 결코 멈추지 않는다.

이런 이유로 인하여 인간은 현실 세계가 관념으로 해석된 가상 현실 세계임을 전혀 알아차리지 못하고 살게 되니, 이 인류의 집단의식은 참으로 대단한 것이다. 그러나 가상현실은 실상계와 일치하지 않는다. 수십억 년의 결과물인 몸과 수천 년의 결과물인 생각은 서로 괴리를 만들어 냄으로 현생 인류의 삶은 고통스럽다.

이 괴리를 보정해주는 대단한 발견이 2,600년 전에

고타마에게 일어났는데, 그것이 바로 '무아와 연기'로 실상계와 현상계를 연결하여 이해하고 체득하는 것이다. **고타마의 발견을 오늘의 현실에 맞도록 재현한 것이 바로 '생각 걷어차기'이다. 주워듣거나 스승에게 해석의 가르침을 전수받은 것은 아니고 나의 뼈저린 경험을 반추하여 해석한 것이어서 현대 한국어에 딱 맞는, 따끈한 신상이다.**

가상현실의 허구성에서 깨어나려면 책을 몇 권 읽는 정도로는 불가능하다. 대뇌에 시스템화 되어 있는 기본 회로에 영향을 미치는 대공사를 해야 하기 때문이다. 벌써 겁먹지 마시라. 말만 그렇지 원리는 아주 간단한 일이다.

현실이 괴로운 이유는 책임질 능력이 없는 '나'라는 허깨비 주체에게 이러저러한 책임을 추궁하기 때문에 고통이 일어나는 것이다. 엄마의 배에서 갓 나온 아기에게는 '나'라는 주체의식이 없는데, 이 아이가 가상현실 세계로 입장하여 그 사회에서 한 구성원의 역할을 감당하려면 '나'라는 주체 관념을 제일 먼저 세워야 한다. 이 작업은 절대로 자연적이고 불변의 현상이 아니다. 지구상의 어떤 생명체도 이런 일을 겪지 않는다. 인간으로 태어났더라도 유아기에 뇌의 가소성이 굳어지기 전에 OS가 제대로 설치되지 않으면

'늑대소년'이나 될 뿐 사회성을 갖춘 인간이 되지는
못한다.

　이 억울한 '나'에게 뒤집어 씌워진 부당한 누명을
벗겨주는 것이 바로 고타마의 깨달음이다. '나'는 사고
기능으로써의 주체일 뿐이지 삶을 주체적으로 운영하는
책임자, 주재자로서의 주인이 아니라는 것이다.

　헐~ 어쩔? 이것을 어떻게 받아들이라고? '나'는
그래도 주체이고 주인이 되고 싶은걸? 무서워. 그럼 왜,
뭐하려고 살아?

　밤에 꾸는 꿈도 하나의 가상현실 세계이다. 내가 그
꿈에서 지옥 생활을 하고 있는데 어떤 이가 나타나서
이것은 꿈일 뿐이라고, 너는 실제로 침대에서 잠을 자고
있다는 별 희한한 이야기를 한다. 나는 그를 붙들고 왜
그런지를 설명 듣고 지옥에서 벗어나기 위한 여러 가지
방법들을 전수받는다. '이것은 꿈일 뿐이라고!'라고
아침저녁으로 외치고, 꿈에서 깨기 위해 매일 팔다리를
휘휘 내젓는다. 그러나 그 모든 대화와 행동들은 여전히
꿈의 소재들일 뿐이고 그런 방식으로 소재와 에너지를
공급받아 꿈은 계속 진행된다. 내가 지옥에서 벗어나는
길은 단 하나, 꿈에서 깨어나는 것일 뿐이다. 꿈을 꾸는
나에게 꿈속의 누군가 '이것은 꿈이야'하고 소리를

지르면, 그 소리가 오히려 꿈의 내용을 자극하여 꿈속의
공포감으로 나를 끌고 갈 뿐이다.

그럼 어떻게 꿈에서 깨어날 것인가? 뇌에 설치된
OS의 특징을 역으로 이용하는 것이다. 영사기처럼
끊임없이 흐르는 생각을 간헐적으로 꾸준하게 끊는
연습을 반복하여 새로운 습관이 생기도록 하는 것이다.
이게 무슨 효과가 있을까? 이제 내가 앞에서 소개한
실험 결과를 상기하여 보자.

잠깐이라도 생각이 끊긴다는 것은 뇌가 생성하는
규칙적인 뇌파에 변화가 분명하게 생긴다는 것이다.
생각이 끊기면 릴랙스 되고 안도감이 든다는 것은
뇌의 기능 구조상 그러하다. 생각이 끊기는 현상으로
세로토닌이 뉴런에서 동시 다발적으로 분비되는 것으로
추정된다. 기존에는 늘 갈 길이 멀고 할 일이 많았으므로
이런 현상은 무시되고 지나쳤을 뿐이지만, 이 끊김과
안도감을 반복하면 뇌는 이 유의미한 현상을 처리해야
할 의무가 생긴다. 뇌는 이미 분비된 세로토닌의
영향을 활용하여 뇌에 가소성을 증가시켜 새로운 신경
회로('무아와 연기')를 건설한다.

100층짜리 고층 빌딩의 옥상에서 땅으로 떨어지던
공이, 땅을 향하여 떨어지겠다고 무진장 애를 써왔는데,

힘을 쓰든 그렇지 않든 중력에 의하여 저절로 떨어진다는 사실을 이해하게 되었다면 그 공은 이제 불필요한 힘을 쓰지 않게 된다.

생각이 제대로 계속 흐르지 않는다면, 그래서 '나'가 조작하고 대비하지 않는다면 큰일 나는 줄 알고 평생을 살아왔다. 그런데 생각 걷어차기가 습관화되면서 모든 일들이 환경의 연기에 의하여 저절로 생멸한다는 사실을 조금씩 눈치채게 된 것이다.

이렇게 되면, 뇌는 이제 새로운 신경 회로(세계관)를 구축해야 한다. 이제부터는 뇌가 알아서 하므로 거스르지만 않으면 된다. **나는 생각 걷어차기만 계속해주면 된다. 현재의 인공지능들이 하는 일인데 인간의 뇌가 기계만도 못하겠는가? 이것이 깨달음을 향한 입류入流이다.**
다만 생각을 걷어차는 것! 깨어나는 것은 이렇게 정확하고 쉽다. 이렇게 과학적인 것이다.

고타마에게 삼배를 올린다.

생각 걷어차기 3

모든 훈련은 목적이 있습니다. 목적을 이해하지 않고 훈련을 한다면 제대로 된 성과를 얻을 수가 없습니다.

삶 또는 세상의 본질을 탐구하는 모든 수행은 공통적으로 생각의 바깥을 체득하는 것이 목표입니다. 경험이라고 하지 않고 체득이라고 표현한 것에 주목해야 합니다. 경험은 여전히 생각의 일이므로 그것으로는 생각의 바깥을 제대로 이해하지 못합니다. 경험하면서도 당시에는 알 수 없지만 결과가 남아 그것으로 이해하게 되는 것을 저는 체득이라고 표현한 것입니다.

생각의 바깥을 체득해야 하는 이유는, 짠맛을 모르는 사람이 짠맛에 대한 모든 설명을 접어두고 직접 소금을 집어 먹는 것과 같은 이유입니다. 어떤 설명도 그보다 더 정확할 수는 없으며 모든 설명은 여전히 생각의 일이기 때문입니다.

그러므로 대부분의 수행은 무념, 무아의 상황을 만들고 거기에 흠뻑 빠져 들어가는 것입니다. 저는 그 방법으로 생각 걷어차기를 권하고 있습니다.

이것은 아주 간단한 방법입니다. 일상의 생활을
하면서 생각이 머릿속에서 흐르는 것을 발견할 때마다
그 생각을 툭 걷어차는 것입니다.

걷어찬다는 것은 생각의 흐름을 끊는 것입니다.
일어난 생각을 지워버리거나 일어나지 못하도록
짓누르는 것이 아니라, 일어나서 흐르고 있는 생각을
잠깐 끊는 것입니다.

생각은 흐름입니다. 한 생각이 일어나면 관련된 다른
생각들을 불러오며 끝없이 이어집니다. 이런 과정은
의식이 있는 상태에서는 멈추지 않고 지속됩니다.

그런데 의식적으로 그 흐름을 끊으면, 마치 자동차의
기어를 변속할 때 중립에서 동력의 전달이 잠깐 멈추는
것처럼 찰나의 공백이 드러납니다. 처음에는 그런
사실을 잘 모르겠지만 훈련이 반복될수록 그 공백이
명백하게 느껴지게 됩니다.

이렇게 끊긴 생각들은 바로 소멸되는 것도 있고,
다시 이어지기도 합니다. 어떤 경우든 괜찮습니다.
바로 소멸되는 생각들은 거의 대부분 불필요한

잡생각들입니다. 그러나 무의식에 기반을 두고 강하게 드러난 잡생각이나, 사고 기능을 조직적으로 발휘하며 집중하던 생각들은 다시 자기 할 일을 이어나가는 것입니다.

걷어찬 생각이 끊기든 계속 이어지든 어떤 경우에도 공백은 안도감을 줍니다. 어떤 원리로 그러한지를 설명할 수 있지만, 내용이 길어지게 되고, 또 직접 연습해보면 바로 확인이 가능한 것이므로 설명은 생략하겠습니다.

생각 걷어차기가 일상에서 습관이 될 정도로 연습된다면 생각의 바깥을 체득한다는 것이 무엇인지 저절로 알게 됩니다.

생각은 쉬지 않고 무조건적으로 흐르게 되어 있습니다. 이런 현상에서 예외적인 사람은 없습니다. 그래서 생각으로부터 벗어나지 못하는 것입니다. 메타 인지로 생각을 들여다보더라도 여전히 생각의 연속일 뿐입니다.

주시나 집중은 그런 기능이 잘 작동될수록 주시하거나 집중하는 주체가 강하게 남으므로 이의 뒤처리가 장애로 남습니다.

그러나 생각 걷어차기는 생각을 걷어차겠다는
생각조차도 결국에는 걷어차게 되므로 아무것도 남는
것이 없습니다. 물론 처음에는 생각을 걷어차겠다는
생각을 강하게 붙들어야 시작할 수 있습니다.

여기에서 문제가 하나 있습니다. 생각을 걷어차려는
노력 역시 생각으로 시작합니다. 끊으려고 하는,
이미 흐르고 있는 생각들과 같은 소재입니다. 그러다
보니 금방 무뎌져서 흐지부지되기 쉽습니다. 생각을
걷어찬다는 생각이 새로운 생각의 흐름을 만드는
것입니다.

그러므로 여기에서 생각을 걷어차야 되겠다는
생각 대신 이를 대신할 하나의 이미지나 단어 등을
사용합니다. 저는 이것을 '토템'이라고 부릅니다. 토템의
원래 의미는 고대 부족들이 자신들과 특별한 관계가
있는 것으로 믿어 신성하게 여기는 동식물이나 자연물을
말하지만, 저는 그런 의미로 쓰는 것이 아닙니다.

영화 인셉션에서 꿈속으로 들어가는 주인공이
자신이 꿈속에 들어와 있다는 사실을 기억해내기 위한
작은 장치를 쓰는데, 그것을 토템이라고 합니다. 저는 이
영화의 토템을 모방한 것입니다.

활용하는 방법은 이렇습니다. 예를 들자면 토템으로 초승달의 이미지를 정했다고 하면, 생각이 흐르는 것을 인식하는 순간 토템(초승달)을 강력하게 떠올려 그 생각의 흐름을 끊는 것입니다. 초승달로 생각을 덮는다고 이해하면 쉽습니다.

이 과정에서 토템이 찰나에 떠올랐다가 사라질 수도 있고, 몇 초간 지속될 수도 있는데 어떤 경우이든 상관없습니다. 양보다는 질이 중요하고 사람마다 천차만별이므로, 일어나는 현상이나 결과에 연연하지 않고 습관이 될 때까지 꾸준히 걷어차는 것이 중요합니다.

토템은 의도하는 순간 별도의 절차 없이 즉각 올라와야 하므로 단순할수록 좋고, 개인적으로 많은 연상을 일으키는 것은 피해야 합니다. 그리고 자주 바꾸면 즉각 떠올리려고 할 때 헷갈릴 수도 있으므로 결정하고 바꾸는데 신중해야 하지만, 토템이 무뎌지면 바꾸는 것이 좋습니다.

생각 걷어차기 4

생각 걷어차기의 목적은 생각을 끊어버린다거나, 특정한 생각들이 못 올라오게 하거나, 매 순간의 생각들을 다 지켜보거나, 생각의 내용들을 선별 관리하는 능력 등을 키우는 것이 아닙니다.

생각 걷어차기의 목적은 쉽게 비유하자면 도로에 과속방지턱을 만드는 것과 같습니다. 과속방지턱은 차량을 통제하여 못 다니게 하는 것이 아니라, 적당한 속도로 안전하게 다닐 수 있도록 유도하는 것입니다.

생각 걷어차기를 하는 이유는 생각이 발화, 연상, 상속되는 시스템을 통하여 무한정 그리고 초고속으로 흐르는 것을 느슨하게 만드는 것입니다. 그렇게 하면 생각과 생각 사이의 틈 또는 생각의 배경이 드러나게 되고 이것이 안도감으로 확인되기 때문입니다.

그러므로 생각을 외면하거나 판단을 안 하게 만드는 것이 아니라, 생각의 속도를 점점 느리게 만드는 것이 핵심입니다.

일 없는 삶

감感을 잡았다가 놓치는 이유

제가 권장하는 '생각 걷어차기'를 포함한 모든
수행들은 몸의 감感을 잡아가는 훈련입니다. 이 과정은
생각만으로는 완료가 되지 않으므로 반드시 몸으로
익혀가야 합니다.

저는 무아와 연기를 체득하는 수행의 과정을 그리
거창하고 어려운 일로 간주하지 않습니다. 왜냐하면
새로운 무엇인가를 장착하는 것이 아니라. 이미 쓰고
있는 것을 드러내는 일이기 때문입니다. 그럼에도 이
일이 어렵게 느껴지는 이유는 생각으로 그 원리를
정확히 간파하기 쉽지 않은 것 때문이고, 생각으로
완료할 수 없는 일을 생각이 자꾸 앞서서 더듬어 제자리
걸음을 시키기 때문입니다.

초보 운전 시절에 3차선 이상의 도로에서
좌회전하려고 차선 변경을 시도하면 옆 차선이
무섭습니다. 옆으로 지나가는 차들의 속도와 방향이
파악되지 않아 당황하게 됩니다. 그런데 민폐를
끼쳐가며 계속 반복하다 보면 어느 날 갑자기 차의

흐름을 타면서 옆 차선으로 살짝 끼어 들어가는 감이
딱 느껴지는 순간이 옵니다. 그다음부터는 도로 주행에
대해 자신감이 확 붙습니다.

이런 과정처럼, 망상의 본질에 대한 감이 문득
잡히면서 편해지는 순간이 있습니다. 반짝, 하며 뭔가를
안 것 같습니다. 그런데 많은 사람들이 여기까지
도달하였음에도 시간이 지나면서 흐지부지되어 그 감을
잃어버린 채 다시 일상에 매몰되어 살아가게 됩니다.
이런 현상을 겪는 이유는 바로 기존의 습관에 꺾이기
때문입니다.

자동차 운전에서 차선을 바꾸는 능력은 이전에 이미
사용하던 습관들과 겹치는 부분이 없습니다. 그래서
새로 몸에 익혀진 것을 자연스럽게 계속 사용하게
되므로 시간이 흐를수록 점점 익숙해집니다. 그러나
생각이 삶의 전부인 줄 알았다가 그것이 망상이라는
것을 이해하는 체득은, 기존의 생각이 전부인 줄 알고
살던 습관과 어긋납니다. 그리고 새로운 체득이 뇌에서
새로운 신경다발로 굵어져서 자리잡지 못한 상태이기
때문에 의식적으로 애쓰지 않으면 당연하게 기존의
일처리 습관으로 생활하게 됩니다. 의식적으로 애쓴다는
것은 진지한 꾸준함을 놓지 않는 것입니다.

생각은 어떻게든 주인의 자리에서 물러나지 않으려고 하면서 몸이 경험한 감에 익숙해지지 못하도록 교묘하게 끌고 다닙니다. 생각이 몸을 쫄게 만들거나 감을 잡은 경험을 생각의 관점으로 해석하고 관념화하여 기존의 습관에 계속 의존하도록 합니다.

안타까운 일입니다. 꿀단지 뚜껑에 묻어 있는 꿀을 맛보았다면 그 뚜껑을 열어 꿀을 실컷 먹으면 되는 일인데, 꿀 몇 모금을 맛보고는 이내 그 맛을 잊어버리는 것과 같습니다.

다시 환기해야 합니다. 환기하는데 대단한 노력이 필요한 것이 아닙니다. 그저 그 감을 다시 기억해내어 '아하~' 하는 느낌만 회복하면 됩니다. 혹시 잘 안 된다면 거기까지 진행했던 훈련을 복습 삼아 조금만 반복하면 됩니다.

쇠뿔은 단김에 빼야 합니다. 소의 뿔을 제거하려면 그 뿔을 뜨겁게 달궈서 뿔이 말랑해질 때 즉시 빼야 합니다. 미적거리다 열이 식어서 굳어지면 다시 달궈서 빼는 일이 더 힘들어집니다. 감을 잡아 쇠뿔을 빼는 것은 성인聖人이 되거나 초인이 되는 일이 아니며, 한 번 예방 주사를 맞아서 평생 홍역을 예방하는 일과 같은 것입니다. 생각의 부작용에 다시는 시달리지 않게

되는 것입니다. 그러므로 감을 잡았다면 이것이 몸에
익숙해지는 과정에서 느슨해지거나 멈추지 말아야
합니다.

혹시 감感을 잡았다가 놓쳤다면 지금 바로 다시
돌이키세요. 시도해보면 생각이 게거품을 물며
진저리치거나 미루려고 하는 것이 트릭이라는
사실을 알게 될 것입니다. 이것은 어떤 수행을 했든
마찬가지입니다.

이미 충만한 삶

우리는 훨씬 더 편안하고 부드럽고 여유 있게 살아갈
수 있습니다. 그것은 누구에게나 가능한 일입니다.
왜냐하면 이미 그렇게 만들어졌기 때문입니다.

그런데 우리는 두려움 때문에 딱딱해지고
사나워졌으며 어둡고 어리석어졌습니다. 두려움
때문에 모든 에너지를 바깥으로 발산하며 바깥으로만
기웃거리고 있습니다. 행복을 바깥에서 찾아 의존하고
문제의 책임도 다른 사람에게만 미뤄버립니다.

그러나 모든 문제나 목표는 다 내 안에서 만들어지는
것이니 그것들의 열쇠도 내 안에 있습니다. 열쇠는
두려움의 해소입니다. 그 두려움은 오해와 착각으로
인한 허구입니다. 두려움은 실패와 상실에 관한
것이지만, 애초에 가진 것이 없었으니 실패나 상실이
있을 리가 없습니다. 애초에 가진 것이 없었음은, 가질
필요가 없으며 가질 수도 없었기 때문입니다.

영화관에서 어떤 장르의 영화를 보더라도, 빈손으로

들어가서 빈손으로 보고 빈손으로 나오지만, 그
안에서는 엄청난 내용들이 쏟아져 나왔다가 사라집니다.
그 많은 스토리들을 즐기면서 우리는 무엇인가를 가질
필요가 없으며 가질 수도 없습니다.

실제의 삶도 다르지 않습니다. 우리는 아무것도
가질 수가 없습니다. 그렇게 만들어져 있습니다. 이름,
가족, 건강, 수명, 사랑, 재물과 권력 등 스쳐 지나가는
것을 소유했다고 착각할 뿐입니다. 애당초 가진 적도
없었으니 잃어버릴 염려는 우스운 것입니다.

가진 것이 있다면 한번 내놓아 보시기 바랍니다.
땅, 집, 예금, 가족, 명예, 회사 중에서 내 손에 쥐거나
가방에 넣고 다닐 수 있는 것은 아무것도 없습니다.
그저 소유했다는 기억으로만 존재하거나 스쳐 지나갈
뿐입니다.

두려움은 소유했다는 착각 때문에 일어납니다.
소유한 적도 없는 것을 지켜야 한다고 오해하는
것입니다. 그래서 우리는 지키려고 날카로워집니다.
자기 자신은 잊고 잃어버린 채 온통 바깥의 것들에만
몰두하느라고 지치고 병들어갑니다. 그래서 딱딱해지고
외로워지고 고통스러운 것입니다.

그쳐 보면 이해할 수 있습니다. 멈춰 보면 바로
부드러워지고 밝아지는 것을 확인할 수 있습니다.
착각만 그치면 두려움은 바로 소멸되고, 이미 모든 것이
충만해 있음을 알게 됩니다. 에너지는 안으로 향하며
착각으로 굳어진 심리적 구조물들이 녹아 흘러내립니다.

우리는 원래 생겨 먹은 모양대로 텅 비워져서 강렬한
에너지의 춤을 출 뿐입니다. 얼마든지 물러설 수 있고,
얼마든지 내맡길 수 있습니다. 아무것도 잘못되는 일이
없기 때문입니다. 착각이 그쳐 두려움이 사라지면 늘
그 자리에 있던 충만한 안도가 드러납니다. 먹구름이
물러난 파란 하늘처럼 맑고 투명합니다.

착각으로 인한 두려움에서 벗어나는 일은, 호리병에
갇힌 손을 빼내는 것과 같습니다. 사탕 하나를 움켜쥔
주먹을 푸는 것입니다. 이제 손은 호리병에서 자유롭게
빠져나와 온천지의 사탕을 언제든지 먹을 수 있게 되는
것입니다.

내 안에서 가득 차서 넘쳐흐르는 충만한 에너지의
춤을 추는 것입니다. 원래 이미 늘 그러고 있었습니다.

3. 일 없는 삶

앉아있음^(坐禪)에 대하여

대부분의 정적 수행이나 명상은 모두 앉아서 집중합니다. 여러 가지 목적과 방편으로 하는 것이니 모두 나름의 연습이고 성과를 얻을 것입니다. 그런데 그런 앉아있음이 혹시 고타마의 무아와 연기 또는 '나'의 비워짐을 연습하는 일이라면 조언을 드릴 것이 있습니다.

화두를 들거나 호흡을 지켜볼 수도 있겠고, 백골관 수행처럼 무엇인가 집중할 수도 있을 것입니다. 그러나 앉아있음에, 미래의 도약을 위한 움츠림이나 힘의 비축이나 차분하게 조절하는 능력을 획득하려는 의도를 부여한다면 결국 실패하게 될 것입니다.

앉아있음은 그저 꺾이는 것이어야 합니다. 활동의 의도와 에너지를 버리는 것이고 포기하는 것입니다. 그러한 빼앗김에 익숙해져 가는 것이 앉아있음의 목적입니다. 무아를 체득하는 것은 이렇게 하는 것이 가장 빠릅니다.

그러나 막상 이렇게 빼앗기려는 의도를 갖고서 앉으면 내면에서는 엄청난 반발과 의문과 회의감이 쓰나미처럼 몰려올 것입니다. 이때 자신이 정말 체득하고 싶은 것 또는 얻고 싶은 것이 무엇인지 철저하게 의심을 일으켜야 합니다.

정말 무아를 원하십니까?

노력과 경지

고타마 사후에 그의 가르침이 제자들의 기억으로 결집되고, 다시 시간이 흐른 후에 경전으로 만들고 번역되는 과정들 속에서 점점 희미해져버린 고타마의 가르침이 실제로 어떤 내용이었을지 새삼 궁금해졌습니다. 고타마는 '깨달음'에 대한 언급을 했을까요?

현대의 사람들은 깨달음에 어떤 경지나 능력을 연상시키고 있는데, 고타마는 어떤 차별된 경지와 능력의 깨달음을 가르치지는 않았을 것이라고 추측합니다. 고타마 자신은 엄청난 선정 수행과 극한의 고행 수행을 마쳤으며, 그의 제자 중에 신통력 등의 여러 능력을 발휘하는 사람들이 있었지만, 고타마는 자신이 걸었던 수행의 길을 권하거나 차별된 능력을 갖추어야 한다고 가르치지 않았습니다.

고타마는 진리에 대해서만 언급했던 것입니다. 그래서 그의 가르침은 간략하게 요약이 가능합니다. 그 내용은 무아와 연기이고, 실천 형식은 사성제와 팔정도입니다. 여기에 수많은 스토리, 형용과 수식, 해석과 방편들이 따라붙어 있을 뿐입니다.

그러므로 고타마의 가르침에 관련한 깨달음은, 어떤 경지나 경계의 획득이 아니라 그가 가르친 무아와 연기를 이해하여 생로병사의 허상에서 벗어나는 것이라고 이해하는 것이 합리적입니다. 다만 그 이해가 생각으로만 가능하지 않다는 것이 어려움이 됩니다.

삶의 문제를 발견한 것이 사고 기능(생각)인데, 문제를 발견한 사고 기능 자체가 문제여서 사고 기능의 어떤 해답으로도 문제를 벗어날 수가 없는 것입니다. 그래서 이 구조를 벗어나기 위한 몸 훈련을 할 수밖에 없습니다. 이것이 바로 수행입니다.

이 수행은 엔진을 수동으로 시동 거는 것과 비슷합니다. 요즘은 농촌 벌판의 경운기도 배터리를 이용하여 시동을 걸게 되어있지만, 수동으로 시동 거는 기능은 여전히 남아 있습니다. 스타트 모터의 축과 연결된 플라이 휠을 레버로 회전시켜서 엔진의 피스톤이 움직이게 하는 것입니다.

이런 작업은 엔진이 폭발음을 내면서 스스로 회전하기 시작하면 바로 멈춰야 하는 것이며, 레버를

3. 일 없는 삶

붙들고 있을 필요가 없음에도 계속 레버를 돌린다면
가속되는 레버의 회전력에 의하여 사람이 다치게
됩니다.

고타마의 가르침을 이해하고 체득하는 수행도
마찬가지입니다. 수행의 노력과 추구함은 무아에
대한 감이 잡힐 때까지만 유효한 것입니다. 감이
잡힌다는 것은 사고 기능으로 이해하는 것과 무관하게
몸으로 수용이 되는 것입니다. 믿어지는 것이 아니라
편해져서(안도가 되어) 당연히 무아와 연기인 것으로
받아지는 것입니다. 이후에는 모든 노력과 추구함이
끝나야 합니다. 깨달음에 대한 염원조차도 장벽이 될
뿐입니다. 정확하게 시동이 걸렸으면 수행은 끝이 난
것이고 이후에는 그 감의 힘으로 저절로 깊어지고
변화되는 것입니다.

깨어나는 일은 인생을 성공하기 위하여 업종을
바꾸어 선택하는 것과는 다른 양상입니다. 공무원
시험공부를 하다가 잘 안 돼서 취직하고, 여기에
어려움이 생겨서 공부를 더 하려고 유학가고, 작은
사업체를 창업하고, 어느 날 훌쩍 산으로 떠나 도를
닦듯이 삶의 카테고리 안에서 특정한 영역을 선택하는
것이 아닙니다. 공부하고 직장 다니고 유능한 스타가
되고 훌륭한 스님이 되는 것과는 전혀 다른 양상입니다.

결코 노력하는 것이 아닙니다.

　물론 수행을 마치고 난 뒤에도 노력하고 애쓰며
살아갑니다. 하지만 이후의 노력은 추구함이나
갈고닦음이 아니라 인과의 실현이고 실천입니다. 인과의
실천이라니 조금 난센스한 느낌이 듭니다만 염원도
인연의 요소가 되므로 이렇게 표현할 수 있습니다.

　염원이 생기는 이유는 사회적 존재에게 깨달음이
일어나기 때문입니다. 깨달음은 철저하게 개인적
현상이지만 사회적 실천에서만 의미가 부여됩니다. 이
주장이 거칠게 느껴지는 사람은 자기모순에 빠져있는
것이고, 염원을 일으키는 '나'의 의미라는 것이
사회적으로만 기능하는 것임을 간파하지 못한 것입니다.

　결국 최종으로는 다시 염원으로 돌아와 어떤 노력이
일어나고 다양한 경지도 펼쳐지겠지만, 그것은 추구함이
없는 노력과 결과일 뿐입니다.

　그래서 건강하고 편안한 환경에서 힘 있게
살아간다굽쑈? 염원할 만은 하지만 진리는 그런 것이
아닙니다. 이미 이대로 모든 것이 완벽한 것입니다.
이러한 완벽은 변증법적이어서 완벽하지 않음을
포함하여 완벽하므로 절대로 무너질 수가 없으며, 그

전개 과정에서 염원은 창조적이고 아름다운 것이 될 수
있습니다.

닦을 것이 없다

당나라 선종의 5대 조사인 홍인이 제자들에게 경계를 일러보라고 시킨 일로 신수와 혜능이 게송을 지어 바쳤습니다.

"몸은 보리의 나무요
마음은 밝은 거울의 대와 같나니
때때로 부지런히 털고 닦아서
티끌과 먼지가 묻지 않게 하라."

신수의 게송인데, 홍인은 문안으로 들어오지 못한 견해라고 평가하였습니다.

"보리는 본래 나무가 없고
밝은 거울 또한 틀이 아니네
본래 한 물건도 없는데
어느 곳에 티끌과 먼지가 묻으리오."

혜능(638~713)은 신수의 게송에 빗대어 위의 게송을 지었고, 이 글로 인정을 받아 홍인에게 의발을 전수받아

6대 조사로 부촉되었습니다. 혜능은 글을 읽고 쓰지
못하였으며, 지금으로 말하자면 행자의 신분이었기에
법문을 듣거나 수행할 기회조차 제대로 가져보지 못한
상태였습니다. 경전을 공부하거나 특별한 수행을 거치지
않았음에도 조사의 경지에 이른 것입니다

　　고타마의 가르침을 중국 선종의 5대조가 6대조에게
전법傳法하는 과정에서, 지금 이대로 모두 완벽한
상태여서 아무것도 잘못된 것이 없고, 그러므로 닦을
일도 없다는 것을 드러낸 사건입니다.

　　위의 사건 이후 약 5백 년 정도의 시간이 흐른
송나라 시대에 혜능의 16세 법손에 해당하는
대혜 종고(1089~1163)가 나타나 간화선看話禪을
창시하였습니다. 화두를 참구하는 수행법이 등장한
것입니다. 혜능과 대혜는 다른 것일까요? 그때는 맞고
지금은 틀린 것이었을까요?

　　6조 혜능은 중국의 선종을 크게 일으키는 역할을
했습니다. 그의 휘하에서 기라성 같은 선지식들이
쏟아져 나온 것입니다. 당시에는 스승과 제자들이 같은
절에서 공동생활을 하며 조사선祖師禪이라고 불리는
문답과 탁마를 통하여 깨달음을 얻고 이어갔습니다.
대혜 종고가 간화선을 일으킨 이유는 당시 유행하던

묵조선(默照禪 - 묵묵히 앉아 있는 곳에 스스로 깨달음이
나타난다)에 대한 반발이었습니다.

　　그러니까 조사선이든 묵조선이든 간화선이든
특정한 방편을 동원하여 애쓰고 노력을 했던 것은
사실이고 그 노력은 수행이라고 할 수밖에 없습니다.
선종의 종지가 돈오이지만 수행이 필요하다는
이야기입니다. 그러면 위에서 소개한 혜능의 견해는
어떻게 되는 것일까요? 이 문제를 풀기 위해서는 견해를
갖추는 것과 힘을 쓰는 것을 구분해야 합니다. 쉽게 풀어
설명하자면 자전거 타는 방법을 학습하여 이해한 것과
자전거를 실제로 탈 수 있게 되는 것을 구분해야 한다는
것입니다. 법등명과 자등명의 구분이며 이해자량과
경험자량의 구분입니다.

　　견해를 갖추는 것은, 이론을 완성한 것입니다.
그러나 경영학 교수가 되었다고 최고의 경영자가 되는
것은 아닙니다. 원리와 이론을 바탕으로 구축된 학문적
완성과는 달리 실제 경영의 상황에는 이론에 담기지
못하는 다양한 변수들이 있기 때문입니다.

　　힘을 쓰는 것은, 마당 귀퉁이에 말려 있는 새끼줄이
뱀이 아니라는 사실을 알아 일체의 혼돈이 없어서
한밤중에도 마당을 편안하게 돌아다니는 것입니다.

자전거를 자유자재로 탈 수 있다는 것입니다.

견해를 갖추는 것(법등명)은, 무아와 연기에 대하여
사고 기능을 이용하여 바르게 이해하는 것입니다.
힘을 쓰는 것(자등명)은, 무아와 연기가 몸에 체득되어
일상에서 자연스럽게 쓰여지는 것입니다. 이 두 가지의
연결 고리는 완전히 놓아지는 것입니다. 무아와
연기이므로 그 어느 것에도 의지하거나 의존하지
않으므로 붙들고 있는 것이 하나도 없게 되는 것입니다.

견해를 갖추었다고, 이론적으로 고타마의 무아와
연기를 이해하였다고 해서 바로 놓아지지 않습니다.
막상 갖고 있는 것들을 놓으려고 하면 두려운 생각에
휘둘려서 오히려 더욱 움켜쥐게 됩니다. 이 갭을
극복하는 과정이 바로 수행이고 훈련이며 체득입니다.

진리는 믿어 이루는 것이 아니라 직접 연습하고
훈련한 결과로 체득되는 것입니다. 완전히 놓여지게
되는 것입니다. 고타마의 가르침을 지향하는 모든
종류의 수행은 바로 이런 놓여짐을 목표로 합니다.

닦을 것이 없다는 것은 수행이 필요 없다는 것이
아니라, 놓여지고 난 뒤에 다시 추구하거나, 닦고 지킬
것이 없다는 것입니다. 오직 놓여짐 만을 이룰 뿐입니다.

당연히 놓여짐으로 얻는 것도 없습니다. 그 결과로
누리게 되는 안도는 원래 있던 것이 가려졌다가 드러난
것입니다.

홍인에게서 퇴짜 맞은 신수의 게송은 얻음과
지킴을 추구하고 있습니다. 닦을 것이 없다는 것은 그런
조작함이 불필요하다는 것입니다. 그저 내려놓음만
필요하다는 것입니다.

일자무식 혜능은 나무꾼 생활을 하면서 내려놓음을
이미 몸으로 체득하여 살았을 것입니다. 그러던 중
저잣거리에서 우연히 『금강경』 독송을 듣고는 자신의
경계를 딱 알맞게 표현하는 설명인 줄을 알아 깜짝
놀랐을 것입니다. 그는 남다르게 살고 있던 그 경계에
대해 제대로 이해할 기회를 얻었다고 알아차렸고 곧바로
5조 홍인을 바로 찾아갔습니다. 수행과 체득의 순서가
일정하지는 않다는 것을 보여주는 사례입니다.

결론을 강조하기 위하여 다시 정리하겠습니다.
이론적으로 이해하게 된 무아가 생활 습관으로 체득될
때까지, 내려놓는 몸의 연습은 필요합니다. 그러나
내려놓아진 뒤에는 지키고 닦을 것이 없다는 것입니다.

어찌 되었든 쓰게 되면 그뿐이고 알고 쓰게 되면

최상입니다. 그러나 아는 것만으로는 힘이 되지 못하며, 쓰게 되려면 훈련해야 합니다. 아무것도 하지 않으면 아무 일도 일어나지 않습니다. 가장 경계해야 할 일은 잘못 알아 인생을 낭비하는 것입니다.

이해자량과 경험자량

현대인들은 현상계의 허구성에 대한 (또는 현상계의 본질에 대한) 여러 가지 고등 교육을 받은 이유로 무아와 연기를 잘 이해합니다. 그런데 이런 이해가 실생활에서 별다른 변화를 가져오지 않습니다. 일상의 사물과 사건들이 그저 연기적인 현상일 뿐이어서 실재하지 않는다고 이해하더라도 막상 뜨거운 사건을 조우하면 고통과 혼란과 불안을 어찌하지 못하게 됩니다.

어떤 이가 소화가 잘 안 되고 통증이 생겨서 병원에 갔더니 만성 위염이라며 한 달 치의 약과 금주를 처방받았습니다. 이 사람은 스트레스가 생기면 술로 해결을 하고, 그 후유증으로 다음날 온몸이 찌뿌듯하여 집중이 안 된 채로 일을 하다 보니 스트레스 받을 일들을 계속 만들고, 저녁이 되면 다시 술로 스트레스를 푸는 악순환의 쳇바퀴를 돌리며 살고 있었습니다.

동료들과 저녁 식사를 겸한 술자리에서 술을 마시면 안 된다는 생각을 하지만 결국 또 술을 마시게 됩니다. 몸의 습관은 기어코 어떤 핑계나 합리화 수단을

찾아내서 술을 마셔야 당장 편해지기 때문입니다. 이런
몸의 습관이 바로 경험자량입니다. 사건에 대한 대응
행위를 끌어내는 습관의 능력입니다. 몸을 건강하게
만들 수 있는 거시적인 이해의 힘보다 몸이 즉각적으로
편해지려는 습관의 힘이 훨씬 강력한 것입니다. 이 힘의
크기가 바로 자량입니다.

　무아와 연기라는 가르침의 효용성은 오직
경험자량에서만 끌어올 수가 있습니다. '나'가 아니라
무아라는 실천적 연습을 반복하여서, 무아여도
아무런 문제가 없으며 오히려 훨씬 편하다는 경험을
축적해야 합니다. 이런 과정을 진행하다 보면 어느 날
이해자량과는 다른 힘이 생깁니다.

　그것은 모든 관점의 해체입니다. 대상에 대한
일인칭의 관점은 예측이고 해석에 불과할 뿐이어서,
그 관점은 어디에 어떻게 놓여도 다 그럴듯합니다.
그러므로 그것은 실체가 아니라 편의적인 기능일
뿐이라는 사실이 어떤 감으로 번쩍하는 순간, 일체의
관점이 사라져 버리는 강력한 경험을 합니다.

　이런 경험이나 경계를 앎이나 봄이라고 주장하는
사람들도 있지만 그런 해석도 특정의 관점에서 표현하는
것입니다. 거기에는 그런 관점이 있을 이유가 없습니다.

그저 당연히 그러함만 있을 뿐이어서 오직 모를
뿐입니다.

영적이거나 종교적이거나 의심이 많은 사람들은
이 세계의 모순과 허구성에 대해서 어렴풋이 눈치채고
이해하며 신앙하고 있습니다. 그럼에도 삶의 고달픔이
달라지지 않는 것은 여전히 이 현상계에서 강요받은
관점을 버리지 않기 때문입니다. 스트레스 받는
술꾼처럼 악순환의 쳇바퀴에서 빠져나올 수가 없도록
그의 편향적인 경험자량에 단단히 붙들려 있기
때문입니다.

그러므로 연습해서 새로운 경험자량을 쌓아야
합니다. 머릿속에 가득 흐르는 모든 생각들이
허깨비라는 사실을 경험해야 합니다. 이런 훈련을 하기
위하여 입산수도를 하거나 매일 새벽마다 맹렬하게 뼈를
깎는 수행을 해야 하는 것은 아닙니다. 일상에서 생각이
불필요하게 앞서는 것을 알아채고 걷어차는 연습을
반복하는 것으로도 충분합니다.

관점이 해체된다고 해서 스트레스나 위염이
사라지지는 않습니다. 열 받고 속 쓰릴 때마다 여전히
고통은 일어나며, 사회생활을 지속하려면 특정의 관점을
채택하고 유지해야 합니다.

그러나 새로운 경험자량의 힘은 고통으로 유발된 과잉된 통증을 제거합니다. 그리고 개발된 이해자량과 경험자량이, 열 받는 일과 속 쓰린 일도 차츰 소거해 나아가는 것입니다.

　지혜롭고 편안하게 살게 되는 것이죠.

내려놓음을 소유하려는 사람들

수행의 연습은 내려놓음의 과정이고 수행의
결과는 내려놓음입니다. 그러므로 수행의 과정에서는
내려놓음을 주체적으로 연습할 수밖에 없습니다.
필연적인 과정이지만 그 부작용이 있습니다. 수행의
결과로 내려놓음을 소유하겠다는 목표를 세우거나,
수행의 결과로 내려놓음을 성공적으로 소유했다는
사람들이 등장하는 것입니다.

그러나 내려놓음은 '나'의 특징이나 장점 따위가
될 수가 없습니다. 그것은 '나'의 속성이 될 수 없기
때문입니다. 자신에게 일어나는 내려놓음의 현상이 다른
사람들에게 어떻게 보이는 것과는 무관한 것입니다.
'나'에게 그러한 속성들이 장착되었다면, 수행하여 바뀐
것이 하나도 없는 것과 같습니다. 내려놓음은 '나'라는
구조물의 주인이 해체되는 것이기 때문입니다.

내려놓음은 수천 년간 종교의 대표적인
상품이었습니다. 그런데 최근에 혁신기업의 새로운
상품으로 탈바꿈하는 징조를 목격하였습니다. 많은

사람들이 내려놓음을 소유할 수 있는 것처럼 팔아왔고 이제 다르게 포장하여 팔겠다는 것입니다. 그러나 내려놓음은 구조적으로 어떤 속성이 아니어서 수행자와 구매자는 절대로 내려놓음을 달성하거나 소유할 수 없습니다.

내려놓음은 무아가 현실로 드러나는 것입니다. 무아가 현실로 드러난다는 것의 현실적 묘사는 '나'가 무아로 살아가면서 동시에 유아로 살아가는 현상입니다. 전자가 없다면 생각의 세계에서 관념 좀비로 살게 되는 것이고, 후자가 없다면 부가되었던 현상계의 속성이 소멸된 것입니다.

이 모순된 동시성이 성립된다는 것을 달리 설명하자면, 사고하고 판단하고 관계를 맺어가는 인과적 주체가 뚜렷하고 명백하지만, 그 주체가 현실을 살아가는 과정에서 저항을 전혀 느끼지 않는다는 것입니다.

이 글을 쓰고 있는 '저'는 내려놓음이 체득되었다고 주장하지만, 삶에서의 저항을 아직도 느끼며 살고 있습니다. 그러나 수행이나 체득함이 미진한 것은 결코 아닙니다. 이 저항은 삶 자체가 갖고 있는 것이 아니라, '제'가 체득하기 전에 몸에 습관으로 익혀놓은 인과적 주체의 허구적 속성이 남아 있는 것이며, 그것이 점점 엷어져 가는 것을 확실하게 체감하기 때문에 이렇게 설명할 수 있는 것입니다.

　　사람들이 어리석게 내려놓음을 소유하려고 하는 것은 사고 기능으로써의 관념적인 '나'가 삶의 주인이어야 한다는 근거 없는 믿음 때문입니다. 그러나 삶은 그 주인이 가짜라는 것이 드러날 때 훨씬 자유롭고 창의적으로 펼쳐집니다. 본질적이므로 훨씬 효율적이라는 것입니다.

　　내려놓음은 '나'가 삶의 주인이라는 근거 없는 믿음이 소멸될 때 원래 그러했던 것이 저절로 드러나는 것일 뿐입니다. 그러므로 내려놓음을 소유하려는 바로 그 의도를 내려놓으면 지금 바로 끝나는 것입니다.

욕망에 시달리는 것

욕망에 시달리고 있다는 것은 생각에 시달리고 있다는 것입니다. 그러니 욕망이라는 허상의 괴물이 있다고 속지 말아야 합니다. 내 생각 이외의 다른 어떤 거창한 것이 있어서 나를 옭아매고 있는 것이 아닙니다. 생각하지 않으면 욕망도 없습니다.

생각이 그쳐도 욕구의 작용은 여전히 남아서 사람을 불편하게 할 수 있지만, 괴롭히며 시달리게 하지는 않습니다. 그러므로 모든 바라는 것의 시달림은 내가 생각으로 끌어온 함정입니다.

내 생각대로 되지 않아도 삶은 찬란할 것이며, 내 생각대로 살아지는 삶이란 애초에 불가능한 것입니다. 그러니 그 생각을 신앙하지 말아야 합니다.

욕망을 일으키는 생각은 다른 모습으로 변장을 잘하므로(특히 성적 욕망은 그 수준이 매우 심합니다) 자기가 심어놓은 생각의 작용이 욕망이라는 것을 알아채지 못하는 것입니다. 그래서 욕망이라는 것이 피할 수 없는

운명이나 인간의 본질적인 본성이라도 되는 것으로
착각합니다.

욕망을 일으키는 생각이 다른 모습으로 변장하는
것은 억압과 불만 때문입니다. 기본적으로는 현재 진행
중인 생각이 욕망을 일으키지만, 세뇌, 암시, 무의식적
조건화 등의 형태로 이전에 심어놓은 것이 작용하는
경우가 더 많습니다.

이렇게 변장한 생각은 이겨낼 수 없는 거대한 본능의
힘인 척 위세를 부리지만, 결국 그 근본은 한 쪼가리
생각의 작용일 뿐입니다. 자기도 모르는 사이에 자기가
내뱉은 생각의 힘에 부림을 당하는 것입니다.

욕망의 시달림에서 빠져나오려면 그 욕망을 일으키는
생각을 똑 끊어버리면 되지만, 위장된 생각은 간파하기
어려우므로 머릿속의 모든 생각들을 끊어야 합니다.
그런데 불행하게도 생각을 안 하고 살 수는 없으며,
그래서 다시 생각이 작동하면 문 앞에서 기다리고 있던,
쫓겨났던 생각이 잔혹하게 복수를 해올 것입니다.

**무아와 연기를 체득하는 것은 이러한 생각의 본질과
구조를 잘 이해하고 잘 부릴 수 있는 상태가 된다는
것입니다.**

특별한 의식

제가 깨달아 마쳤다고 주장하며 관련된 글을 쓰는 이유로 사람들에게 가끔 받는 질문이 있습니다. 제가 일반의 사람들과 다른 의식의 상태로 일상을 살아가는지 궁금해하는 것입니다. 저는 늘 단호하게 아니라고 합니다.

저도 공부를 마치기 전에는 그런 부분이 궁금했고 당연히 그런 줄 알았습니다. '초의식 상태'라고 추측했던 현상을 제가 간헐적으로 경험하였고, 깨닫고 나면 새로운 의식으로 세상을 보고 느끼며 살아가는 것처럼 묘사된 여러 구루들의 책을 읽었기 때문입니다.

스스로 살펴서 비교해보면, 의식의 질이 바뀌어 이전보다 훨씬 예민해지고, 쉽게 트랜스(릴랙스) 상태로 전환할 수 있으며, 의도하지 않아도 일상에서 자주 안도감이 선명하게 밀려옵니다. 그러나 그것은 이전의 의식이 조금 변화한 것이지 다른 새로운 것이 아닙니다.

이렇게 바뀐 부분에서 드라마틱한 것은 사실

의식보다는 심리(감정)입니다. 삶에 대한 막연한 불안이
사라진 것입니다. 감정의 기복이 일어나지만, 예전에
비해 훨씬 간단하게 종결되므로 별로 신경쓰이지
않습니다.

이러한 의식과 심리의 변화는 뇌에서 일어나는
일입니다. 인간의 몸 바깥에 존재하는 초월적
의식이나 영혼 따위가 들락거리거나 신의 은총으로
발생하는 현상이 아니라 뇌의 하드웨어(신경다발)와
소프트웨어(기억 내용)가 바뀌면서 일어나는 현상입니다.

인류의 현상계는 이 뇌의 변화로 해석되거나 창조된
현실이므로 뇌의 능력은 무궁무진한 것입니다. 그
능력에 반하여 인류는 너무나도 편향되고 제한적으로
만든 세계에 스스로 갇혀 버렸습니다.

행복하고 싶으면 그냥 행복해지면 되는데, 조건을
세우고 이를 달성하면 행복해지는 것으로 규칙을
정합니다. 그렇게 행복해지려고 노력하도록 뇌를 세팅한
것이 우리의 현실입니다. 그럴 필요가 없습니다. 그냥
뇌의 상태를 바꾸면 되는 것입니다.

깨달은 사람들이란 인류에게 그런 가능성을
보여주는 사건입니다. 그런 의미에서 어떤 깨달은 이는

특별한 의식으로 뇌가 홀라당 개조된 경우도 있다고 추측합니다. 이런 경우 그는 일반 사람들에게 미친 사람 취급을 받겠지요.

　뇌를 바꾸는 일에 대하여 두렵거나 단조로워질 것이라며 지레 겁먹고 경계할 필요가 없습니다. 인류에게는 가본 길보다 못 가본 길이 비교할 수 없이 많이 남아 있으며 어디로든 선택해서 갈 수 있습니다. 그러기 위해서는 뇌 속에 이미 고정되어 버린 감각과 관념들을 신처럼 믿고 숭배하지 말고 의심해야 합니다. 이 의심이 뇌의 상태를 변화시키는 도구입니다.

깨달음은 어디다 써먹는 것인가?

　사람이 살아가면서 자기 심신의 건강을 지키는 것은, 결혼하여 가정을 이루거나 돈을 벌어 성공하는 것보다 더 근본적이고 중요한 일입니다. 하지만 이렇게 중요한 일을 그 비중에 맞추어 가르치는 교육과정은 없으며, 이 사실을 깊게 자각하게 되었을 때에는 이미 많은 일들이 비합리적으로 저질러진 뒤일 것입니다.

　자기 심신을 위해서 하는 일이라고는 노동 시간의 자투리를 쪼개어 운동을 하거나 자기 계발서를 읽는 것입니다. 심신에 문제가 발생한다면 타인에게 의존하여 심리치료를 받거나 약을 먹거나 수술을 받게 됩니다. 삶의 에너지를 투자하는 일에서 경중과 우선순위의 밸런스가 근본적으로 맞지 않는 것입니다.

　눈치가 빠른 사람들은 저 멀리 성공의 뒷일과 늙음과 죽음을 내다 보고는 삶의 전제들 또는 고정관념들을 의심하게 되고, 그런 사람들 중에 일부는 삶의 이면에 있는 진실을 찾아 나섭니다. 그런 과정이 종교적 신앙생활이거나 구도적 수행입니다.

그래서 어떤 결과를 얻었다면 그것은 어떤 가치가
있는 것일까요? 사후 세계나 초월 세계의 일이어서
현실 세계에서는 아무런 소용이 없는 것일까요? 또는
이 현상계와는 무관한 철저하게 내면 세계의 일이어서
소용의 의미가 아예 없는 일일까요?

진리를 체득한 사람을 『임제록』에서는 무사인無事人
또는 요사인了事人이라고 표현하는데 공부가 끝나
일을 마친 사람이라는 뜻입니다. 무아와 연기를 깨쳐서
자아상이 사라지면 다 내려놓게 되어 전적인 수용이
일어나게 됩니다. 그러니 일부러 의지를 내어 욕망하고
추구하는 일을 더하지 않는다는 것입니다. 그런 일상을
본래무사本來無事 또는 평상무사平常無事라고 합니다.
지금 이대로 이미 다 완벽하여 특별히 할 일이 없다는
것입니다.

그런데 이 묘사에 대하여 오해가 많습니다. 공부를
마치지 못한 사람이 지레짐작하는 것은 어쩔 수 없지만,
견성을 경험한 사람이 전체적인 시선으로 보지 못하고
한쪽 경험에만 치우쳐서 오해를 일으키는 것은 안타까운
일입니다.

무사인(일없는 사람)이라는 표현은 수행 과정의
목적 좌표이며 무아를 중점적으로 묘사하는 것입니다.

그러나 깨달은 사람은 무아無我와 동시에 연기緣起도 봐야 합니다. 일이 없어졌다고 하여도 감정이 요동치는 일은 결코 멈추지 않습니다. 이 사실을 스스로 드러내어 직시해야 하는 것이지 얼렁뚱땅 무시하거나 속여 넘어갈 수 있는 일이 아닙니다.

깨달음 뒤에 마쳐야 할 일이 또 있다는 것이 아니라, 연기적인 시선으로 수용하고 실천해야 할 현상의 문제가 기다리고 있다는 것입니다. 이 지점에서 바르게 뚫고 나오지 못하면 깨달은 사람이 깨달음을 써먹는 일에 무능해지는 것입니다.

이솝우화에 등장하는 포도나무와 여우 이야기가 있습니다. 나무에 달린 검붉게 잘 익은 포도를 따 먹으려고 수차례 팔짝 뛰어올라 보지만 포도를 따는 데 실패한 여우가, "저 포도는 시어 터져서 맛이 없을 거야" 하며 돌아섭니다.

깨달음은 이런 여우처럼 되는 것이 아닙니다. 다른 여우를 불러다 세워놓고 그 등을 밟고 뛰어올라 포도를 따서는 함께 나눠 먹게 되는 것입니다. 새로운 시선을 따르는 창조적 전개의 가능성을 펼치는 것이 깨달음의 결과적 현상이고 사회적 효용입니다.

3. 일 없는 삶

무사인은 수행의 결과여서 무아가 명백해지는 것이지만, 밥 먹고 똥 싸는 인과는 엄중한 연기의 과정으로 나름의 진리적 체계를 갖추고 있습니다. 이 체계에 대하여 겸손해야 하는 것입니다.

제 글에서 진리의 본질을 체득하는 데 필요한 자산으로 이해자량과 경험자량의 중요성을 강조했습니다. 그것들이 충분히 쌓여있어야 하는 것 못지않게 균형을 맞추는 것도 중요합니다. 이해자량이 앞서면 공에 빠지거나 허무주의에 멈출 위험이 있고, 경험자량이 지나치면 신비주의의 칼날을 휘두르게 되기 때문입니다.

깨달음을 마친 뒤에도 이해자량과 경험자량이 더욱 깊게 들어갈 일들이 차고도 넘치게 기다리고 있으므로 죽을 때까지 겸손하게 배우지 않을 수가 없는 것입니다. 그것이 입전수수하는 이의 팔자입니다.

깨달은 사람이라는 자칭과 참칭

저는 스스로를 깨달은 사람이라고 자칭하며
인터넷에서 글을 쓰고 있습니다. 대범하고 뻔뻔한
것입니다. 저는 고타마의 제자라고 주장하지만 불교와
직접적인 인연이 없어서 스스로 공부를 마쳤으니 누구의
인가를 받은 적도 없으며 인가를 구한 적도 없습니다.
그래서 자칭이라고 설명하지만, 사실은 저뿐만 아니라
모든 깨달은 사람들은 자칭일 수밖에 없습니다.
뻔뻔하다는 표현은 이 자칭 때문에 붙인 것입니다.

저의 이런 자칭에 대하여 어떤 이가 참칭(분수에
넘치는 칭호를 스스로 이름)이라고 비난한 것 같습니다.
그런 종류의 판단이나 비난에 신경 쓰지 않지만, 그 어떤
사람도 다른 사람의 깨달음에 대하여 판단할 수 없다는
것을 설명해야 할 필요를 느꼈습니다.

저에게 참칭을 적용한 사람은, 깨달은 사람은
특수한 분수를 갖추어야 한다고 생각하는 것입니다.
깨달은 사람과 성인聖人을 동일시하는 것입니다. 그러나
깨달음과 깨달은 사람과 성인은 동의어가 아니며

성인조차도 위대한 분수를 갖춘 것은 아닙니다.

　깨달음은 현상계의 허상성이 체득되는 현상이고,
깨달은 사람은 깨달음의 결과로 인하여 세상을 보는
시선이 변화된 사람입니다. 그에게는 언어를 배우며
사회화하는 과정에서 가족 또는 사회의 영향을
받으면서 내면에 구축된, 탐진치로 대표되는 심리적
구조물들이 아직도 남아 있습니다. 이것들은 무의식적인
시스템이어서 의식의 힘으로 조정할 수 없습니다.
연기의 결과물들이어서 깨달은 사람이 되었다고 갑자기
인과를 뛰어넘어 이 구조물들이 저절로 바뀌거나
소거되는 일은 없습니다. 이 구조물들이 깨달은 사람
스스로에게는 아무런 문제가 되지 않습니다. 허상이고
연기적인 현상인 것임을 알기 때문입니다.

　그러나 깨달은 사람이 세상에서 물러나지 않고
사람들과 함께 살아가야 된다면, 이러한 구조물들이
타인과의 관계에서 많은 문제점을 만든다는 것을
이전보다 훨씬 강력하게 절감하게 됩니다. 이 문제는
점차로 해결되지만, 그가 이를 위하여 어떤 조작이나
갈고닦는 노력을 기울이지는 않습니다. 다만 인과를
스스로 깊이 밝히고, 그 이해의 힘으로 저절로 그러한
심리적 구조물들이 소거되어 나가는 과정을 밟습니다.
이 과정이 완료된 사람이 성인입니다.

깨달은 사람 또는 성인일지라도 자기만의 독특한 인식-행동체계를 갖춘 것일 뿐이므로 그 자체만으로 어떤 존경이나 권위가 부여될 이유가 전혀 없습니다. 이렇게 특별한 분수가 없는 상태를 자칭하는 행위에 대하여 "참칭한다"며 비난하는 이유는 깨달음과 관련한 미신에 빠져 있기 때문입니다.

제도할 중생이 없다는 유명한 선언은, 깨달은 사람이나 그렇지 않은 사람이나 꿈 속에서 살기는 마찬가지라는 것입니다. 어떤 깨달은 사람이나 성인도 세상을 구원하거나 심판하지 않습니다. 깨달은 꿈도 깨닫지 못한 꿈과 똑같은 꿈이니 잘난 꿈이라고 뻐길 이유가 없습니다. 구도적이거나 종교적인 수행을 하지 않으면서도 세계와 삶의 원리를 잘 이해하여 대단히 효율적으로 살아가는 사람들이 많고, 깨달았다고 하면서도 자기 이해가 최고라며 배타적인 태도를 갖거나 막행막식을 저질러 주변인들에게 고통을 안기는 사람들도 있습니다.

참칭은 깨달았다는 주장에 붙이는 것이 아니라, 자기의 남다름에 특별한 분수를 덧씌우는 행위에 적용해야 합니다. 이런 행위는 스스로를 포장하고 차별화하여 추종자를 모으거나 비즈니스를 전개하려는 목적 때문에 생깁니다.

3. 일 없는 삶

망상에서 깨어나 망상 저편의 실상계를 체득하는 것은 소금의 짠맛을 혀로 확인하는 것과 같습니다. 그 맛은 본인 스스로만 알 수 있을 뿐이어서 다른 사람이 느끼는 맛이 자신의 그것과 동일한지 확인할 방법이 없습니다. 물론 이 바닥에서 뼈가 굵은 사람들은 말 한마디를 듣거나 눈빛만 보고서도 짐작을 할 수는 있겠지만 그것은 확인과 전혀 다른 것입니다.

소금을 먹어 그 독특한 느낌을 맛보고서도 그것이 다른 맛들과 어떻게 다른지를 몰라서 주방장에게 짠맛의 인가를 받아야 한다면, 그 사람은 소금을 제대로 먹어보지 못했거나 미각에 문제가 있는 것입니다. 그리고 아무리 위대한 주방장도 상대방의 얼굴 표정만 보고 그가 소금을 먹었는지 설탕을 먹었는지 정확하게 알 수는 없는 것입니다.

그러므로 인가제도는 제자의 깨달음에 대한 것이 아니라, 제자가 다른 사람을 가르칠 그릇이 되었는지를 판단하는 것입니다.

깨달은 사람이나 인가에 대한 이런 주장에 반대하거나, 이렇게 논의의 대상이 아니라고 주장한다면 그런 사람들은 깨달음이나 인가에 대한 옹호나 비판도 하지 말아야 합니다. 그냥 스스로 즐기면 됩니다.

제가 학식이 일천하고 글쓰는 능력도 부족하면서도 애써 노력하여 이렇게 논리적으로 주장을 전개하는 모습에 대하여, 언어 너머의 세계에 대해 갈고닦음이 부족하거나 경험이 결여된 알음알이 견성에 빠져 잘난 척을 한다며 단정 짓는, 천박한 편견을 마주하는 경우가 종종 있습니다. 말할 수 없는 것에 대해 말하지 않는 것을, 몰라서 언급하지 않는 것이라고 판단하는 무모한 확증편향을 드러내는 것입니다. 그런 분들과는 일체 논쟁하지 않습니다.

남들과 조금 다르다는 이유만으로 스스로 우쭐하거나 잘난 척할 이유가 없습니다. 자기가 알게 된 것을 다른 사람과 나누고 싶다면 다른 사람들이 상식적으로 갖고 있는 개념과 언어 논리적 규칙을 지켜주어야 합니다. 그것이 자기주장을 듣는 사람에 대한 최소한의 예의입니다. '도가도비상도道可道非常道'는 말로 다 설명할 수 없다는 것이지, 말로 설명하면 다 그르친다는 것이 아닙니다.

자기 스스로도 체계적으로 정리가 안 되어 혼돈스러운 것을 신비로 포장하여 횡설수설하고, 경전이나 어록의 문장을 인용하며 박식함을 자랑하는데 정작 자기 자신의 말은 없고, 질문에 동문서답하고, 상대방이 알아듣거나 말거나 입안에서 웅알거리기만

3. 일 없는 삶

합니다. 이런 대응 방식에 근거도 없는 일방적인 권위를 부여하는 것은 폭력입니다.

깨달음의 문턱을 높이지 마시기 바랍니다. 스스로 잘 알지도 못하면서 깨달음에 진입장벽을 만드는 일을 멈추어야 합니다. 자기 목적으로 추종자들을 만들거나 거느려서는 안 됩니다. 깨달은 이나 깨닫지 못한 이나 완전히 평등하다는 사실을 외면한다면 여전히 망상에 빠져 있는 것입니다. 수행자들이란 암벽등반의 선발대나 과학자들과 같은 일을 하는 사람들입니다. 역할 분담을 하여 먼저 길을 개척하고 따라오는 사람들과 동등하게 나누는 일을 하는 것입니다.

저에게 숙면일여熟眠一如가 되느냐고 물었던 사람이 있었습니다. 세상에! 숙면일여가 안 되는 사람이 어디 있습니까? 그런 줄 모를 뿐입니다. 무지가 신비라는 핑계나 말장난으로 진리를 감추고 있습니다. 그러므로 진리를 밝게 드러내고 싶다면 최대한 과학적이어야 합니다. 진리는 과학적 사실이어야 한다고 주장하는 것이 아니라, 진리에 대한 탁마는 과학적 태도로 소통해야 한다는 것입니다. 현대의 뇌과학과 인지심리학의 놀라운 발전은 앞으로 이런 추세를 강화할 것으로 보입니다.

서구의 마스터들이 동양의 위대한 가르침을
가져가 대중과 소통할 수 있는 여러 가지 방법으로
소화하여 펼치고 있습니다. 그에 반하여 동양은 여전히
신비주의의 그림자에 숨어서 귀신 씻나락 까먹는 소리를
되풀이하느라고 시절이 저무는지도 모르고 있습니다.

　　일체의 모든 현상이 신비 아닌 것이 없지만
신비주의는 결코 신비가 아닙니다. 그것은 또 하나의
망상 관념일 뿐입니다. 깨달은 사람들은 현상계의
신비를 드러내는 사람들입니다. 현상계를 지금과 전혀
다르게 살아갈 가능성을 개척하는 사람들입니다. 이들은
창조적인 자유의지와 이를 가능하게 하는 무한한
에너지에 접근합니다. 그러나 아무리 대단한 개척과
발견이라도 다른 사람들과 소통하여 함께 쓸 수 없다면,
사적 뇌피셜에 불과할 뿐입니다. 천상천하 유아자뻑하다
돌아가시는 것입니다.

　　코로나19 바이러스 한 조각이 세상을 강타하여
인류라는 거대한 항모를 휘청이게 하고 있습니다.
세계는 새로운 세상으로 도약하기를 도전받고 있는
것입니다. 바이러스가 아니라도 인류는 이미 중대한
갈림길에 놓여 있습니다. **그러니 실상계에 대한 탐험을
일정 수준 이상 마친 많은 사람들이 당당하게 나서서
인류에게 새로운 지평을 보여주기를 바랍니다.**

　　　　　　　　　　　　　　　　　　　　　3. 일 없는 삶

많은 이들의 자청을 기다립니다. 실패한 자청은 좋은 학습이기도 하며, 의심을 거두지 않고 역지사지하는 마음으로 낸 자청은 스스로 인과를 만들어 없던 힘과 지혜도 불러옵니다.

진리를 밝히는 글이 과학적 태도를
갖추어야 하는 이유

대부분의 사람들은 종교가 과학과 다르다고
합니다. 종교의 한문 표기는, 마루 종宗과 가르칠 교教의
조합이므로 최고의 가르침을 의미합니다. 그런데 이것이
과학과 다르다니 어찌된 일일까요?

인터넷 포털사이트 '다음'의 어학사전에서 종교는
"초자연적인 절대자의 힘에 의존하여 인간 생활의
고뇌를 해결하고 삶의 궁극적 의미를 추구하는 문화
체계"라고 되어 있습니다. 이것은 종교가 아니라
신앙信仰에 대한 뜻풀이로 보는 것이 적절합니다.

종교宗教라고 쓰고 신앙信仰으로 읽는 일이 왜
현실화하였는지를 밝히는 목적의 글이 아니므로 더
이상의 논의는 생략하겠습니다. 다만 이하에서는
종교라는 단어 대신 신앙을 사용하겠습니다.

과학의 특징은 누구에게나 공평하다는 것입니다.
과학적 진리는 어떤 사람이든 그 진리를 확인하는데
필요한 장치와 소재가 주어지고 설명된 실험방법을

따른다면 똑같이 재현됩니다. 그래서 과학은 평등하게 소통할 수 있고, 사물의 원리를 밝혀 응용하거나 효율성을 높이므로 편리를 얻을 수 있습니다.

이와 달리 신앙은 누구에게나 공평하지 않습니다. 객관적인 재현이 불가능하여 같은 신앙을 소유하지 않은 사람들과는 소통이 불가능하며, 심지어는 내용이 비슷한데 형식이 달라 대립하기도 합니다. 신앙은 신념체계입니다. 그 신념을 받아들이지 않는 사람에게 신앙이 설명하는 우주의 본질은 확인되지 않으므로 효율성을 얻을 수가 없습니다. 신앙이 설명하는 진리가 얼마나 공고한 것인지는 개인의 신뢰 강도와 비례할 뿐입니다.

신앙에 배타성이 동반되면 폭력과 차별이 동반됩니다. 인류사에 있었던 대부분의 전쟁은 신앙이 직접적인 이유가 되었거나 신앙을 핑계로 일어난 것입니다. 거의 모든 신념체계는 복수의 신앙을 허용하지 않으므로 배타적이어서 편을 가릅니다. 어떤 편이 옳은지를 검증할 방법은 없으므로 신앙은 개인 또는 특정 집단의 사적 진리라고 규정할 수밖에 없습니다. 이와 대비하여 과학은 공적 진리라고 할 수 있으며 기술의 소유 문제가 일어날 수는 있겠지만, 이해에 차별이 적용될 수는 없습니다.

과학이 발달하기 전의 인류에게 자연은 신비와 두려움의 대상이었습니다. 그래서 그들에게는 자연과 인간의 관계를 해석하고, 그 해석에 의하여 인간 사회를 결집할 필요가 있었습니다. 신앙은 여러 가지 부작용에도 불구하고 그 역할을 충실하게 하여 인류의 사회화에 많은 영향을 주었습니다.

그러나 과학이 폭발적으로 발달한 현대에 신앙은 이제 할 일을 마쳤습니다. 신앙은 여전히 사회문화적으로 일정한 역할을 담당하고는 있지만, 사적 진리로 수축되어 과학에게 종교의 자리를 내주게 된 현실입니다.

'빅뱅'은 '알라'와 '브라만'처럼 형이상학적인 관념입니다. 빅뱅을 경험한 사람은 아무도 없으며 재현도 불가능합니다. 그러나 빅뱅은 알라나 브라만처럼 신념의 대상이 아닙니다. 빅뱅은 선험적으로 규정된 것이 아니며 현실의 분석을 역추적한 결론으로 도출된 관념입니다. 빅뱅이 갖고 있는 해결되지 않은 문제점들을 해결하는, 새로운 자료와 해석이 등장한다면 빅뱅은 언제든지 폐기될 것입니다. 빅뱅을 신앙하지 않는다고 탓하는 사람은 아무도 없습니다.

윤회와 예언의 적중과 좌탈입망과 기적이라는

현상들이 간헐적으로 발견됩니다. 그러나 일반적인
현상도 아니고 재현할 수도 없다면 신앙화하지
말고 신비로 내버려 두는 것이 진리를 대하는 바른
태도입니다. 일반화의 오류를 피하지 않으면 그
부작용을 반드시 겪게 되기 때문입니다. 그러나
신앙인들은 미지를 용납할 수가 없는 것이 문제이므로
최소한 '신의 뜻'이라고 해석이라도 해야 직성이
풀립니다.

기氣는 과학적 영역으로 편입되지 못했습니다.
기를 수련하고 운영하는 사람들이 있지만 일반적이지
않으며 기를 검증할 장치가 없기 때문입니다. 그러나
기를 조절하는 침술은 의료기술로써 과학적 영역에서
부분적으로 사용되고 있습니다. 마취나 치료에서
객관적인 효용을 담보할 수 있기 때문입니다. 과학은
이런 방식으로 신앙과 신념의 대상들을 검증하여
미신임을 밝히거나 공적 진리로 전환하고 있습니다.

시중에는 깨달음이나 현상의 본질을 설명하는
자료들이 있습니다. 그런데 많은 글들이 신앙의 내용을
담고 있습니다. 검증할 수 없으니 믿으라는 것입니다.
원래 그런 것이 있으니 추구하여 얻으라는 것입니다.
결국 사적 진리를 강조하는 것이고 배타적이며 일부의
글들은 폭력적인 형태로 읽히기도 합니다.

아직 과학은 미약하고 한계가 많으므로 과학을 신앙하는 자세도 위험하기는 마찬가지입니다. 그러나 과학의 완성도와 무관하게 과학적 태도는 아주 중요한 것입니다. 과학적 태도란 타인과 사회를 배려하는 소통의 자세입니다. 주관적 앎이 갖고 있는 사적 진리의 한계성을 인정하고 소통의 대상인 타인이 소외되지 않도록 하는 것입니다.

이런 태도는 고타마에 전형적으로 보입니다. 그는 왕궁으로 선생들을 불러 신앙을 배우고 믿는 일을 선택하지 않았습니다. 그 대신 스스로 찾아 나서 직접 검증하였습니다. 최고의 진리를 가르치는 스승들에게서 받은 가르침을 직접 재현하였습니다. 비상비비상처정非想非非想處定에 도달하였고 생명이 멸하기 직전의 고행을 겪었지만, 그런 방식의 수행 결과물에는 공적 진리뿐 아니라 사적 진리의 가치도 없음을 확인하였습니다.

결국 스스로 '무아와 연기'라는 진리를 밝혔고, 이에 대하여 "누구든지 들어 이해하고(법등명) 직접 해서 밝히라(자등명)"고 하였습니다. 이 설명에 믿음을 요구하는 내용은 전혀 없었습니다. 그의 가르침은 당시 인디아 반도를 장악하고 있던 브라만교의 신앙과 소통방법에 정면으로 도전하는 것이었습니다.

이러한 고타마의 과학적 태도와 달리 최근 유통되고 있는, 신앙을 강요하는 진리에 대한 글들은 과학의 발전을 역행할 뿐만 아니라 2,500년 전 고타마의 태도보다도 훨씬 후진적인 자세입니다.

타인과 소통을 위한 '종교'가 아니라면 사적 뇌피셜이든 집단 신화이든 아무런 상관이 없습니다. 진리를 밝히는 글이 과학적 태도를 취해야 하는 이유는, 그 내용이나 가르치는 자의 권위 때문이 아니라 그것을 듣고 따라가는 사람들을 위한 배려입니다.

깨달은 자는 사회문제에 어떻게 답변하는가?

　　공부를 마치면 가치관이나 태도가 급변하는 것으로 대부분의 사람들이 착각합니다. 그러나 견성을 위한 훈련 자체는 현상계의 일과 무관한 '저것'(실상계)의 일입니다. 물론 공부를 마치면 그 영향으로 인하여 현상계의 '이것'에 차츰 변화들이 생기게 됩니다. 그래서 바르게 공부를 마친 사람은 '저것'(실상계)의 시선과 '이것'(현상계)의 시선을 모두 갖추게 되며, 그 둘을 명확히 구분하여 사용합니다.

　　공부를 마친 사람도 여전히 자아상과 탐진치가 남아있어 수행하지 않은 사람과 크게 다를 바가 없지만, '저것'에 대한 시선이 동시에 작용하므로 자아상과 탐진치가 연기의 현상임을 잊지 않습니다. 그리고 시간이 흐를수록 '저것'의 시선이 '이것'의 습기들을 소거해 나아갑니다. 현상계의 변화는 인과의 에너지가 필요하기 때문에 시간이 걸립니다. 탐진치를 다스리기 위하여 의지를 내어 조작하고 애쓰지 않더라도 저절로 진행되는 과정이지만, 그냥 공짜로 바뀌는 일은 아니라는 것입니다. 여기에 지불하는 대가는 역지사지하며 함께 나누려고 하는 의지입니다.

공부를 마친 사람은 세상의 모든 일들이
근본적으로는 시비호오是非好惡를 가릴 것이 없음을
알아 담담하게 저항 없이 수용합니다. 대부분의
고통들은 스스로 지어서 만든 것을 알기 때문입니다.
그러나 생명에 대한 공감력은 주변에서 고통을 겪는
사람들에게 역지사지하게 하므로 시비를 판단하고
결정을 선택하게 됩니다.

현실적으로 다시 표현해 보자면, 자기 자신의
일이라면 억울한 사형수가 되거나 노숙자의 삶에
처하더라도 수용하겠지만, 주변의 사람들 때문이라면
그들에게 영향을 줄 수 있는 선택을 하게 됩니다.
피동적이고 회피적인 수용이 아니라 자유로우며
선택적인 수용을 하는 것입니다. 바로 여기에 창조성과
사회적 발전의 여지가 있는 것입니다.

능동적이고 선택적인 수용이란 모두가 공생할 수
있는 방법을 찾는 것인데 이것이 필연적인 이유는,
공부를 마친 사람은 자신을 위해 할 일들이 끝났기
때문입니다. 자아상의 허구에서 벗어났다고 하면서도
여전히 자기 자신의 이익을 추구하고 있다면 그의 공부
마침은 거짓입니다.

현실 사회에서의 비폭력 무소유의 추구는 무책임한 포기와 버림이 아니며 그 실천을 이끌어가는 과도적인 권력과 소유를 선택할 수도 있습니다. 지혜는 타인에게 강요할 수 있는 나의 앎이 아니라 타인과 함께 소통하여 현실을 변화시키는 능력입니다.

공부를 마쳐서 불퇴전에 이르고 더 나아가 깊은 단련을 받은 사람의 삶은, 삶과 죽음 사이의 경계로 놓인 하얀 명주실 위를 자유롭게 오고 갑니다. 그는 너무나도 가벼워 아무것에도 걸릴 수가 없습니다. 그래서 쓸모없는 사람 되기를 두려워하지 않으며 늘 오늘만, 아니 지금 여기만 살아갑니다.

노숙자 행색의 디오게네스가 그의 앞에 우뚝 선 당대 최고의 권력자인 알렉산더 대왕에게 말합니다. "어이, 거기 태양을 가리는 그 쌍판대기 좀 치워주게나."

디오게네스는 만용을 발휘하고 있는 것이 아니라 최고의 권력자에게 소통을 제안하고 있는 것입니다.

학습모드와 실천모드

    '지금 여기'에 맞닥뜨린 현상을 설명한다면 사고 기능의 기억에 의존하지 않는 상태입니다. 생각의 흐름이 끊긴 상태입니다. 생각 자체를 끊은 것이 아니라, 생각이 이끌어 내는 기억, 연상, 상속의 이어지는 흐름을 멈추는 것입니다. 그런데 막상 시도해보면 생각의 흐름을 의식적으로 통제하는 일이 그리 쉽지는 않습니다.

    양궁 선수의 훈련 과정은 이론이나 설명으로 배운 기술과 규칙을 시행착오를 반복하며 몸으로 익히는 학습모드입니다. 시위를 당길 때마다 감각을 느끼고 결과를 저장합니다. 기억을 바탕으로 새로운 경험을 하고 결과를 비교하여 축적하며 최적의 감각을 찾아내는 것입니다. 이 과정은 사고 기능의 개념으로 기억되고 동시에 몸의 운동감각으로도 기억됩니다.

    충분히 훈련된 선수가 경기에 참가할 때에는 학습모드를 내려놓고 실천모드를 사용해야 합니다. 훈련장과 경기장은 다른 상황이고 경기장에서 훈련할 필요는 없으며, 경기장에서의 많은 생각들은 긴장과 스트레스를 일으키므로 선수는 훈련된 몸의 기억에 의존하는 실천모드로 바꾸어야 좋은 성과를 얻을 수 있습니다.

이렇게 하는 것이 갑자기 의도한다고 저절로 되지는 않으므로 명상이나 마인트 컨트롤 등의 심리적인 훈련을 별도로 병행해야 경기장에서의 이런 전환이 가능해집니다.

연주회에서 독주하는 바이올린 연주자가 선율에 자기의 감정을 담을 여유도 없이 학습모드로 멜로디를 기억하느라고 예민하고 리듬이 틀리지 않으려고 몰두하고 있다면, 그의 연주는 감흥이 없는 기계음처럼 들릴 것입니다. 이런 경우에도 동일하게 실천모드로 전환되어야 하는 것입니다.

이렇게 학습모드와 실천모드로 구분하여 일상의 삶을 관찰해보면 대부분의 사람들은 평생을 학습모드로 살아가는 것으로 보입니다.

사람은 동물 가운데 가장 긴 학습기를 지냅니다. 짧게 보아도 15년 전후이고 사회 적응기간까지 포함시킨다면 그 기간은 훨씬 길어집니다. 이렇게

오래된 훈련 습관으로 인하여 학습기를 마치고
사회에서 활동하는 상황에서도 사람들은 무의식적으로
학습모드를 사용하게 됩니다.

새로운 상황이 주어질 때마다 과거의 기억을 뒤지고
미래의 결과를 예상하느라 사건의 본질을 놓치거나
스스로 제한되고 위축됩니다. 자기 정체성이나 고착화된
고정관념, 상실의 두려움이 울타리친 한계에 갇히는
것입니다. 이런 상황은 경기장에서 학습모드로 활을
쏘는 것과 같습니다.

과거의 기억을 호출할 때에는 그 기억에 함께
저장된 감정들도 동시에 딸려 나오므로 실천 상황에서의
학습모드는 부정적인 방향으로 악순환할 확률이 큽니다.
왜냐하면 대부분의 사람들에게는 성공의 경험보다
실패와 좌절의 경험이 상대적으로 많기 때문입니다.

그렇다면 일상에서 학습모드를 사용하지 않는다는
것은 어떤 현상일까요? 기억을 뒤지는 행동을 하지
않는다면 어떻게 될까요?

사고 기능의 기억에 의존하지 않는다는 것은,
새로운 상황이나 사건을 마주할 때 고정관념에 기반한
당위성이나 강박증이 없다는 것입니다. 실천모드는 몸의

기억으로 대응하는 것입니다.

우리가 매일 부닥치는 문제들 중에 소수는, 사고 기능으로 집중하고 기억을 최대한 뒤져야 할 것들이 있습니다. 그런데 그런 것들은 감정과의 연관성이 별로 없다는 특징을 갖고 있습니다. 예를 들자면 서울에서 부산으로 출장가는 교통 수단으로 승용차와 KTX를 비교하여 선택하는 것입니다.

그러나 우리가 마주하는 대부분의 문제들은 그렇게 사고 기능을 총동원을 할 필요가 없으며 그런다고 결과가 달라지지도 않습니다. 그럼에도 훈련모드로 대응을 하게 되므로 에너지의 낭비가 발생하고 감정의 고통을 겪게 되는 것입니다.

실천모드에서도 기억을 사용합니다. 그러나 그 기억은 사고 기능에 의한 것이 아니라 몸에 훈습된 것입니다. 경기장의 양궁 선수가 활시위를 당기거나, 연주회의 바이올린 연주자가 활로 현을 켤 때 훈련으로 몸에 익혀진 기억이 저절로 처리하는 것입니다.

그러므로 사고 기능의 기억에 의존하지 않더라도 자기 분수에 맞는 일정 수준의 대응은 기본적으로 일어나게 되어있습니다. 무의식에 훈습된 반응이 일어나 자연스럽게 대응을 하면서도 사고 기능의 기억이 주는 제한은 받지 않게 됩니다. 이런 상태는 무척 자유롭고 창조적입니다. 부정의 악순환도 일어나지 않고 막연한 두려움이 엄습하지도 않습니다.

이런 설명이 논리적으로 납득되어 그럴 듯 할지라도 사전의 훈련 과정 없이 시도해본다면 그림의 떡과 같을 것입니다. 학습모드는 오랜 훈련 기간을 겪으면서 무의식에 깊숙이 장착된 것이어서 의식으로 제어하기가 쉽지 않습니다. 학습모드와 실천모드의 전환이 자유로워지려면 훈련이 필요합니다.

깨달음이란 학습모드의 기능성과 허구성을 간파하고 실천모드의 상태를 완전하게 체득하게 되는 것입니다. 그리고 실천모드를 몸에 익히는 과정이 수행입니다. 모든 생명체는 탄생과 동시에 거의 대부분의 삶을 실천모드를 살아갑니다. 사고 기능을 이용하여 사회생활을 하는 인간만 학습모드에 빠져듭니다. 사고 기능의 기억은 사회적 삶을 영위하는 훌륭한 도구이지만 동시에 한계를 짓는 그물이며 학습모드의 틀로 작용합니다.

이러한 기억에 의존하지 않는다면 과거를 뒤지고 미래를 더듬지 않게 되므로 제일 먼저 시간이 힘을 잃어버리게 되어 '지금 여기'를 살게 되는 것입니다.
그물을 벗어난 바람과 같이 자유롭게 살아갑니다.

어떤 스승을 찾아야 하나요?

깨달음이란 나와 세계의 망상성을 체득하는 것이고, 동시에 변치 않는 안도감에 놓이게 되는 것입니다. 고통을 받는 '나', 탐진치를 발휘하는 주체로서의 '나' 따위가 편의상의 설정일 뿐이어서 실체가 없다는 것입니다. 주체로서의 '나' 없음이 이해되어 주체적 조작이 다 놓여질지라도, 그 전과 마찬가지로 모든 작용들이 저절로 지속됩니다. 이렇게 되면 '할 일 없음'에서 드러나는, 원래 그러했던 자유와 안도가 강력하게 작용합니다. 사고 기능의 부작용으로 생성된 불필요하고 과도한 불안이 종식되는 것입니다. 시중에 떠도는 소문과 달리 깨어나는 것이 그리 어렵지도 않으므로 깨달음을 얻지 않아야 할 이유가 없습니다.

깨달음 사건과 상태는 지극히 사적인 것입니다. 신비한 능력이나 객관적인 표식을 드러낼 수 없는 것이므로, 누군가 깨달았다고 주장을 할 때 그 주장의 진위를 직접 확인할 방법은 전혀 없습니다. 사이비 교주들이 보여주었듯이 작심하고 사람을 속이는 일은 당해내기가 그리 쉬운 일이 아닙니다.

깨달았다고 주장하는 사람이 늘 평안하다는 것을 구태여 확인할 필요가 없습니다. 조금만 연습해보면 그러한 것이 가능한 것인지를 질문자 스스로 확인할 수 있기 때문입니다. 이 공부는 믿음에 의지하여 가는 것이 아니라, 스스로 잘 이해한 후에 실천 검증하며 나아가는 것입니다. 법등명 자등명입니다.

자기의 안도감도 유지하지 못하면서 깨달았다고 주장한다면, 미쳤거나 사기를 치는 것입니다. 미친 사람에게 끌려갈 때에는 당하는 사람이 더 문제가 있는 것이고, 속이는 경우에는 어떤 이익이 발생하여 누가 그 이익을 차지하는지 살펴보면 범죄 여부를 파악할 수 있습니다. 그러므로 깨달음을 주장하는 사람이 가르침을 도구 삼아 자신의 자존감, 명예, 권력, 경제적 이익 등을 얻고 있다면 심한 경우에는 사기를 치는 것이고, 시절 지난 옛 관습에 이끌린 미필적 고의라면 무지하거나 무능한 것입니다.

현대는 어떤 정보든 즉각 구할 수 있고, 시공의 제한을 넘어서 전화와 문자로 소통이 가능합니다. 스승의 조언을 구하기 위하여 며칠의 시간을 소요하여 편지를 보내던 시절과는 다른 것입니다. 물론 직접 만나서 대화를 한다면 언어 이외의 풍성한 정보를 주고받을 수 있는 대단한 장점이 있지만, 가성비나

효율성을 고려하지 않을 수가 없으며 반드시 필요한
절차도 아닙니다.

시대가 완전히 바뀌고 있음에도 몇백 년 전의
수행 조직이나 시스템이 변화하지 않고 있는 것은
분명히 문제가 있습니다. 스승이 수행 집단을 거느리는
시대는 이제 끝났다고 생각합니다. 그 대신 깨어난
평범한 사람들이 연대하여 새로운 세계관을 세상에
제시하는 문화가 스승의 역할을 대체하는 것이 좋다고
생각합니다.

비폭력 무소유의 가치가 스승이 되고
문화로 전개되는 것

이미 세상은 무소유의 환경으로 넘어가고 있습니다. 소유의 핑계가 되는 가족제도가 붕괴하고 있으며, 자본주의의 극한적인 발달로 공유제도가 도입되고 있습니다.

우리가 소유하고 있는 것들이란 실제로는 거의 다 개념일 뿐입니다. 옛날처럼 작물을 심는 토지를 넓히고 곳간에 곡식과 재물들을 쌓아두는 것이 아니라, 서류상의 개념을 소유하고 있는 것입니다.

예를 들어 설명하겠습니다. 전세금을 포함하여 8억 원 가치의 아파트를 구입하면서 폰뱅킹으로 일억 원을 아파트 매도자의 계좌에 이체했다는 개념을 생성시킵니다. 일 년 뒤에 그 아파트를 매도하며 전세금과 세금을 제외한 현금 5억 원이 자기 계좌에 입금되었다는 개념이 생성됩니다. 이 과정에 아파트를 대형 수송차에 옮겨가거나 현금이나 금을 주고받는 것과 같은, 실물이 작용하는 사건은 전혀 없습니다. 이러저러한 개념 행위만 오고 가면서 부가 증식되었다는

결과가 생긴 것입니다. 어떤 이는 그런 규칙을 잘 굴려서
자기 계좌에 엄청난 부를 축적하는데 결국 통장에
프린팅된 개념입니다. 실물을 주머니에 넣어 소유한
것이 아니라, 통용되는 개념을 축적하고 그 개념을
필요할 때 꺼내 쓰는 것입니다. 재산이 많은 사람일수록
개념상의 소유가 훨씬 크므로 실상은 무소유입니다.

    사회 구성원 대부분이 누리고 살기에 부족하지 않은
의식주를 생산하는 사회에 도달하였음에도 그 자산을
각자가 나누어 소유하기 위하여 지나치게 경쟁하고
있습니다. 한때 사회적 생산력의 향상을 위해 필요했던
시절과 달리, 자산이 과잉과 낭비의 일이 되었음에도
오히려 소유의 욕망은 더욱더 강화되고 있습니다.

    이 과잉과 낭비에 착안한 사업가들이 나타나
공유제도의 경쟁력에 집중하기 시작했습니다. 대부분의
자동차가 도로 위를 주행하는 시간보다는 주차장에 놓여
있는 시간이 훨씬 많으며, 이를 위해 낭비되는 주차장의
면적도 엄청나다는 현실의 비효율성과 대결하기로
한 것입니다. 가족제도의 붕괴는 주택의 공유제도를
요구하게 될 것 같습니다. 실수요가 증발하면, 앞에서
소개한 것처럼 부동산이 부의 투기수단으로써의 가치가
사라져서 아무도 집을 사려고 하지 않을 것입니다.
사회적으로 공유하고 개인은 이용만 하려고 하겠지요.

이러한 흐름이 사회의 여러 분야로 파급될 수 있습니다.

시민들이 잘 깨어서 감시하지 않는다면, 고도화되는 기술 사회는 강요된 무소유의 사회로 나아갈 것처럼 보입니다. 빅 브라더가 모든 재산과 정보와 폭력을 독점하고 빈털터리의 지구 시민들이 그들의 시혜에 빌붙어서 살게 되는 강제된 공유 사회입니다.

그래서 자발적이고 주체적인 무소유의 가치를 먼저 일으킬 필요가 있다고 생각합니다. 엄밀하게 말하자면 자발적 공유 사회가 되겠습니다. 우리나라 사교육비의 방향을 전환시키면 전 세계에서 최고가 될만한 교육환경을 모든 학생들에게 무상으로 제공해 줄 수 있습니다.

그러나 무엇보다도 '나'라는 편의 기능의 과장된 환상에서 벗어난다면, 우리는 훨씬 더 여유 있고 편안한 삶을 살 수 있게 됩니다. 그러기 위해서는 '나'를 소유한다는 기존의 가치관이 깨져야 합니다. '나'는 소유하는 것이 아니라 누려지는 것이어야 합니다.

편의적 기능으로써의 '나'에 대한 바른 이해와 자발적 무소유의 사회적 효율에 대한 이해가 대중들에게 새로운 가치와 문화로 피어나고, 그것이 사회의

3. 일 없는 삶

변화를 견인하는 힘이 되길 바라는 것입니다. 전시대의
유물인, 신화적인 깨달은 우상의 가치보다는 깨어난
이들의 실천적 연대의 가치가 훨씬 유효한 시절이라고
생각합니다.

분수에 맞게 산다는 것

    분수, 깜량, 팔자 등은 '주어진 능력과 환경'이라는 공통분모를 갖고 있는 단어들입니다. 특정한 사람이나 사건의 미래를 잘 예측하는 방법은 그 사람 또는 그 사건의 과거 궤적을 객관적으로 분석하는 것입니다.

    사람이 걸어온 과거의 궤적이 팔자이고 깜량이며 분수입니다. 사람 쉽게 바뀌지 않는다고 하는 것은 이 궤적의 관성력을 저지할 만한 인과가 사람에게는 그리 많지 않다는 것입니다.

    사회 복지 일을 하는 분의 글에서 이런 내용을 읽은 적이 있습니다.

    폭력 남편에게서 고통받는 여성의 도움 요청에 응하여, 이들을 분리하고 이혼하는 것을 도와주고 안정적으로 독립하도록 도와주었다고 합니다. 성공적인 사례였는데 연락이 한참 뜸해졌던 여성에게서 도움 요청의 전화가 와서 달려가 보니 전 남편과 비슷한 인성을 가진 남자를 만나서 또다시 어려운 처지에 빠져 있더라는 것입니다.

이 여성은 고통에서 빠져나온 뒤에 방심을 했을
것이며, 자기의 섣부른 생각을 너무 신뢰했을 것입니다.
그러나 운명은 생각보다는 몸에 무의식의 형태로 배어
있는 훈습을 더 강력하게 추종하게 되어 있습니다.

폭력적인 남성을 다시는 만나지 않겠다고 당연히
생각했겠지만, 묘하게도 몸은 폭력성이 잠재된
남성에게서 매력을 느끼는 것입니다. 이런 조건화의
종합이 이 여성의 팔자입니다.

분수에 맞게 산다는 것은 주어진 팔자를 무조건
수용해야 한다는 것이 아닙니다. 자기 분수를 잘
파악하여 훈습된 습관으로 인하여 받는 고통을
최소화하고, 자기 분수를 넘어서겠다는 망상에 이끌려
패착 하지 않게 된다는 것입니다.

이 여성이 분수에 맞게 산다는 것은 폭력적인 남성을
배우자로 만나는 것이 아니라, 자기 분수를 잘 파악하여
그런 남성에게 매력을 느끼는 자신의 성향을 인정하고
더욱 조심하는 것입니다.

모든 사람은 팔자를 따라 삽니다. 중년을 넘긴
사람들의 팔자는 그가 과거에 살아온 삶의 궤적과 가족
관계 등입니다. 아직 어린 사람들은 그를 낳고 키우는

부모와 가족 그리고 그가 노출된 주변 환경 등이 바로 팔자입니다.

팔자는 무의식에 자동화된 심신의 대응 방식입니다. 일정한 형식과 수준으로 형성되어 자리가 잡히면 쉽게 바뀌지 않으며, 무의식적이기에 의식의 힘으로 접근해서 변형하는 것이 매우 어렵습니다.

물론 팔자대로 살기만 하는 것은 아니어서, 팔자가 형성된 이유와 마찬가지로 팔자가 바뀔 수도 있으며 변수도 많습니다. 그러나 일차 함수 그래프는 그 변수에 별의별 수치를 다 넣어도 이차 함수의 곡선을 그릴 수는 없습니다. 마찬가지로 이차 함수가 일차 함수의 직선 그래프를 그릴 수도 없습니다.

의식적인 노력으로 무의식적 기제와 잠재된 기질을 변화시키는 것은 상상을 뛰어넘는 엄청난 노력이 필요하며, 행복해지기 위해서라면 꼭 그렇게 해야 할 이유도 없습니다.

사람이 고통을 당하는 이유는 여러 가지가 있겠지만 감당할 수 있는 분수를 넘어서는 일을 추구하는 것이 가장 큰 이유가 됩니다. 재산, 능력, 사람, 명예 등은 자기 팔자에 맞게 주어지는 것인데 자기 팔자를 파악하지 못하므로 자기 가랑이를 스스로 찢는 것입니다.

사람들은 좋은 팔자와 나쁜 팔자가 있다고 비교하며 판단하지만 그런 것은 없습니다. 자기 팔자를 분수껏 잘 사는 사람과 그렇지 못한 사람이 있을 뿐입니다.

고통은 팔자 때문에 발생하는 것이 아니라 분수를 지키지 못해서 오는 것입니다. 그래서 부자라고 해서 행복한 것이 아니고, 평생 건강하지 못해도 행복할 수 있습니다.

깊은 안도를 누리고 행복해지는 일은 팔자와 큰 상관이 없으므로 남의 팔자를 부러워하거나 추종하기보다는 자기 분수를 잘 간파하는 것이 더 중요합니다. 깨달았다고 아무나 스승이 되는 것이 아니라고 제가 글에서 수없이 설명한 것도 바로 이러한 이유입니다.

깨달은 사람도 자기 분수를 벗어나지는 못하는 것이며 어처구니없게도 분수 파악에 실패하는 사람도 있습니다. 물론 깨달음 사건이 새롭고 강력한 인과가 되어 그의 팔자가 점차로 바뀌지만 이미 조건화된 무의식을 바꿔나가는 일은 깨달음이나 수행과는 큰 상관이 없는 별개의 과정이며, 자기 자신만을

고려한다면 그렇게 바꾸어야 할 이유도 없는 것입니다.

　제도할 중생이 없다면서, 그런 사실을 가르치는 스승이 나타난다면 웃긴 일입니다. 그럼에도 그래야 하는 팔자에 처한 스승이 희유하게 등장하는 것은 그 주변의 대중들에게는 대단한 복인 것입니다.

필생즉사 必生卽死 사필즉생 死必卽生

"살고자 하면 죽고, 죽고자 하면 산다."

이순신 장군이 실제로 남긴 말인지는 모르겠지만, 드라마에서 명언으로 유행된 문장이다. 인생이 불안하고 불행하다면, '살고자 하기' 때문이다. 살려고 노력하기 때문에 그렇다.

첫째, 삶은 살려고 노력하지 않아도 당연히 살도록 되어있는데, 노력하므로 문제가 발생하는 것이다.

둘째, 죽지 않으려고 저항하니까 그렇다. 결국은 죽는다. 죽음은 너무나도 당연하고 완벽한 일이다.

셋째, 태어남과 죽음은 사람의 생각에서만 발견되는(일어나는) 일이다.

이 세 가지에서 문제를 이해하면 생로병사에서 자유롭게 된다.

분노 자체가 되어라 — 새로운 생각의 연습

'화가 나면 분노 자체가 되고, 고통이 밀려오면 고통 그 자체가 돼라.' 오래전에 읽었던 어떤 책의 구절인데 출처는 잘 모르겠고 문장만 대략 생각난다. 이 문장에 대한 설명을 해본다.

내가 사는 지역에서 수십 킬로 떨어진 곳에 공군 비행장이 있다. 최근 비행소음이 많이 심해졌는데 군용 비행기는 민간 비행기와 달리 무척 시끄럽다. 인근에서 무리를 지어 선회비행을 하는 경우에는 소음의 강도와 지속시간이 훨씬 심각해진다.

비행기 소음이 들리는데 거슬리지 않을 때도 있고, 작은 소음에도 매우 거슬려 화가 날 때도 있다. 비행기 소음이 들려도 다른 일에 몰두하고 있거나 잠을 자고 있어 비행기 소리에 대한 생각이 떠오르지 않으면 소음은 걸림돌이 되지 않는다. 그러나 비행기 소음에 대한 생각을 하게 되면, 빨리 조용해지기를 바라는 생각이 발아하여 뿌리를 내리고 순식간에 굵은 가지들을 키운다. 이런저런 불만과 비판적 생각들, 대응할 방법

등의 연상되는 생각들이 동시에 창궐한다. 이때의
생각은 시간을 과거, 현재, 미래로 나누고 현재 상황의
변화를 추구하므로 많은 에너지를 소모시킨다.

이미 소음에 예민해졌기에 다른 일에 몰두하거나
잠을 청하여 소음에 대한 생각에서 벗어날 수 없는 이런
상황을 빠져나오는 방법이 있다. 소음으로 가득 찬 지금
이 순간이 전부라는 새로운 생각을 떠올리고 집중하는
것이다. 시간은 사라졌다. 조용했던 과거와 조용해질
미래는 없으며, 시끄러운 이 순간만이 전부라는 생각을
억지로 한다. 변할 것은 아무것도 없으며 변할 수도 없어,
태초부터 영원히 지금 시끄러운 이대로라고 생각한다.

이 방법은 생각을 멈추는 훈련이다. 소음 때문에
예민해진 뒤에는, 소음에 대한 생각을 없앨 방법은 없다.
그러나 해당 생각의 힘을 빼거나 잘하면 멈추게 할 수도
있다. 막상 시도해보면 쉽게 되지는 않는다. 그러나
새로운 생각을 도입하는 것이므로 반복 훈련을 하면
전두엽에 새로운 시냅스 다발이 생긴다.

처음에는 소음에 대한 생각들과 지금이 전부라는
새로운 생각이 중복되어 존재한다. 그런데 아주
조금이라도 끼어든 그 새로운 생각의 지분만큼 조금씩
편해지는 것을 알게 된다. 시간이 흘러 새로운 생각에

힘이 붙으면, 굳이 생각을 멈추지 않더라도, 분노하고 고통받는 마음의 다른 한편에 불편하지 않고 혼돈 없는 안도감이 생긴다.

생각을 다루는 중요한 원리이므로 잘 이해하고 연습하면, 일상에서 생각의 함정에 빠져 시달리는 고통으로부터 벗어나는 데 실용적인 도움이 될 것이며, 생각의 본질이나 불안과 고통이 무엇인지를 눈치 채게 될 것이다.

연습은 소음뿐만 아니라 냄새, 고통, 분노, 슬픔, 외로움 등 회피하고 싶은 생각이나 감정들을 대상으로 할 수 있다. 이렇게 하는 것이 바로 '분노 그 자체가 되거나, 고통 그 자체가 되라'는 것인데, 상황 자체와 하나가 되어 비교가 일어나지 않는 것이다.

인간이 시비호오是非好惡 판단이 가능한 것은 대비 기능 때문이다. 빨간색 색종이가 같은 색(색상, 채도, 명도)의 책상 위에 놓여있으면 색종이를 볼 수가 없다. 또 다른 예로, 빛이 반사할 수 있는 대상물에 부딪치지 않는다면, 그리고 어둠이 없다면 우리는 빛을 인식할 수도 없다. 고통은 쾌락과 비교되므로 괴로운 것이고, 쾌락도 마찬가지 이유로 즐거움이 된다. 서로 대비가 됨으로써 느껴지는 것이다. 소음으로 가득찬 지금 이 순간이 전부라는 생각만 할 수 있게 된다면 그런 대비 기능이 멈추어 청각의 커다란 자극만 남을 뿐 고통은 없다.

어떻게 멈출 것인가?

"누구든지 지금 바로 멈추면 행복해질 수 있다. 그것이 깨달음이다."

이 문장을 써 놓고 한참 고민했다. 사람은 멈추는 것이 가능하지 않다. 사람의 생각과 행동은 끊임없이 움직이도록 되어 있다. 그중 하나라도 멈춘다면 정상적으로 살아 있는 것이 아니다. 그런데 멈추면 행복해질 수 있다니 허황된 소리가 아닌가? 그리고 구체적으로 무엇을 멈춰야 하는가? 이에 대한 부연 설명을 하지 않을 수가 없다.

사람의 노력은 생각의 개입 형태와 수준에 따라 환경에 대한 '수용적 대응'과 '능동적 지향' 두 가지로 분류할 수 있다. 여기에서의 환경은 주객으로 분리된 객관만 말하는 것이 아니라 주관도 포함한다. 왜냐하면 노력의 관점에는 '나'도 대상이기 때문이다.

'수용적 대응'에는 생각의 주도적인 노력이 필요하지 않다. 행위들은 저절로 일어나고 사라진다. 그리고 자취를 남기지 않는다. 자취란 시비호오 판단

또는 그 판단에 대한 근거나 자기 합리화 등을 말한다.
배고프면 바다에 나가서 생선을 잡아먹고, 졸리면
야자수 그늘 아래에서 잠을 자는 일이 일어난다. 그리고
그런 행위들에 대한 아무런 판단이 따르지 않는다.
여기에서의 생각은 행동의 효율성을 높이는 역할에만
충실하다.

'능동적 지향'이란 생각이 관념적으로 설정한
목표를 성취하기 위한 노력이다. 이러한 행위들에는
판단이 동원되므로 자취가 남게 되어, 성취될 때까지
노력하게 된다. '능동적'이라는 수식어는 생각의 촉발과
그 범위가 현실에 제한되지 않고 시공간을 오고 가며
전개되기 때문이다. 달리 말해서 현실과 상관없이
일어나기 때문이다.

'능동적 지향'은 반드시 생각에 의해 발생하는데 이
생각은 램프의 요정인 지니와 같아서 지금 여기에 없는
것들을 마음대로 만들어 낸다. 귀신이 생각나면 바로
귀신이 튀어나와 공포와 불안을 갖다 주고, 섹시함이
생각나면 전라의 여인네가 튀어나와 온몸의 호르몬을
격동시킨다. 난데없이 학창 시절의 회초리를 든 선생이
불쑥 튀어나와 욕을 하기도 한다. 신용카드가 떠오르면
통장의 잔고와 결혼 비용, 그리고 아파트 마련 계획까지
줄줄이 사탕처럼 꿰어져 딸려 나온다.

지니는 상상을 전개할 뿐이지만, 그것들에 대응하기 위한 체계적이고 구체적인 노력들이 정신 또는 육체에서 전개된다. 지니가 꺼내 놓은 상상물들은 한결같이 자기 할 일을 마치기 위한 에너지를 요구한다. 채권자처럼 군림하면서 그 요구가 무시되지 않도록 여러 가지 감정들을 연대보증인처럼 동원하여 응원하거나 억박지른다.

　　생각의 발생과 진행은 나의 통제를 따르지 않는다. 특정 신호에 의해 조건반사로 일어나도록 세팅(세뇌)되어 있어 감각(오감과 의식)을 따라 돌발적으로 시작되고 기억과 연상작용을 따라 연쇄적으로 전개된다.

　　생각의 작동 프로그램인 세뇌는 사회집단의식의 개인화 과정에 이뤄지므로 대부분의 사람들은 비슷한 사회적 꿈을 지향하게 된다. 그래서 사회적으로 성공하여 타인들의 인정을 받으려 하고 말년의 부귀영화라는 해피엔딩을 꿈꾼다. 그러나 대부분의 사람은 그런 성공을 달성하지 못하고 죽는다.

　　멈추어야 할 것은 바로 이 '능동적 지향'에 해당하는 노력이다. 여기에는 강력한 생각의 부작용이 포함되어 있다. 행복은 경제적인 능력이나 수명, 건강 상태와는 상관이 없다. 그와 관련한 결핍들이 삶을 불편하게 할지라도 그런 불편이 행복을 해치지는 못한다. 왜냐하면 존재 자체가 이미 행복이기 때문이다. 이 사실을 이해하지 못하기 때문에 '능동적 지향'의 노력을 기울이게 된다.

존재 자체가 행복이라니, 이런 말도 안 되는, 개가 풀 뜯어먹는…. "노력의 끝에 행복이 있다"는 감언이설에 휘둘려 거의 전 인류가 찾아 헤매지만 성공하지 못하면서도 그 말은 여전히 쉽게 믿는다. 하지만 존재 자체가 행복이라는 말은 믿을 수가 없다. 왜냐하면 사회집단의식에서 공인되지 못한 내용이기 때문이다.

'능동적 지향'이 나쁘다거나 불필요하므로 거세하여 다시는 작동하지 못하도록 해야 한다는 것은 아니다. 매일 하던 그물질인데 잡히는 고기가 줄어든다면, 그물을 점검하고 구멍을 꿰매는 일은 반드시 필요하다. 다만 이 '능동적 지향'에 포함된 부작용을 멈춰야 한다는 것이다.

어떻게 멈출 것인가를 설명해 보겠다. '능동적 지향'은 반드시 생각에 의해 발생하므로 생각을 멈춰보는 일로 시작한다.

일단 존재 자체가 행복이라는 생각을 믿는다고 쳐라.

꼭 믿지 않아도 된다. 그리고 존재를 가리고 있는 모든 생각과 행동이 사라지면 저절로 행복해진다고 유추하자. 그런 다음에는 생각을 멈추려고 시도하는 것이다.

생각은 절대 멈추지 않는다. 멈추려는 시도가 보이면 더욱 왕성해지므로 무모하게 끊어 버리려고 달려들면 정신분열 생기기 십상이다. 그러므로 게임하듯이 잠깐 끊거나 환기시키는 연습으로 시작한다.

생각은 쉽게 멈추지 않으며 멈추려고 의도를 내면 오히려 더욱 치성해지므로 생각을 직접 컨트롤하려고 시도하는 것보다는 게임을 하듯이 잠깐씩 끊거나 환기시키는 방법으로 연습을 시작하는 것이 좋다.

머리에서 생각들이 흘러가는 것을 알아채고, 지금 꼭 필요한 생각이 아니라면 에너지를 주지 않아 끊기게 하는 것이다. 구체적인 방법을 소개해 보겠다. 미리 준비한 특정한 생각(나는 누구인가. 나는 무엇을 하고 있는가 등)을 떠올리거나, 숨을 지켜보는 방법(숨을 컨트롤 하는 것은 좋지 않다), 주의를 몸으로 돌려서 환기가 되도록 특정한 운동 동작(고개나 어깨를 돌린다)을 하는 방법 등이다.

많은 생각들이 이 단계에서 조금씩 떨어져

나가겠지만 뿌리가 깊은 것들은 그렇게 쉽게 그쳐지지 않는다. 이런 생각에 맞서면 오히려 에너지를 더 부어주게 되므로, 추종해주는 척하다가 권투 선수가 잽을 날리듯이 슬쩍 환기를 시도하는 것이 좋다.

연습이 잘 된다면 생각을 멈추려는 노력의 벽에 도달하게 된다. 노력도 생각으로 일어나기 때문이다. 모든 생각을 멈춘다는 것은 모든 노력을 멈추는 것과 동일하다. 그러므로 생각을 멈추려는 노력도 멈추어야 한다는 이해가 일어나는 것이다.

계속 연습을 해나가면 노력할 수도 없고 노력하지 않을 수도 없는 희한한 진공상태에 빠지게 된다. 마치 두 개 자석의 중앙지점에 놓인 바늘이 두 자석의 힘에 끌리지만 양쪽의 힘이 균등하여 공중에 떠 있는 듯한 느낌이다. 이렇게 노력해도 틀리고 노력을 안 해도 틀리는 사항은 영원히 지속될 것처럼 여겨지지만, 어떤 순간이 되면 갑자기 새 차원으로 비약하는 일이 일어난다.

이 일은 내가 노력을 하기 때문에 발생하지만, 노력의 결과로 얻어지는 것은 아니다. 줄탁동시啐啄同時는 이것을 말하는 것이다. 멈추려고 노력해서 멈추는 것이 아니라, 멈춰지는 것이다.

생각들이 사라진다. 더 정밀하게 설명하면, 불필요한 생각들이 사라지는 것이다.

한두 번의 멈춰짐으로 모든 것이 바뀌지는 않는다. 시속 100km로 달리던 차의 브레이크를 밟는다고 바로 서지 않는 것과 같다. 그것은 우리가 계속 살아가야 할 현상계를 그런 시스템으로 만들었기 때문이다. 그러나 이 상태를 잘 유지하면서 기다릴 수만 있다면 이해가 저절로 명백해져서 다시는 이전으로 되돌아갈 수 없게 된다. 멈추는 것은 여기까지 만이다. 더 이상은 멈출 필요도 없다.

진지한 마음을 유지할 수만 있다면 시작하는 사람들은 모두가 일정 수준의 도움을 얻게 될 것이다. 왜냐하면 실용적이고 효율성이 있기 때문이다. 에고를 강화하는, 마인트 컨트롤의 새로운 도구로 채택할 수 있음에 만족하는 사람들이 많겠지만 그것도 좋은 성과이다. 깨달음은 결과적으로 너무나도 현실적인 것이기 때문이다.

고통스러워도 괜찮다

고통스러워도 괜찮다는 사실을 이해하고 확인해야 합니다.

지금은 당하고 있는 고통 때문에 세상이 무너져 내리고 있는 것 같아도 시간이 지나고 보면 그저 한 조각의 기억이 될 뿐입니다. 상황이 아주 심각하다면 갖고 있는 재산이나 가족을 잃을 수도 있고 장애가 남거나 수명이 단축될 수도 있습니다.

그럼에도 시간이 지나면 지금의 고통은 잊혀지고 당연히 괜찮아질 것입니다. 이런 사실은 이미 경험으로 검증된 것입니다.

구슬치기나 땅따먹기를 하다가 쫄딱 망해서 세상이 멸망한 듯이 울던 기억을 돌이켜 보면 웃음이 나옵니다. 그 어린아이에게 괜찮다고, 아무 일도 아니라고 누군가 위로하면 오히려 울음이 더 커졌지요.

지금 겪고 있는 고통은, 버스 정거장 앞 사진관에

내걸린 어느 가족사진처럼 눈에 잘 띄지도 않는 기억의
조각이 될 것입니다.

고통의 파괴력은 집중의 부작용입니다. 풀어서
설명하면 강박증과 조급증의 폐해입니다. 고통을
일으키는 자극이 증폭되고 과장된 것입니다.

우리의 삶에는 늘 목표와 과제가 주어져 있습니다.
그런 것들로부터 해방된 적이 없습니다. 서둘러야 하고
완벽을 지향하도록 코딩되어 있습니다. 이것이 강박과
조급이 만드는 허구라는 것입니다. 고통과 관련된 모든
생각들을 잠깐이라도 멈출 수 있다면 그 허구성은
간단히 확인이 됩니다.

강박증과 조급증은 사회가 개인에게 심어놓은
사회적 장치일 뿐입니다. 사회의 구성원들이 당장의
행복에 머무르지 못하게 하고 미래의 성과에 에너지를
쏟도록 만드는 것입니다.

당구나 골프에서 내기를 하지 않으면 재미없다고
합니다. 강박증은 게임 자체를 즐기지 못하게 하고 그
성과만을 추구하도록 만듭니다.

그러한 태도는 고통에도 똑같이 적용되어 고통의

자극을 있는 그대로 경험하게 하지 못하게 하고,
그것으로부터 빨리 벗어나야 한다는 강박과 조급에
빠지게 합니다. 스토리에 휘말리게 되는 것입니다.

극장의 스크린에 영상을 펼치는 영사기를 멈추면
변하지 않는 사진을 보게 됩니다. 우리는 사실 여러
장의 연속된 사진들만 보는 것인데 뇌의 전두엽이
이 사진들을 동영상으로 탈바꿈을 시켜서 스토리를
만들어냅니다. 그러나 우리가 실제로 보는 것은 변하지
않는 사진들입니다.

고통은 과장되기 이전의 실상으로 경험되어야
합니다.

그렇게 되어 보면, 다 괜찮습니다. 지금 고통의
자극은 이대로 아무런 문제가 없습니다. 오직 스토리가
문제를 일으킬 뿐입니다.

뭔 일이 일어났든지 상관없습니다. 지금 여기는
시간과 변화가 없기 때문입니다.

일 없는 삶

　서울 생활할 때 여행을 가서 한적한 숙박지에 묵게 되면, 고요하고 평온함에 푹 빠져들었다. 마당에 떨어지는 햇살들, 그 사이에서 춤을 추는 바람과 나비, 풀냄새와 꽃향기 이런 것들이 주는 풍요로움을 만끽하였다. 나도 언제나 이렇게 한적한 곳에 집을 짓고 조용하게 살게 될까를 생각하곤 했었다.

　그런데 막상 시골에 집을 짓고 사는데 그 맛이 안 난다. 내가 다녔던 여행지의 숙소들보다 더 한적하고 아늑한데도 뭔가 다르다. 심지어는 시골 살며 최근에 여행을 갔던 숙박지에서는, 예전에 느꼈던 평화로움을 다시 느끼면서 나도 모르게 '이런 고요한 곳에 살고 싶다'는 망언을 서슴지 않기도 했었다. 환장하게도 거기는 파도 소리가 시끄러운 곳이었다.

　일 때문에 그렇다. 막상 시골에 집 짓고 살다 보면, 사방에 일이다. 자질구레한 일들이 발길에 툭툭 채여 여기저기 뒹굴고 있다. 햇빛 가득한 꽃밭에는 방심하는 사이에 잔뜩 번진 쑥을 뽑다 말고 던져놓은 호미가 보인다. 마당 수전 옆에 한 아름 핀 금낭화 밑에는 빨려고 모아 놓은 장갑이 수북하게 쌓여있다. 말벌이 창고 지붕 밑에 집을 짓고 있고, 배수로에 쌓고 있던 축대가 살짝 무너져 있다. 눈앞에 있는 모든 것들이 다 일로 보이는데 무슨 평온함이 있겠는가?

여행지에서는 창틀에 쌓인 먼지조차도 시간과 게으름이 느껴져서 오히려 정감있어 보였다. 잔뜩 어질러진 마당의 공사 자재들조차도 전혀 일거리로 보이지가 않고 활기참 마저 느껴졌다. 내일 떠나면 그만이기 때문이다. 아무리 일이 많아도 내 일이 아니기 때문이다.

인생이 그렇다. 인생을 손님으로 사는 사람은 거칠 것이 없다. 그러나 인생을 주인으로 사는 사람은 해야 할 일이 많고 지킬 것도 많아, 수고로움이 그치질 않으며 모든 것들이 근심거리이다.

인생의 최대 비밀은 내 일이 없다는 것이다. 주인이 없는데 어떻게 내 일이 있겠는가? 오직, 내 일이 있다는 생각만 있을 뿐이다.

수승한 경지에 대하여

　　사회생활을 하면서 노력을 멈추지 않는 것은 지금보다 조금 더 좋은 내일이 기다리고 있기 때문이다. 조금만 더 가면 작은 목표들에 도달할 수 있다. 자주 실패하기도 하지만 달성했을 때의 그 성취감은 지나온 과정들의 실패들을 보상해준다. 그러므로 조금 더, 조금 더 하면서 계속 나아가게 되는 것이다. 그나마 운이 좋은 사람은 성취의 노력을 오래 할 수 있겠지만, 실패를 자주 맛보기 시작하면 그때부터는 그동안 얻은 것들을 지키기 위한 버팀으로써의 '조금 더'를 하게 된다.

　　눈치 빠른 사람은 똥인지 된장인지 다 찍어보려 하지 않고 다른 길을 찾아 삶의 이면에 있는 듯한 진리를 탐색한다. 그 방법은 고등학교 때 공부하듯 책을 읽거나 설법을 들으면서 핵심을 이해하여 요점을 정리하고 나름대로 진리란 어떠해야 하는가 등 틀을 잡는 것이다. 그렇게 목표를 세우고 그것을 달성해 줄 수 있는 스승 또는 종교를 찾아 나선다. 이런 경우 진리는 무엇인가를 얻는 것이다. 경지를 얻고, 완전함을 획득하는 것이다. 노력을 통하여 현재보다 더 평화로운 단계, 그보다

조금 더 깨어있는 단계, 완전히 하나가 되는 단계로
나아가는데, 사회생활에서 '조금 더' 노력하며 성취하던
패턴과 비슷하다.

그러나 진리의 실상은 결코 달성하거나 획득하는
것이 아니며 오히려 가진 것마저 다 빼앗겨버리는
것이다.

오래전에 스키에 흠뻑 빠져 지낸 적이 있다. 겨울이
되면 주말 새벽마다 스키를 둘러메고 집을 나섰다. 일찍
일이 끝나는 날에는 야간 스키를 즐기러 달려갔다. 나는
스키를 늘 혼자 타러 다녔고, 남에게 배운 적도 없었다.
그렇게 한두 해를 혼자 즐기다가 무료강습 티켓이 생겨
고급자 강습을 받게 되었는데, 강사가 내게 스키를
어디서 배웠는지 물었고, 독학했다는 내 대답에 깜짝
놀라며 들려준 이야기가 있었다.
"스키를 강습 받지 않고, 자기 운동신경만으로
익혀서 타면, 스키 기술이 중급자 수준에서 멈춰버릴
수밖에 없습니다. 왜냐하면 스키가 미끄러지는 방향을
바꿀 때, 무게중심을 낮추며 스키를 눌러주었다가(Down)
다시 무게중심을 위로 끌어 올리면서(Up) 몸의
무게중심을 아래의 계곡 쪽으로 던져야 하는데, 이
행위가 인간의 본능적인 운동신경과 반대되는 동작이기
때문에 이 기술을 자기 경험으로 습득하는 것은 거의

불가능합니다."

산에서 계곡 방향으로 미끄러져 내려오면 몸의
운동신경은 본능적으로 몸의 무게중심을 뒤쪽(산 정상
쪽)으로 이동하므로 스키의 바닥이 들려서 엣지가
걸리지 않게 된다. 그러면 스키 장비 자체의 작동력을
이용하지 못하게 되므로 억지로 몸을 뒤트는 잘못된
습관이 몸에 배는 것이다. 급한 경사지에서 미끄러져
내려올 때에 스키 장비의 작동 원리를 이해하지 못하고
자신의 운동신경에만 의존한다면 안전하고 힘을 들이지
않는 고급 스키를 즐길 수 없다.

진리를 탐구하는 사람의 마음 자세는 위에서
설명한 운동신경과 같은 일종의 방향성을 갖게 된다.
바로 생각의 습관을 의심 없이 진리 탐구에 그대로
적용하는 것이다. 그래서 현실 세계의 한계를 넘어서는
목표를 세우고, 믿거나 체험하여 달성하려고 노력한다.
가르치는 사람도 진리와는 상관없는 방법들을
방편이라는 명분으로 수행의 도입부를 삼기도 한다.
처음부터 아무것도 없다고 해버리면 아무도 시작을
하지 않을 테니, 신통, 전능, 해탈, 영생 등의 최고 영적
개념들로 포장하는 것이다. 또는 괜히 '불이야~'하면서
놀래켜 정신 사납게 몰아가기도 한다. 그러다 보니
알맹이는 실종되고, 믿음과 체험과 방편이 진리 그
자체로 둔갑해버리는 사태가 필연적으로 등장할 수밖에

없게 되었다.

　이 왜곡의 역사는 길다. 농경 사회가 시작될
때의 샤먼들은 생각 너머의 세계에 머물러 있는
사람들이었다. 샤먼들은 생각의 세계에 점차로 갇히게
되어 생각 너머의 세계를 잊어 가는 부족원들에게 생각
너머의 본질적인 안도감을 상기할 수 있도록 도와주는
역할을 하고 있었다. 휘파람 소리만 '휘이~'하고 불면
부족원들이 함성으로 화답하며 상기되던 시절이
있었지만, 갈수록 방법은 복잡해질 수밖에 없었다.
　생각을 진정시킬 수 있도록 환각을 일으키는
음식들이 사용되었고, 주문, 스토리가 담긴 춤, 그리고
마침내 단어들이 사용되기 시작되었다. 그렇게 생각
너머의 세계는 조상신, 태양신, 전쟁의 신 등으로
표현되기 시작된 것이다. 신의 전지전능한 힘을
소원하고, 그 신과 하나가 되는 제사를 지냈다. 하지만
샤먼이 사용한 신이라는 단어는 편의상 사용한 것일 뿐,
인류의 역사에서 세상에 신이 개입한 사례는 단 한 번도
없었다.

　참나, 신, 진인, 불성, 브라만 등의 영원한
자성체自性體가 있다고 믿는 사람은 고타마가 가르친
'무아와 연기'를 인정하지 않는 것이다. 그런 자성체가
되었거나 그것과 합일을 성취한 사람은 없다. 고타마

조차도 아직 깨닫지 못한 아난과 많은 중생들을 뒤에 남기고 숨을 거두었다. 예수는 부활했지만 승천해버려서 인간계의 현실에서는 별 소용이 없었다. 인류를 구원하지 못하고 있다. 물론, 그날이 오지 않았기 때문이라고 하지만, 그날을 맞이하지 못했던 수만 년 동안의 호모 사피엔스에게는 소용이 없었으며, 그날을 확정받지 못한 현재의 인류에게도 무용지물이기는 마찬가지이다. 그런 자성체를 체험한 사람들은 많다. 선사시대의 샤먼 추종자로부터 현대의 많은 수행자들까지 헤아릴 수 없이 많다. 그러나 체험은 영원한 자성체가 되는 필요충분조건이 아니다. 체험이란 염원하는 마음에 뿌려진 한 방울의 물일 뿐이어서 수행자들을 특정 단계의 목표로 몰고 가기는 하지만 목적지에 도달할 수는 없다. 모든 체험과 경지는 결국 인간의 생각 안에서만 일어나기 때문이다.

신앙은 방편일 수는 있지만 그것만으로 진리를 구현할 수는 없다. 왜냐하면, 진리는 깨달은 사람을 현실 세계에서 영적 세계로 이주시키지 않기 때문이다. 깨달은 뒤에도 계속 현실 세계에 머물러야 한다면, 깨달음은 현실에 의미가 있어야 하고 실천으로 검증되어야 하는데, 신앙은 검증을 허용하지 않는다. 믿음은 그것을 갖고 있지 않는 사람들과 소통할 수 없으며, 그렇다고 현실 세계에 무엇인가를 내놓을 수도 없다. 과대망상 환자와 나란히 놓았을 때 구분할 방법이

3. 일 없는 삶

없다. 고집스럽게도, 별개의 정신 세계, 영적 세계를
믿고 주장하는 사람들이 많다. 다른 사람에게도 믿고,
수행해서 체험해야 알 수 있다고 한다. 죽거나 완전히
생각이 사라졌을 때, 그 믿음은 어디에 있는지를 보여줄
수는 없을지라도 설명은 할 수 있어야 하는데 그렇지
못한 것이다.

고타마는 진리를 무아와 연기라고 했지 참나,
신, 진인, 불성, 브라만이라고 말하지 않았다. 무아와
연기에는 경지가 끼어들 여지가 없다. 그것은 이해하고
터득할 일이지, 갈고닦아 성취해야 할 능력이나 다른
세계가 아니다. 무아와 연기는 자성自性을 가진 실체는
아무것도 없다는 것이기 때문이다.

생각 속의 어떤 동기에 의하여 공부를 처음 시작할
때에, 아무것도 없는 것을 얻어야 한다거나 가진 모든
것이 허구라고 하면, 다들 고개를 돌릴 것이다. 그러므로
대부분의 사람들은 생각 속의 어떤 꿈을 꾸면서 탐구나
수행을 시작할 수밖에 없다.

처음에는 작심만으로도 불안한 마음이 안정되고,
호흡이나 몸의 느낌에 집중하면서 그동안 몰랐던 새로운
것들을 알게 된다. 방향이 잡히고 평화가 밀려온다.
쿤달리니(Kundalini)가 활성화되거나, 대주천大周天이

기통氣通하기도 하고 은산철벽銀山鐵壁을 단번에
뛰어넘는 등의 신비한 체험들과 새로운 세계가 열린다.
모든 생각의 에너지가 빛으로 바뀌어 내가 하나의
빛으로 바뀌고, 마침내 우주 전체의 빛과 하나로
일체화되고 시간과 공간이 없는 오직 그것만이 남는다.

그런데 그 뒤에는 무엇인지 모른다. 단지 가보면
안다고 할 뿐이다. 생각을 해보자. 오직 그것만이 남아
무엇을 하는가? 그런 것이 현실계에 무슨 의미가
있는가? 그때는 현실계가 아무런 의미 없는 것일까?
현실계는 수단에 불과할 뿐인가? 우주가 영원한가
아닌가를 묻는 것이 아니라, 현실에 대한 질문이므로
진리는 당연히 응답해야 한다. 이것은 바로 진리를
탐구할 때 가장 기본이 되어야 하는 의심이다.

앞에서 설명한 각종 경지에 관한 개념들은 물과
불처럼 스스로 경험해서 아는 것이 아니라 공부하거나
들어서 알게 된 것들이다. 먼저 비일상적인 경험이
일어났고 이것을 해석했다고 할지라도 결국 생각의
일에서 벗어나지 못하는 것이다.

어머니의 젖을 뗄 때가 된 이들이여!
"휘이~~~~"
나이 먹은 샤먼이 산 위에서 마을을 향해 외치는 저

소리를 귀 기울여보라.

심장이 요동치지만 뇌는 깊은 호수처럼 푸르러진다.

신구의[身口意] 삼업[三業]을
삼가하고 삼가할 일이다

오래간만에 비가 제법 내렸다. 비에 젖어도 덜 달라붙는 옷을 차려 입고, 모자만 뒤집어쓴 채 비를 맞으며 밭을 돌아다니는 재미가 무척 쏠쏠하다. 보통의 일상에서 느끼지 못하는 시원함이 있다. 태풍 예보가 있어서 곡괭이를 들고 주변 시찰을 했다.

콩을 심기 직전에 가뭄으로 밭이 딱딱해져 로터리를 쳤더니 고운 흙들이 비에 많이 씻겨 내려갔다. 풀이 밭에 가득하면 방지되는 일이다. 잡초라고 미워하고 뽑아낼 일만은 아님을 절실히 느낀다. 밭의 끝 부분에 이르렀을 때 뭔가 쓰러져 있는 것을 발견했다. 죽은 지 얼마 안 되는 아주 작은 고라니 새끼인데, 짐작이 간다. 그곳에서 지난주 목요일 밤에 고라니 암컷 한 마리가 사살되었다. 아마도 밭 근처의 산기슭에서 어미가 새끼를 낳고 머무르면서 내 밭에서 콩 순을 뜯어먹다가 횡사했고, 새끼는 4일 정도 굶주리며 어미를 기다렸던 것 같다. 아직 젖을 떼지 못한 것으로 보여, 콩 순을 뜯어먹으러 나온 것은 아니고, 비의 추위와 굶주림에 지쳐 어미를 찾아 나섰다가 밭의 울타리를 빠져나가지 못하고 맴돌다 지쳐 죽은 것 같다.

　2주 이상 포트에서 정성스럽게 키우고 아내와 함께 종일 비 맞으며 힘들게 옮겨 심은 서리태 농사를 작살내서 괘씸하기는 했지만, 죽이고 싶은 정도는 아니었는데, 앞밭의 임자에게 유해조수 피해 정보를 공유하고자 건넨 말 한 마디에 가버린 것이다. 산꼭대기에 묻어 주고 내려오면서 업장이 느껴져 가슴이 찡했다. 정말로 신구의身口意 삼업三業을 삼가하고 삼가할 일이다.

자전거 타는 방법은 누가 알고 있는가?

미국인 용접공 샌들러 데스틴은 6살부터 25년간 자전거를 탔다. 어느 날 그의 동료들이 자전거 핸들의 축에 기어를 두 개 맞붙여서, 핸들과 바퀴가 반대로 움직이는 자전거를 만들었다. 데스틴은 매일 5분씩 연습한 끝에 8개월 만에 반대 핸들의 자전거를 타는 데 성공하였다. 처음 자전거를 배울 때처럼 숙련도가 조금씩 쌓여간 것이 아니라, 어느 날 갑자기 머릿속의 잠금장치가 열린 것처럼 완전하게 탈 수 있게 되었다고 한다.

그는 다시 예전의 일반 자전거를 타려고 했지만 바로 가능하지는 못했고, 20분의 씨름 끝에 겨우 성공하게 되었다. 이때도 마찬가지로 어느 시점에 갑자기 예전의 자전거를 타는 알고리즘으로 연결되면서 가능해졌다고 설명한다.

자전거를 타는 방법을 설명해 본다. 페달을 밟아 자전거를 앞으로 추진하면 전방으로 진행하는 관성력이 생겨 옆으로 쓰러지는 힘이 약화되며, 쓰러지는 쪽으로 핸들을 기울이면서 페달을 밟아 추진력을 증가시키면 넘어지지 않고 전방으로 계속 진행할 수 있다.

그런데 이렇게 설명할 수 있다고 자전거를 탈 수 있는 것은 아니다. 이런 이해가 자전거를 타는데 어떤 역할을 하는 것도 아니다. 원리를 전혀 이해 못해도 자전거를 잘 탈 수 있다. 자전거를 타는 행위에서 사고 기능이 동원되지는 않는다. 사고 기능과 상관없이 몸이 저절로 적절하게 움직인다.

이미 자전거를 탈 수 있는 사람이 반대 핸들 자전거를 타야 한다면 방법은 아주 간단하다. 일반 자전거를 타는 방법에서 핸들을 무조건 반대로만 움직이면 된다. 그런데 이것을 가능하게 하는데 어떻게 8개월이나 걸리는 것일까? 그는 자기의 6살 아들에게도 이 일에 도전하게 했는데 3년간 일반 자전거를 탔던 아들은 불과 2주 만에 해냈다.

지식이나 사고적인 이해는 반대 핸들의 자전거를 타는 일에 작은 도움이 될 수는 있겠지만, 그것으로 자전거를 탈 수 있게 되지는 않는다. 신체의 각종 감각 세포들과와 운동신경 그리고 뇌가 함께 하는 운동 시스템에 새로운 일처리 회로가 생성되거나, 기존의 회로가 이원화되는 물리적 적응이 만들어져야 가능한 것이다.

신체에서 일어나는 운동 시스템에는 생각이 개입할 여지가 없다. 생각과 자전거를 타는 행위는 별개이다. 자전거를 타는 현상에서는 자전거를 작동시키려고 지휘하는 생각이 필요 없다. 중력, 근육, 자전거가 함께 어울려 움직이는 복합적인 운동 현상만 있다.

자전거를 타는 현상에 비교하여 무아無我를 설명해본다. 내가 자전거를 타고 있는데 무아라고 한다면, '자전거를 타는 나'가 없다는 것이 아니라, 나의 사고 기능이 '자전거를 타는 나'와 상관이 없다는 것이다. 사고 기능이 불필요하지는 않다. 다른 사람에게 자전거 타는 방법을 가르쳐 주거나, 그 원리를 연구하여 또 다른 편의 기구를 만들어 쓰는 등의 훌륭한 도구가 된다. 하지만 그 사고 기능이 자전거를 타고 있는 것은 아니다.

삶의 실상이 무아라는 것의 의미는, '나'라는 개념과 관련된 모든 생각의 다발이 부차적인 사고 기능의 산물일 뿐 실제의 현상과는 상관이 없다는 것이다. 본질이 아닌 도구로써의 사고 기능이 만들어낸 해석일 뿐이다. 나의 사랑과 꿈과 안위를 염려하고 시비 판단을 하여 대응 조작하는 모든 생각들은 실상을 해석한 결과물에 불과한데, 생각들을 실상으로 여김으로써 삶이 왜곡되어 불안과 고통이 생기는 것이다.

데카르트가 "나는 생각한다. 고로 존재한다"고 한 말은 틀렸다. 그럼 '자전거를 타는 나'는 무엇인가? 무지無知이다. 무지임을 안다는 것인가, 아무것도 모른다는 것인가? 이것도 자전거 타는 현상과 동일하여 생각으로는 답을 낼 수가 없지만, 이미 명백하게 이해하기에 살아가는 데 지장이 없다. 단지 생각이 주인인양 뚱딴지처럼 물을 뿐이다.

바늘 꽂을 땅 한 뙈기 없다

깨달음은 심리의 안정이고 부동이며, 흔들려 물결이 일어도 중심이 잡혀 있다. 그런데 무엇에 의존하여 가능해진 것이라면, 고급 사기를 당하고 있는 중이라는 것을 알아야 한다. 그 의존 대상이 스승, 신, 경전, 경험, 지혜, 진아, 의식 뭐라고 하든, 모두 땅 한 뙈기는 차지하고 있어서 반드시 퇴행을 할 수밖에 없다.

바늘 꽂을 땅 한 뙈기조차 없어야 한다. 아무것도 없다. 의지할 아무것도 없어서 비로소 안심이 되어야 한다. 의지할 땅 한 뙈기 없으므로 대응하고 조치를 취하지도 않는다.

그럼 죽은 것과 다를 바가 무엇인가?
그렇다. 바로, 죽은 것이다.
그런데 여기에서 죽은 것은 무엇일까?

나가는 말

청년 시절에는 얼핏 조우했던 진리 하나만을 붙들고
살아야겠다는 꿈을 가졌습니다.
그렇지만 현실은 저를 저잣거리와 경쟁 사회로 나서게
만들었고, 치열하게 살아가던 중년의 절정기에 갑자기
나를 탈락시켰습니다.
그 이후부터 다시 생사의 문제 하나에 집중하여 수년간
매달리던 어느 날 이미 모든 것이 다 끝나 있었다는
사실을 조금 뒤늦게 알게 되었습니다.
이 책은 그 사실에 대한 저의 해석이고 설명입니다.
수행에 관심이 있는 분들에게 도움이 되기를 바랍니다.